公司治理与股权激励实务指引

实务指引

王文书 ◎ 著

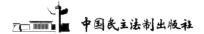

中国民主法制出版社

图书在版编目（CIP）数据

公司治理与股权激励实务指引/王文书著.—北京：
中国民主法制出版社，2024.3

ISBN 978-7-5162-3557-7

Ⅰ.①公…　Ⅱ.①王…　Ⅲ.①公司—企业管理—研究
②股权激励—研究　Ⅳ.①F276.6②F272.923

中国国家版本馆 CIP 数据核字（2024）第 056688 号

图书出品人：刘海涛
策 划 编 辑：逯卫光
责 任 编 辑：许泽荣

书名/公司治理与股权激励实务指引
作者/王文书　著

出版·发行/中国民主法制出版社
地址/北京市丰台区右安门外玉林里 7 号（100069）
电话/（010）63055259（总编室）　63058068　63057714（营销中心）
传真/（010）63055259
http：// www. npcpub. com
E-mail：mzfz@ npcpub. com
经销/新华书店
开本/16 开　710 毫米×1000 毫米
印张/22　字数/321 千字
版本/2024 年 4 月第 1 版　2024 年 4 月第 1 次印刷
印刷/三河市宏图印务有限公司

书号/ISBN 978-7-5162-3557-7
定价/88. 00 元

前　　言

　　2024 年 7 月 1 日新《公司法》将正式施行，其主要修订的就是关于公司治理方面的内容。本书结合新《公司法》对广义的公司治理（含股权激励）制度进行解读与设计，并提供有益的实务指南，以帮助广大企业家和投资者构建良好的公司治理制度，实现公司的长远稳健发展。

　　公司是人类在社会发展过程中，以其智慧创设出的一种组织形式。公司的诞生有力推动了经济的发展，激发了市场的活力，是投资者进行投资的首选工具。

　　随着全球化和市场化的发展，公司的经营规模不断扩大，公司这一组织形式逐渐暴露出三类主要问题：一是公司股东（所有者）与经营管理层之间因委托代理所产生的经营管理层滥用职权的问题。公司在发展壮大的过程中，股东（所有者）无法面面俱到地亲自经营，组织结构日益复杂，所有权与经营权分离的特征更加明显，经常会出现管理层滥用职权，侵占公司商业机会、利用关联交易转移公司利润，虚假报销费用、懒散无为等侵害公司利益的情形，其实这是公司组织固有的委托代理矛盾未经控制所导致的问题。二是公司多位股东之间存在的股东纠纷与利益失衡的问题。在公司存在多位股东的情况下，经常存在股东纠纷与利益失衡的情形，如争夺公司控制权、经营理念分歧引发冲突、股东权益诉求等。三是公司控股股东与中小股东之间存在的权利滥用与中小股东权利保护的问题。控股股东滥用权利的现象时有发生，如控股股东利用控制地位为自己或关联方谋取不正当利益、占用公司资金、过度分红、阻碍公司正常运作等。而建立良好的公司治理制度是解决上述三类问题，是公司长远稳健发展的关键。

公司治理制度的理念是通过建立股东会、董事会和监事会（或审计委员会）等公司机构，使其相互分权制衡，并同时进行一定的股权设计、章程设计和制度设计，以解决股东与管理者之间的矛盾、股东之间的矛盾等，使公司避免"内耗"，达到"力出一孔，利出一孔"的效果，从而促进企业的正常运营和健康发展。

本书的上篇主要围绕公司如何建立良好的公司治理制度展开，其中包括对公司治理制度以及公司组织机构的简要介绍、公司章程的设计、股权结构及控制权的设计、道德风险防范的制度设计等。

上篇从狭义的公司治理制度出发，侧重于使用控制、分权和平衡的手段，可使公司规范运作，清廉运作。但是，在知识经济的时代，仅仅如此无法激发骨干员工的积极性和创造性，无法在激烈的市场竞争中留住员工，因此，还需要引入股权激励制度。股权激励制度作为广义公司治理中的重要组成部分，可以将骨干员工的利益与企业的利益结合，打造企业命运共同体，对于企业的长期发展具有极其重要的作用。

本书的下篇主要围绕如何设计有效的股权激励计划而展开，主要包括对各种股权激励计划模式的介绍、股权激励计划重要内容模块的实务指南、非上市公司与上市公司实施股权激励的案例与评析等，以便于读者更好地理解并掌握股权激励制度在企业中的实际应用。

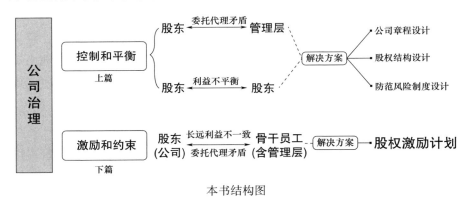

本书结构图

企业类型不同，其可以选择的股权激励模式也不尽相同。即便是同一类型的企业，也会存在多种股权激励模式的选择，而各种股权激励模式之间的区别、适用条件和可以达到的效果也大不相同，因此制定合法有效的股权激励计划并不容易。

　　但只要企业家具有博大的胸怀，具有分享和公平精神，将股权激励作为与骨干员工分享企业成长利润的方式，则股权激励必能为企业插上双翅，使企业能够快速持续地发展，最终达成股东、经营者和骨干员工多赢的局面。

　　在此，笔者希望本书能够为读者在进行公司治理和实施股权激励计划中提供有价值的参考和启示。同时也欢迎广大读者对本书提出宝贵的意见和建议，以便今后不断改进和完善。

目　　录

下篇 股权激励制度

上篇 公司治理制度

第一章 建立完善的公司治理制度

第一节 正确认识公司治理制度

一、公司治理制度产生的渊源与作用

从历史上看，企业这一组织形式是随着社会分工和商品经济的发展而出现的，企业制度的发展，大致可划分为古典企业制度时期与现代企业制度时期，公司治理主要是为了解决现代企业制度产生的各类问题和矛盾。

古典企业制度时期主要是以业主制企业和合伙制企业为代表的。在古典企业中，由于企业的所有权、经营权以及剩余价值收益权、占有权、支配权合一，企业主与经理合一，使古典企业的生产经营决策权高度集中，且由企业所有者承担企业的全部风险，对企业债务承担无限责任，故一般不存在公司治理的问题。

第二次世界大战后，资本主义世界进入黄金发展时期，市场经济迅速发展，生产力迅速提高，市场不断扩大，公司制企业的经营规模不断扩大，企业制度的发展进入了现代企业制度时期。

现代企业制度时期的公司呈现出所有权与经营权分离、股权结构分散、股东责任有限等特点，这些特点有其存在的历史必然性和合理性，但同时也存在固有的弊端，例如，关于股东与管理者之间的矛盾，早在1776年古典经济学之父亚当·斯密就在《国富论》中谈道，股份公司的董事管理的不是他们自己的钱，而是别人的钱。因此，我们不能期望他们会像私人合伙企业中的合伙人那样尽心尽力。在股份公司的业务管理中，漫不经心和浪费总是无处不在。

除上述的股东与管理者之间的矛盾之外，现代企业相关主体还涉及其

他两类矛盾，即股东之间的矛盾，以及公司控股股东与中小股东之间的矛盾。

正是在解决以上三类矛盾与问题的过程中，公司治理制度逐渐被人们所接受。

公司治理制度是通过建立股东会、董事会和监事会等公司组织机构分权和制衡，并对这些机构分别授权，使其相互制衡，以解决股东与管理者之间的矛盾、股东之间的矛盾等公司治理问题，使公司避免"内耗"，达到"力出一孔，利出一孔"的效果，使公司能够更有效地面对外部市场，服务于价值创造与创新发展。

在各个国家对于公司治理制度的探索过程中，基于不同的文化与国情形成了三种不同的公司治理模式，即以英美国家为代表的市场监督模式、以日德为代表的内部监督模式和以东南亚地区为代表的家族模式。由于以上三种治理模式各有利弊，在公司治理发展进程中各种模式相互借鉴，目前出现了公司治理的国际趋同倾向。

二、公司治理的概念

对于公司治理的概念，可以从狭义与广义两个维度予以说明。狭义上，公司治理一方面是指所有者（股东）与董事及经理层之间的权利与责任关系，是对经营者的一种监督和制衡机制，目的是保证所有者（股东）利益最大化的一种制度安排；另一方面还包含各个股东之间的权利平衡关系，以及控股股东与中小股东之间权利滥用及权利保护的关系。广义上，公司治理不局限于所有者对经营者的制衡，还涉及与众多的利益相关者之间的关系，包括员工、客户、供应商、债权人、社会公众等与公司有利害关系的集体或个人。公司治理是通过一系列的制度安排来协调公司与利益相关者之间的关系，公司治理的现实意义不仅仅是追求所有者利益的最大化，而是保证所有者与公司相关的各方主体的利益平衡，以实现公司的长远发展。

三、观察公司治理的两种视角

（一）股东利益至上视角

1776 年，亚当·斯密注意到公司所有权与经营权分离是管理者和所有者之间潜在的利益冲突问题。1932 年，伯利和米恩斯在《现代公司与私有财产》一书中对美国主流公司作了大量分析研究，展示了美国公司所有权与经营权分离的现象，指出股权结构的分散将导致管理者的权利滥用问题。因此，股东与管理者之间的制衡机制是公司治理的关键问题，所以公司治理要保护好股东的利益。

股东利益至上的视角是将股东的利益放在首位，公司管理者的运营管理以股东的利益为出发点和落脚点，以股东利益最大化为目标。

（二）利益相关者导向视角

经过公司的实践发展，越来越多的理论和实践证明，公司治理中不仅应当关注股东的利益，同时也应当考虑利益相关者的利益，这是公司治理在发展过程中面临的另一关键问题。

首先，随着全球经济与科技发展，市场交易的组织形式随之改变，企业不断对内外资源进行整合和优化配置，以提升企业整体运行效率和竞争力。在企业内外资源整合过程中，传统企业边界模糊，企业内外资源要素共同合作构筑了现代企业发展的基础。因此，利益相关者参与公司治理可以明显降低代理成本，弥补公司所有者由于信息不对称难以对经营者的行为进行监督的缺陷。

其次，由于企业的生存和发展离不开利益相关者的投入，利益相关者亦分担了公司的剩余风险。在新古典经济学下的公司治理理论中，企业被看作一个完全理性的经济人，企业处于完全竞争的环境中。在这种情况下，信息和资本都能够自由的流动，没有必要用企业内部的决策机制对市场资源配置进行干预，公司存在的目的是追求股东利益最大化。然而，在现实发展中，市场并非万能的，股东亦并非获得全部收益并承担全部风险，例如有限责任决定了股东会将一部分剩余风险转嫁给债权人或其他公司利益相关者。在这样的情况下，员工、供应商等公司利益相关者承担了企业经营的风险，为企业经营付出了代价，公司在构建治理架构时应将这些利益相关者考虑在内。

最后，从社会价值、社会责任方面来讲，公司不仅作为一个以营利为目的的经营主体，亦作为社会经济运行的责任主体，一定程度上承担着相应的社会责任，具有一定的社会属性。如果在公司治理中忽视公司的社会属性，忽略对利益相关者的适当保护，则在公司发展过程中容易产生经理人员行为短视化，亦不符合公司长远发展的目标。

2002 年初，中国证监会在充分借鉴国内外主要公司治理机制的基础上，出台了《上市公司治理准则》，该准则在第六章专门规定了公司治理中利益相关者权益问题，给予利益相关者足够的重视，该准则对利益相关者在公司治理中的权利、作用、地位作了框架性的规范，对利益相关者的保护奠定了制度基础。

第二节　公司治理制度的三种模式

目前理论界讨论的公司治理的典型模式主要有三种：英美模式、德日模式和家族模式。由于法律、哲学、历史传统、文化背景、政治制度以及社会环境的不同，这三种公司治理典型模式各具特点，是公司在特定环境下解决各自特殊问题的制度安排，以下笔者予以简要介绍。

一、公司治理的英美模式

荷兰学者吉尔特·霍夫斯泰德关于文化指数的研究指出，英美国家的文化崇尚个人主义，社会结构松散，人们追求平等，容易接纳有差异的因素，是一个注重成就感以及物质成功的社会，是个人主义和自由主义的发源地。在这样的文化、社会背景下，反映到公司治理领域就产生了股东权益至上的治理理念，逐渐形成了以股东为导向的公司治理模式。因此，英美公司治理的核心在于保护股东的利益，其特征在于公司的股权具有高度的分散性和流动性，强调在资本的流动中提高效率。

在该模式下，公司一般设股东会和董事会，内部治理主要由股东会、董事会、首席执行官（CEO）组成。除股东会为公司的权力机关外，公司重大事项的决策权由股东推选的董事会行使，公司高级管理人员也由董事会聘任，公司通常不设立专门的监事会。

1. 股东会

在公司的内部治理中，股东会是公司的最高权力机构，是股东行使权利的重要手段，是股东参与公司治理的重要途径。股东会的主要权利有：修改公司章程、选举董事、决定公司的兼并重组等。但需要注意的是，英美公司股权结构具有较强的分散性、流动性等典型特征。因此，英美公司的股东非常分散，而且相当一部分股东只占有少量股份，在这种情况下，股东通过股东会行使权利有很大难度，股东大多选择委托投票、放弃投票的形式行使股东权利。公司内部治理主要通过董事会来起作用，在此基础上形成以董事会为中心的内部治理机制。

2. 董事会

董事会是股东会的常设机构。董事会的职权是由股东会授予的，其成员由股东会选举产生。为了使董事会更好地完成职权，起到股东"代言人"的作用，加强对经理人的监督和制约，美国公司引入外部董事制度。内部董事是公司现在的职员，通常会兼任公司的高级管理职位；外部董事是指由非本公司职员的外部人员担任的董事，他们不在公司担任除董事和董事会专门委员会有关职务外的其他职务，不负责执行层的事务。在由内部董事和外部董事组成的董事会中，外部董事占比一般超过 50%，并且这一比例在不断提高。另外，英美公司一般还会在董事会内部设立不同的委员会，如审计委员会、提名委员会、执行委员会、薪酬委员会等，以便协助董事会更好地进行决策。

3. 首席执行官（CEO）

20 世纪 60 年代，由于美国市场的风云万变，为解决美国的上市公司董事会效率低下、决策层和管理层脱节等问题，CEO 制度应运而生。CEO 与传统意义上的经理的重要区别在于：CEO 享有一部分原属于董事会的决策权，而传统的经理只有执行权。CEO 制度是美国公司对公司治理结构创新的结果，它有效解决了公司规模过大而造成的信息交流滞后、董事会决策效率低下、决策层和执行层脱节等问题。CEO 以其专业的管理知识、工作经验和创造力很好地适应日趋激烈的市场竞争。

二、公司治理的德日模式

同样，根据荷兰学者吉尔特·霍夫斯泰德的研究，德国和日本两国共同的特点是国土狭小，资源相对匮乏，具有强烈的危机感。为了生存，它们崇尚通过集体的力量规避风险，降低不确定性。以这样的社会文化传统为基础，同样形成了与英美国家极为不同的德日大股东治理模式。

在德日模式下，股权高度集中且缺乏流动性，德日公司一般通过内部大股东，通常是一家银行来控制和监督经营者行为，达到参与公司治理的目的，因此德日治理模式被称为银行主导模式或者内部监控模式，德日模式的内部结构主要由股东会、董事会、监事会、经理层组成，其内部治理机制特征表现在以下几个方面。

1. 内部治理结构独特

德国的公司内部设立双重董事会，即执行董事会和监督董事会（监事会）。执行董事会负责管理公司的日常经营活动。监事会一般不干预执行董事会的工作，但是对执行董事会的董事有任免权、薪酬的决定权等，同时接受执行董事会就公司的经营发展情况的汇报。日本的公司治理结构虽不设监事会，但设有独立监察人（监事），此外，还设有股东会、董事会、经理层。

2. 员工参与决策

员工参与决策能够有效降低企业的代理成本，德国公司采用职工参与制，公司的监事中职工代表占很大的比例。日本公司采用终身雇佣制、年功序列制，一方面，通过终身雇佣给予员工职业安全性；另一方面，通过年功序列制对企业作出长期贡献的员工进行激励，使他们能够参与企业的剩余利润分配并获得职位的晋升。

德日模式公司外部治理机制的特点如下：

1. 银行地位突出，商业银行是公司的主要股东

德国的全能银行和日本的主银行制度突出体现了银行在德日模式外部治理中的巨大作用。德国的全能银行通过银行委派其高级管理人员担任多家公司的监事，银行因获得中小股东的授信而行使代理投票权的形式参与公司的治理。在日本，几乎所有的公司都存在主银行的关系。主银行不仅占公司很大比例的股权，同时还为公司提供信贷、债券承销、账户结算、信息服务等业务。因而，日本的企业与主银行之间存在着长期而稳定的交易关系。在长期的市场经济发展过程中，银行深深涉足其关联公司的经营事务，形成了颇具特色的主银行体系，银行逐渐处于德日公司治理的核心地位。

2. 法人持股或法人相互持股

法人持股，特别是法人相互持股是德日公司股权结构的基本特征之一。由于德日在法律上对法人相互持股规定比较宽松，因此德日公司法人相互持股非常普遍。法人相互持股主要有两种形态：一种是垂直持股，它们通过建立母子公司的关系，达到相互协作的目的；另一种是环状持股，其目的是相互之间建立起稳定的资产和经营关系。德日模式下法人相互持

股导致每个公司都处于若干大公司相互控制的网络中，这样便形成了大型的企业集团，企业集团之间往往通过派遣人员或者经理会的形式进行相互监督，尤其是日本的经理会起着相当于德国公司中监事会的作用。

总体来说，德日模式注重银行的地位和作用，强调银企之间的紧密合作和银银之间的密切联系，以实现更好的公司治理效果。

三、公司治理的家族模式

（一）家族企业在不同的发展阶段具有不同的特点

1. 初创期产权封闭，股权高度集中

在家族企业初创之始，往往是某一家族成员发现了商机，召集其他家族成员筹集资金，创业成功后进入家族企业初创期。这一时期的家族企业管理具有浓厚的家族气息，由于血缘关系使家族成员间配合默契，道德风险更低一些，企业凝聚力会更高。但是初创期的家族企业内部产权设置模糊，家族内讧时有发生。

家族企业在初创期的特点主要是产权高度集中在家族成员手中，股权结构集中性强，家族成员持有股权处于绝对的控制地位，企业管理类似于古典企业制度，企业缺乏科学的制度管理，经营权和所有权基本直接或间接集中在家族成员手中，企业内部决策基本由创始家族成员来完成。

2. 过渡期明晰产权

过渡期的家族企业已初具规模，市场开始开拓，市场份额迅速扩张，治理模式逐渐走向科学管理的道路，开始建立现代企业制度。

家族企业在过渡期的特点主要是产权开始逐步明晰，企业所有权逐步分散，不过家族仍然掌握大部分股权，对企业仍处于主导地位，非家族成员股东的出现开始推动企业形成科学的治理结构，但家族成员仍然占据重要高层人员的位置，此时尚未形成严格的监督约束机制。

3. 成熟期所有权与经营权分离

随着家族企业进一步发展，家族企业管理逐渐科学化、专业化，这一时期的治理结构特征主要是基于两权分离形成的。在成熟期，家族企业的所有权和经营权有意识分离，控制权集中在经理人手中，股东会、董事会、监事会等组织结构逐渐合理。股权不再集中，但家族成员的股份仍保持一定优势，家族仍对企业的治理起着重要的作用。

（二）公司治理的家族模式的优缺点

公司治理的家族模式是指企业的所有权和经营权由家族成员控制和管理的模式。这种模式在家族企业中比较常见，其优点如下：

1. 家族企业之所以能够得以延续和发展，家族文化与精神是关键，优秀的家风是家族企业的灵魂，也让家族成员之间容易形成共识，有利于企业的稳定发展。

2. 所有权与经营控制权匹配程度较高，家族成员对公司的经营和管理拥有决策权，有利于提高决策效率。

3. 委托代理成本较低，家族成员之间存在亲属关系，相互之间信任度高，能够减少代理成本。

4. 责、权、利高度一致，家族成员对公司的经营和管理承担责任和风险，有利于企业防范风险，稳健发展。

家族模式的局限性如下：

1. 管理团队的专业素质和管理水平受到家族成员的文化水平或能力局限，不利于企业的长远发展。

2. 家族企业往往存在任人唯亲的现象，难以吸引和选拔优秀人才，限制了企业的发展空间和竞争力。

3. 容易产生内部矛盾和分裂，家族成员之间的利益和意见不同容易导致分裂和"内耗"，影响企业的整体发展。

综上，家族企业要持续健康地生存发展，需要根据不同企业生命周期的产权结构与相匹配的治理模式，逐步推进家族式管理向现代企业制度的转型，吸纳外部人才，提高企业管理的专业化水平，从而克服家族模式的局限性，以更好地适应市场的变化和公司发展的需求。

第三节　G20/OECD 公司治理的原则

当代关于公司治理原则的讨论主要来源于《OECD 公司治理原则》，2013—2015 年经济合作与发展组织（OECD）与二十国集团（G20）成员国一起对《OECD 公司治理原则》进行了第二次修订，形成了《G20/OECD 公司治理原则》（2015）（以下简称《原则》）。参考《原则》内容，笔者总结其公司治理的主要原则如下。

一、保护股东权利并平等对待所有股东

公司治理框架应该保护和促进股东权利的行使，平等对待所有股东，包括小股东和外国股东，当他们的权利受到侵害时，都应该有机会受到补偿。例如，在公司治理中应当提高股东参与治理的便利，公司治理的制度安排应当确保代理人按照委托人股东的指令投票，并披露投票相关的指令信息。保障股东对公司董事提名和董事高管薪酬的话语权亦是保障股东权利的一部分等。

二、尊重利益相关者的权利

公司的成功发展是公司参与者与资源提供者共同贡献的结果，包括投资者、员工、债权人和供应商。利益相关者之间创造财富的合作是符合公司长期利益的，因此，鼓励公司的利益相关方与公司进行积极的合作和沟通是十分必要的。在彼此认可的基础上，应尊重经法律和共同协议而确立的利益相关者的权利，当利益相关者权利受到侵害时，其应依法获得有效补偿。

三、确保董事会对公司和股东的责任和忠诚

董事会不仅制定公司发展战略，也负责监控管理层绩效表现，为股东或投资者创造回报。董事会必须具备客观、独立的特点，以便有效履行其职责。董事会须公平对待股东，最大限度地维护股东权益。同时，董事会应有专门委员会负责识别潜在的董事会成员是否具备专门的技术、知识和经验以增加公司的价值。另外，在内部控制和风险管理方面，董事会应加强其内部控制和审计功能，董事会在确保公司财务报告的真实性方面负有最终责任，并且董事会应定期审查企业内部控制体系，包括财务报告、公司资产使用、防止滥用关联方交易等，做好在风险管理、税收计划和内部审计等方面的职责。

四、建立健全的信息披露制度

建立健全的信息披露制度能够提升公司信息透明度、加强对公司治理的监管，是股东评估管理层是否尽职治理公司，以及估值、所有权和投票行使股东权利的基础。因此，公司治理结构应当保证公司所有重大

事项及时、准确地得到披露。包括财务状况、业绩、所有权和公司治理的情况。

五、为包括机构投资者在内的所有股东行使所有权创造有利条件

随着机构投资者的兴起，机构投资者管理的资产规模和持有公司的股份份额不断增长，其参与公司治理的能力和利益也发生了很大变化，他们开始在监督方面发挥积极作用，机构投资者应当披露与投资有关的公司治理及投票政策。《原则》指出，公司应为包括机构投资者在内的所有股东行使所有权创造有利条件，旨在为机构投资者行使权利创造良好的制度环境。

第四节　我国公司治理的原则及存在的主要风险

一、我国公司治理的原则

根据我国《公司法》的规定，公司治理包括四大组织机构：股东会、董事会、经理和监事会（或审计委员会），其中股东会是指企业的所有股东参加的集体会议；股东会选举产生董事并组成董事会，其负责执行公司的经营决策；经理负责公司的日常经营管理、实施董事会决议并对董事会负责，监事会（或审计委员会）则负责对董事会的行为进行监督。这四大机构在公司治理中各司其职，共同确保公司利益相关者的权利平衡以及公司的正常运营。

通过分析我国《公司法》对上述四大机构法定职权的规定，可以看出我国的公司治理体现了以下几个原则。

1. "股东会中心主义"原则

根据《公司法》的规定，股东会享有选举和更换董事和监事的权力、审议批准公司利润分配权、公司组织形式变更权、公司章程修改权及其他重大事项决定权等对公司至关重要的权力。可见，由股东组成的股东会是公司的最高权力机构，体现了股东作为公司所有者享有对公司最终的控制权力，体现了"股东会中心主义"。

2. 两权分离的原则

无论是有限责任公司还是股份有限公司，关于公司的经营管理方面，

《公司法》把全面负责经营管理公司的职权赋予了董事会，可见《公司法》关于经营管理的规定体现了所有权与经营权相分离（两权分离）的现代公司治理制度的原则。

3. 委托授权（董事会）的原则

根据《公司法》的规定，董事会虽然全面负责公司的经营管理，但是其就公司的经营管理报告要交由股东会审议批准。同时，董事是由股东会选举产生的，且其报酬事项也是由股东会决定的。可见，董事会与股东会的关系是一般的授权委托关系，股东会是委托及授权机构，董事会是代理及被授权的机构，董事会的职权主要来源于股东会的委托授权。

4. 制衡与监督的原则

根据《公司法》的规定，监事会（或审计委员会）作为公司的监督机构，行使监督公司董事会及董事等职权，防止董事会或董事的独断专行，从而保护股东及公司的利益，体现了制衡和监督的原则。

二、我国公司治理中存在的主要风险

从目前的公司治理实践来看，我国公司治理制度存在以下主要风险。

1. 基于公司治理中固有的委托代理关系所产生的道德风险

在现代公司治理的委托代理关系中，代理人（董事会、经理等）和委托人（股东）之间存在利益不一致的固有矛盾，这容易导致代理人为了自身利益而采取不利于委托人的行为，从而产生道德风险。此外，由于信息不对称和制度设计不完备等因素的存在，委托人难以有效监督代理人的行为，这也进一步增加了道德风险的可能性。

为了解决这个问题，公司需要建立科学的决策机制和权力制衡机制，以便于有效地监督和制约代理人的不当行为。同时，公司还须建立有效的股权激励及约束机制，使代理人的利益尽可能与委托人的利益保持一致。

2. 关于公司治理制度的规定与现实相脱节所产生的风险

公司治理的制度规定与现实相脱节，主要指《公司法》对公司治理相关机构设置、职权分配和运行规范相关的具体规定与公司的实际运行以及实际权力分配情况相脱节，这会导致公司治理在公司实际运行中存在混乱和不协调的情况。例如，《公司法》对于股东会、董事会和监事会等公司组织机构职权的规定，往往在实务中与公司具体运行过程中实际权力的职权分配差别较大。

因此，针对不同类型公司的特点和发展阶段的不同，具体公司在实际运行中，需要根据公司的具体情况来调整和优化公司治理结构，以促进公司的长远、健康发展。

3. 《公司法》规范对公司意思自治边界认定不清晰所产生的风险

公司治理主要调整的是公司内部关系，涉及公司内部的权力分配，包括股东与管理者之间、股东与股东之间的权力分配等，并不直接影响公司外部当事人的权益和社会公共利益，所以一般以自治规范为主。

一方面，意思自治是公司治理的基础，公司治理鼓励公司根据公司的具体情况，对公司治理的制度进行适合自己公司特点的针对性设计。另一方面，《公司法》对于公司治理中何种规范属于强制性规范、何种规范属于可选择适用的自治性规范之间的边界不清晰，导致公司无所适从，不知如何进行意思自治、如何设计公司治理制度。这种边界的不清晰也导致市场监督管理部门的工作人员很难正确地适用《公司法》，往往会限制当事人对意思自治的正常发挥。可能公司认为其设计体现在公司章程上的某一条款属于意思自治的范畴，但市场监督管理部门的工作人员却认为该条款有违法律的强制性规范的可能，这会导致公司对于公司章程及治理制度的设计无法通过行政部门的审查，进而无法进行备案、公示和适用。

4. 监事会制度在实践中没有发挥出应有的作用

我国在公司治理中引进了德日模式的监事会制度，并对其组织、职权及运行在《公司法》中进行了规定，例如，监事会有权检查公司财务，对董事、高级管理人员执行职务的行为进行监督，发现公司经营情况异常，可以进行调查等。但是，我国的监事会制度在实践中没有发挥应有的作用，反而因为监事会为必设机构增加了众多中小型公司的组织成本。因此，2023年《公司法》规定，有限责任公司可以在公司章程中规定不设监事会或监事，由董事组成审计委员会行使监事会职权。

5. 股东纠纷阻碍公司正常运转以及控股股东一股独大滥用权力的现象时有发生

在公司存在多个股东的情况下，各个股东之间漠视公司利益，经常发生股东纠纷，如争夺公司控制权；因经营理念存在分歧产生矛盾；因分红政策问题产生纠纷等。在大股东一股独大的情况下，也经常存在滥用权力的情形，如利用控制地位进行不正当关联交易；以不正当手段操纵公司决策损害其他股东和公司的合法权益等。

第五节　2023 年《公司法》对公司治理的加强与完善

一、《公司法》加强了对董事、监事、高级管理人员忠实和勤勉义务及违信赔偿责任的相关规定

（一）《公司法》对忠实、勤勉义务进行了明确的规定

《公司法》第 179 条规定，董事、监事、高级管理人员应当遵守法律、行政法规和公司章程。

《公司法》第 180 条规定，董事、监事、高级管理人员对公司负有忠实义务，应当采取措施避免自身利益与公司利益冲突，不得利用职权牟取不正当利益。

董事、监事、高级管理人员对公司负有勤勉义务，执行职务应当为公司的最大利益尽到管理者通常应有的合理注意。

公司的控股股东、实际控制人不担任公司董事但实际执行公司事务的，适用前两款规定。

从上述规定可以看出，董事、监事、高级管理人员不仅应当遵守法律、行政法规、公司章程的规定，还应当在此基础上对公司负有忠实义务和勤勉义务。其中，忠实义务侧重于要求董事、监事、高级管理人员的个人利益不得与公司利益相冲突，也不得牟取不正当的利益；勤勉义务是对董事、监事、高级管理人员更进一步的要求，要求其在执行职务时应当为公司的最大利益尽到管理者通常应有的合理注意。

（二）《公司法》关于董事、监事、高级管理人员行为的禁止性及限制性规定

1. 董事、监事、高级管理人员行为的禁止性规定

《公司法》第 181 条规定，董事、监事、高级管理人员不得有下列行为：

（1）侵占公司财产、挪用公司资金；

（2）将公司资金以其个人名义或者以其他个人名义开立账户存储；

（3）利用职权贿赂或者收受其他非法收入；

（4）接受他人与公司交易的佣金归为己有；

（5）擅自披露公司秘密；

（6）违反对公司忠实义务的其他行为。

2. 限制董事、监事、高级管理人员直接或间接与公司进行交易

《公司法》第182条规定，董事、监事、高级管理人员，直接或者间接与本公司订立合同或者进行交易，应当就与订立合同或者进行交易有关的事项向董事会或者股东会报告，并按照公司章程的规定经董事会或者股东会决议通过。

董事、监事、高级管理人员的近亲属，董事、监事、高级管理人员或者其近亲属直接或者间接控制的企业，以及与董事、监事、高级管理人员有其他关联关系的关联人，与公司订立合同或者进行交易，适用前款规定。

3. 董事、监事、高级管理人员不得为自己或他人谋取公司的商业机会

《公司法》第183条规定，董事、监事、高级管理人员，不得利用职务便利为自己或者他人谋取属于公司的商业机会。但是，有下列情形之一的除外：

（1）向董事会或者股东会报告，并按照公司章程的规定经董事会或者股东会决议通过；

（2）根据法律、行政法规或者公司章程的规定，公司不能利用该商业机会。

4. 董事、监事、高级管理人员竞业禁止的规定

《公司法》第184条规定，董事、监事、高级管理人员未向董事会或者股东会报告，并按照公司章程的规定经董事会或者股东会决议通过，不得自营或者为他人经营与其任职公司同类的业务。

5. 限制关联交易所涉关联董事的表决权

《公司法》第185条规定，董事会对本法第182条至第184条规定的事项决议时，关联董事不得参与表决，其表决权不计入表决权总数。出席董事会会议的无关联关系董事人数不足3人的，应当将该事项提交股东会审议。

根据上述规定，董事、监事、高级管理人员负有忠实义务，不得进行《公司法》所明确规定的上述禁止性行为，对于涉及自身利益的行为或交易，要遵守上述限制性规定，不得侵害公司利益。

（三）《公司法》关于董事、监事、高级管理人员"必须为"之法定义务的规定

1. 董事会负有催缴股东出资的义务，给公司造成损失的，负有责任的董事应当承担赔偿责任

《公司法》第 51 条规定，有限责任公司成立后，董事会应当对股东的出资情况进行核查，发现股东未按期足额缴纳公司章程规定的出资的，应当由公司向该股东发出书面催缴书，催缴出资。

未及时履行前款规定的义务，给公司造成损失的，负有责任的董事应当承担赔偿责任。

《公司法》第 107 条规定，本法第 44 条、第 49 条第 3 款、第 51 条、第 52 条、第 53 条的规定，适用于股份有限公司。

2. 董事、监事、高级管理人员负有接受质询的义务

《公司法》第 187 条规定，股东会要求董事、监事、高级管理人员列席会议的，董事、监事、高级管理人员应当列席并接受股东的质询。

3. 董事会应当及时分配利润

《公司法》第 212 条规定，股东会作出分配利润的决议的，董事会应当在股东会决议作出之日起 6 个月内进行分配。

4. 公司出现解散事由后，董事应当履行清算义务及时组织清算

《公司法》第 232 条规定，公司因本法第 229 条第 1 款第 1 项、第 2 项、第 4 项、第 5 项规定而解散的，应当清算。董事为公司清算义务人，应当在解散事由出现之日起 15 日内组成清算组进行清算。

清算组由董事组成，但是公司章程另有规定或者股东会决议另选他人的除外。

清算义务人未及时履行清算义务，给公司或者债权人造成损失的，应当承担赔偿责任。

可见，董事、监事、高级管理人员除了需要履行《公司法》以及公司章程规定的法定和章定的职权外，2023 年《公司法》新增了上述董事、监事、高级管理人员"必须为"的法定义务。

（四）《公司法》关于董事、监事、高级管理人员的违信赔偿责任的规定

1. 董事、监事、高级管理人员造成公司资本损失的违信赔偿责任

《公司法》第 53 条规定，公司成立后，股东不得抽逃出资。

违反前款规定的，股东应当返还抽逃的出资；给公司造成损失的，负有责任的董事、监事、高级管理人员应当与该股东承担连带赔偿责任。

《公司法》第163条规定，公司不得为他人取得本公司或者其母公司的股份提供赠与、借款、担保以及其他财务资助，公司实施员工持股计划的除外。

为公司利益，经股东会决议，或者董事会按照公司章程或者股东会的授权作出决议，公司可以为他人取得本公司或者其母公司的股份提供财务资助，但财务资助的累计总额不得超过已发行股本总额的10%。董事会作出决议应当经全体董事的2/3以上通过。

违反前两款规定，给公司造成损失的，负有责任的董事、监事、高级管理人员应当承担赔偿责任。

《公司法》第211条规定，公司违反本法规定向股东分配利润的，股东应当将违反规定分配的利润退还公司；给公司造成损失的，股东及负有责任的董事、监事、高级管理人员应当承担赔偿责任。

《公司法》第226条规定，违反本法规定减少注册资本的，股东应当退还其收到的资金，减免股东出资的应当恢复原状；给公司造成损失的，股东及负有责任的董事、监事、高级管理人员应当承担赔偿责任。

可见，《公司法》强化了董事、监事、高级管理人员对于公司资本形成、充实与分配所负有的信义义务，以及相应的违信赔偿责任。

2. 董事、监事、高级管理人员执行职务造成损失的违信赔偿责任

《公司法》第22条规定，公司的控股股东、实际控制人、董事、监事、高级管理人员不得利用关联关系损害公司利益。

违反前款规定，给公司造成损失的，应当承担赔偿责任。

《公司法》第125条规定，董事会会议，应当由董事本人出席；董事因故不能出席，可以书面委托其他董事代为出席，委托书应当载明授权范围。

董事应当对董事会的决议承担责任。董事会的决议违反法律、行政法规或者公司章程、股东会决议，给公司造成严重损失的，参与决议的董事对公司负赔偿责任；经证明在表决时曾表明异议并记载于会议记录的，该董事可以免除责任。

《公司法》第188条规定，董事、监事、高级管理人员执行职务违反法律、行政法规或者公司章程的规定，给公司造成损失的，应当承担赔偿

责任。

《公司法》第 191 条规定，董事、高级管理人员执行职务，给他人造成损害的，公司应当承担赔偿责任；董事、高级管理人员存在故意或者重大过失的，也应当承担赔偿责任。

可见，根据上述规定，董事、监事、高级管理人员在执行职务时应当遵守信义义务，不得损害公司的利益，如造成公司的损失，则违反信义义务的董事、监事、高级管理人员应当承担相应的赔偿责任。

需要注意的是，董事、高级管理人员在执行职务时存在故意或者重大过失，给他人造成损害的，除了公司向第三人承担赔偿责任外，前述董事及高级管理人员亦应当承担赔偿责任。

3. 董事怠于清算的违信赔偿责任

《公司法》第 232 条规定，公司因本法第 229 条第 1 款第 1 项、第 2 项、第 4 项、第 5 项规定而解散的，应当清算。董事为公司清算义务人，应当在解散事由出现之日起 15 日内组成清算组进行清算。

清算组由董事组成，但是公司章程另有规定或者股东会决议另选他人的除外。

清算义务人未及时履行清算义务，给公司或者债权人造成损失的，应当承担赔偿责任。

《公司法》第 238 条规定，清算组成员履行清算职责，负有忠实义务和勤勉义务。

清算组成员怠于履行清算职责，给公司造成损失的，应当承担赔偿责任；因故意或者重大过失给债权人造成损失的，应当承担赔偿责任。

可见，根据上述规定，公司出现解散事由后，董事负有及时清算的义务。如公司董事怠于清算，给公司或者债权人造成损失的，应当承担赔偿责任。

二、《公司法》对控股股东、实际控制人权利滥用进行规制的相关规定

（一）控股股东、实际控制人的定义

《公司法》第 265 条第 1 款第 2 项规定，控股股东，是指其出资额占有限责任公司资本总额超过 50% 或者其持有的股份占股份有限公司股本总

额超过 50% 的股东；出资额或者持有股份的比例虽然低于 50%，但依其出资额或者持有的股份所享有的表决权已足以对股东会的决议产生重大影响的股东。

《公司法》第 265 条第 1 款第 3 项规定，实际控制人，是指通过投资关系、协议或者其他安排，能够实际支配公司行为的人。

（二）控股股东、实际控制人的忠实、勤勉义务

《公司法》第 180 条规定，董事、监事、高级管理人员对公司负有忠实义务，应当采取措施避免自身利益与公司利益冲突，不得利用职权牟取不正当利益。

董事、监事、高级管理人员对公司负有勤勉义务，执行职务应当为公司的最大利益尽到管理者通常应有的合理注意。

公司的控股股东、实际控制人不担任公司董事但实际执行公司事务的，适用前两款规定。

可见，实际执行公司事务的控股股东、实际控制人，即使名义上不担任公司的董事，但是事实上其已成为与"影子董事"相对应的"事实董事"，亦应当对公司负有忠实、勤勉义务。

（三）公司为股东或实际控制人提供担保，应当经过股东会决议，且应排除关联方的表决权

《公司法》第 15 条规定，公司向其他企业投资或者为他人提供担保，按照公司章程的规定，由董事会或者股东会决议；公司章程对投资或者担保的总额及单项投资或者担保的数额有限额规定的，不得超过规定的限额。

公司为公司股东或者实际控制人提供担保的，应当经股东会决议。

前款规定的股东或者受前款规定的实际控制人支配的股东，不得参加前款规定事项的表决。该项表决由出席会议的其他股东所持表决权的过半数通过。

（四）控股股东、实际控制人不得利用关联关系损害公司利益

《公司法》第 22 条规定，公司的控股股东、实际控制人、董事、监事、高级管理人员不得利用关联关系损害公司利益。

违反前款规定，给公司造成损失的，应当承担赔偿责任。

（五）控股股东、实际控制人指示董事、高级管理人员侵害股东、公司利益的，承担连带责任

《公司法》第 192 条规定，公司的控股股东、实际控制人指示董事、高级管理人员从事损害公司或者股东利益的行为的，与该董事、高级管理人员承担连带责任。

（六）控股股东、实际控制人的信息公开义务

《公司法》第 140 条第 1 款规定，上市公司应当依法披露股东、实际控制人的信息，相关信息应当真实、准确、完整。

三、《公司法》对中小股东权利保护的加强与完善

（一）股东知情权、查阅权的加强与完善

1. 股东查阅权的完善与保护

《公司法》第 57 条规定，股东有权查阅、复制公司章程、股东名册、股东会会议记录、董事会会议决议、监事会会议决议和财务会计报告。

股东可以要求查阅公司会计账簿、会计凭证。股东要求查阅公司会计账簿、会计凭证的，应当向公司提出书面请求，说明目的。公司有合理根据认为股东查阅会计账簿、会计凭证有不正当目的，可能损害公司合法利益的，可以拒绝提供查阅，并应当自股东提出书面请求之日起 15 日内书面答复股东并说明理由。公司拒绝提供查阅的，股东可以向人民法院提起诉讼。

股东查阅前款规定的材料，可以委托会计师事务所、律师事务所等中介机构进行。

股东及其委托的会计师事务所、律师事务所等中介机构查阅、复制有关材料，应当遵守有关保护国家秘密、商业秘密、个人隐私、个人信息等法律、行政法规的规定。

股东要求查阅、复制公司全资子公司相关材料的，适用前四款的规定。

《公司法》第 110 条规定，股东有权查阅、复制公司章程、股东名册、股东会会议记录、董事会会议决议、监事会会议决议、财务会计报告，对公司的经营提出建议或者质询。

连续 180 日以上单独或者合计持有公司 3% 以上股份的股东要求查阅

公司的会计账簿、会计凭证的，适用本法第 57 条第 2 款、第 3 款、第 4 款的规定。公司章程对持股比例有较低规定的，从其规定。

股东要求查阅、复制公司全资子公司相关材料的，适用前两款的规定。

上市公司股东查阅、复制相关材料的，应当遵守《证券法》等法律、行政法规的规定。

从上述规定可以看出，股东有权查阅的文件资料包括股东名册和会计凭证，股东名册是记载股东信息的重要载体，而会计凭证则是记录公司经济业务的重要信息资料，扩大了查阅对象的范围。

（二）股东会、董事会决议制度的完善

1. 股东会会议召开和表决可以采用电子通信方式，降低股东参会成本

《公司法》第 24 条规定，公司股东会、董事会、监事会召开会议和表决可以采用电子通信方式，公司章程另有规定的除外。

2. 完善股东对公司股东会、董事会决议的撤销权

《公司法》第 26 条规定，公司股东会、董事会的会议召集程序、表决方式违反法律、行政法规或者公司章程，或者决议内容违反公司章程的，股东自决议作出之日起 60 日内，可以请求人民法院撤销。但是，股东会、董事会的会议召集程序或者表决方式仅有轻微瑕疵，对决议未产生实质影响的除外。

未被通知参加股东会会议的股东自知道或者应当知道股东会决议作出之日起 60 日内，可以请求人民法院撤销；自决议作出之日起 1 年内没有行使撤销权的，撤销权消灭。

可见，根据上述规定，未被通知参加股东会会议的股东行使撤销权有以下两个条件：（1）未被通知参加股东会会议的股东自知道或者应当知道股东会决议作出之日起 60 日；（2）自决议作出之日起 1 年内没有行使撤销权的，撤销权消灭。因此，股东需要注意行权期限，及时行使撤销权。

3. 明确规定公司股东会、董事会决议不成立的情形及其后果

《公司法》第 27 条规定，有下列情形之一的，公司股东会、董事会的决议不成立：

（1）未召开股东会、董事会会议作出决议；

（2）股东会、董事会会议未对决议事项进行表决；

（3）出席会议的人数或者所持表决权数未达到本法或者公司章程规定的人数或者所持表决权数；

（4）同意决议事项的人数或者所持表决权数未达到本法或者公司章程规定的人数或者所持表决权数。

《公司法》第 28 条规定，公司股东会、董事会决议被人民法院宣告无效、撤销或者确认不成立的，公司应当向公司登记机关申请撤销根据该决议已办理的登记。

股东会、董事会决议被人民法院宣告无效、撤销或者确认不成立的，公司根据该决议与善意相对人形成的民事法律关系不受影响。

（三）中小股东股权回购请求权的加强与完善

有限责任公司股东的股权回购请求权的规定：

《公司法》第 89 条规定，有下列情形之一的，对股东会该项决议投反对票的股东可以请求公司按照合理的价格收购其股权：

（1）公司连续 5 年不向股东分配利润，而公司该 5 年连续盈利，并且符合本法规定的分配利润条件；

（2）公司合并、分立、转让主要财产；

（3）公司章程规定的营业期限届满或者章程规定的其他解散事由出现，股东会通过决议修改章程使公司存续。

自股东会决议作出之日起 60 日内，股东与公司不能达成股权收购协议的，股东可以自股东会决议作出之日起 90 日内向人民法院提起诉讼。

公司的控股股东滥用股东权利，严重损害公司或者其他股东利益的，其他股东有权请求公司按照合理的价格收购其股权。

公司因本条第 1 款、第 3 款规定的情形收购的本公司股权，应当在 6 个月内依法转让或者注销。

股份有限公司股东的股权回购请求权的规定：

《公司法》第 161 条规定，有下列情形之一的，对股东会该项决议投反对票的股东可以请求公司按照合理的价格收购其股份，公开发行股份的公司除外：

（1）公司连续 5 年不向股东分配利润，而公司该 5 年连续盈利，并且符合本法规定的分配利润条件；

（2）公司转让主要财产；

（3）公司章程规定的营业期限届满或者章程规定的其他解散事由出现，股东会通过决议修改章程使公司存续。

自股东会决议作出之日起60日内，股东与公司不能达成股份收购协议的，股东可以自股东会决议作出之日起90日内向人民法院提起诉讼。

公司因本条第1款规定的情形收购的本公司股份，应当在6个月内依法转让或者注销。

可见，根据上述规定，对于有限责任公司而言，公司控股股东滥用股东权利严重损害公司或其他股东利益的，其他股东有权要求公司以合理价格收购其股权，但是需要注意的是，该规定并不适用于股份有限公司。

（四）股东有权对侵害公司及全资子公司合法权益的行为提起代位诉讼

《公司法》第189条规定，董事、高级管理人员有前条规定的情形的，有限责任公司的股东、股份有限公司连续180日以上单独或者合计持有公司1%以上股份的股东，可以书面请求监事会向人民法院提起诉讼；监事有前条规定的情形的，前述股东可以书面请求董事会向人民法院提起诉讼。

监事会或者董事会收到前款规定的股东书面请求后拒绝提起诉讼，或者自收到请求之日起30日内未提起诉讼，或者情况紧急、不立即提起诉讼将会使公司利益受到难以弥补的损害的，前款规定的股东有权为公司利益以自己的名义直接向人民法院提起诉讼。

他人侵犯公司合法权益，给公司造成损失的，本条第1款规定的股东可以依照前2款的规定向人民法院提起诉讼。

公司全资子公司的董事、监事、高级管理人员有前条规定情形，或者他人侵犯公司全资子公司合法权益造成损失的，有限责任公司的股东、股份有限公司连续180日以上单独或者合计持有公司1%以上股份的股东，可以依照前3款规定书面请求全资子公司的监事会、董事会向人民法院提起诉讼或者以自己的名义直接向人民法院提起诉讼。

可见，根据上述规定，股东不仅可以对本公司董事、监事、高级管理人员或者他人侵犯公司合法权益的行为提起代位诉讼，亦有权对公司的全资子公司董事、监事、高级管理人员或者他人侵犯公司及全资子公司合法权益的行为提起代位诉讼。需要注意的是，股份有限公司股东提起代位诉讼时需要同时满足两个条件：（1）连续持股达到 180 日以上；（2）单独或者合计持股比例需达到 1%以上。

（五）股份有限公司股东临时提案权的规定

《公司法》第 115 条规定，召开股东会会议，应当将会议召开的时间、地点和审议的事项于会议召开 20 日前通知各股东；临时股东会会议应当于会议召开 15 日前通知各股东。

单独或者合计持有公司 1%以上股份的股东，可以在股东会会议召开 10 日前提出临时提案并书面提交董事会。临时提案应当有明确议题和具体决议事项。董事会应当在收到提案后 2 日内通知其他股东，并将该临时提案提交股东会审议；但临时提案违反法律、行政法规或者公司章程的规定，或者不属于股东会职权范围的除外。公司不得提高提出临时提案股东的持股比例。

公开发行股份的公司，应当以公告方式作出前 2 款规定的通知。

股东会不得对通知中未列明的事项作出决议。

可见，根据上述规定，股份有限公司单独或者合计持有公司 1%以上股份的股东，可以在股东会会议召开 10 日前提出临时提案并书面提交董事会，董事会应当在收到提案后 2 日内通知其他股东，并将该临时提案提交股东会审议。

四、《公司法》对公司监督机构的加强与完善

（一）公司可以自主选择设置监事会或审计委员会来行使监督职能

在 2023 年《公司法》修订以前，监事会作为公司的必设机构之一，与股东会、董事会共同构成公司治理的主要机构，但是因为种种原因，监事会难以发挥其监督作用。2023 年《公司法》修订后，监事会不再是公司的必设机构，有限责任公司和股份有限公司均可以根据自身情况自主选择设置监事会或者由董事组成的审计委员会来行使监督职能。

（二）公司可以由审计委员会作为监督机构行使监督职能

1. 有限责任公司中的审计委员会

《公司法》第 69 条规定，有限责任公司可以按照公司章程的规定在董事会中设置由董事组成的审计委员会，行使本法规定的监事会的职权，不设监事会或者监事。公司董事会成员中的职工代表可以成为审计委员会

成员。

根据上述规定，有限责任公司的审计委员会是由公司董事组成的、行使监事会职权的监督机构，设置审计委员会的有限责任公司可以不设监事会或者监事，同时明确职工董事可以成为审计委员会成员。

2. 股份有限公司中的审计委员会

《公司法》第 121 条规定，股份有限公司可以按照公司章程的规定在董事会中设置由董事组成的审计委员会，行使本法规定的监事会的职权，不设监事会或者监事。

审计委员会成员为 3 名以上，过半数成员不得在公司担任除董事以外的其他职务，且不得与公司存在任何可能影响其独立客观判断的关系。公司董事会成员中的职工代表可以成为审计委员会成员。

审计委员会作出决议，应当经审计委员会成员的过半数通过。

审计委员会决议的表决，应当 1 人 1 票。

审计委员会的议事方式和表决程序，除本法有规定的外，由公司章程规定。

公司可以按照公司章程的规定在董事会中设置其他委员会。

根据上述规定，股份有限公司的审计委员会是由公司董事组成的、行使监事会职权的监督机构，设置审计委员会的股份公司可以不设监事会或者监事，同时亦明确职工董事可以成为审计委员会成员。除此之外，为了更好地行使审计委员会的监督职权，过半数的审计委员会成员需要满足两个条件：一是不得在公司担任除董事以外的其他职务；二是不得与公司存在任何可能影响其独立客观判断的关系。

股份有限公司的审计委员会规定相比于有限责任公司，还增加规定了审计委员会的议事制度的规定，即决议作出须经过半数成员通过以及 1 人1 票的表决制。

（三）监事会作为监督机构，其职能在原来的基础上进行了加强与完善

1. 监事会有权要求董事、高级管理人员提交执行职务的报告

《公司法》第 80 条第 1 款规定，监事会可以要求董事、高级管理人员提交执行职务的报告。

从上述规定可以看出，2023 年《公司法》明确监事会在行使职权时有

权要求董事及高级管理人员如实提供执行职务的报告，如此规定实际上是对监事会监督权力的扩大与强化。

2. 监事会的议事制度的完善

有限责任公司的监事会议事制度规定：

《公司法》第 81 条规定，监事会每年度至少召开 1 次会议，监事可以提议召开临时监事会会议。

监事会的议事方式和表决程序，除本法有规定的外，由公司章程规定。

监事会决议应当经全体监事的过半数通过。

监事会决议的表决，应当 1 人 1 票。

监事会应当对所议事项的决定作成会议记录，出席会议的监事应当在会议记录上签名。

股份有限公司的监事会议事制度规定：

《公司法》第 132 条规定，监事会每 6 个月至少召开 1 次会议。监事可以提议召开临时监事会会议。监事会的议事方式和表决程序，除本法有规定的外，由公司章程规定。监事会决议应当经全体监事的过半数通过。监事会决议的表决，应当 1 人 1 票。监事会应当对所议事项的决定作成会议记录，出席会议的监事应当在会议记录上签名。

从上述规定可以看出，对于监事会制度的完善主要体现在议事制度的明确与细化，一是《公司法》将监事会决议通过的比例由原来的"半数以上"改为"过半数"。从法律角度来讲，"半数以上"的规定包含"半数"，在实际表决过程中容易产生表决僵局，因此"过半数"的表决比例规定更为合理。二是明确规定监事会决议的表决 1 人 1 票，2018 年《公司法》并未对监事的表决权作详细规定，多数公司在实际操作中参考董事会 1 人 1 票表决制规定；2023 年《公司法》明确规定了监事会 1 人 1 票表决制，从法律规范层面完善了监事会议事制度。

第二章　公司治理之四大组织机构

第一节　公司治理与公司管理的区别

笔者曾接受客户公司的委托，为其公司治理相关问题提供解决方案。在对客户公司进行尽职调查的过程中，笔者让客户公司提供该公司的治理组织结构图（见图二、图三），但公司负责人员却提供了一份该公司的管理组织结构图（见图一）。由此可见，很多公司人员对公司治理与公司管理的认知不清晰，分不清二者的区别，这也是公司在治理过程中频频出现问题的原因之一。

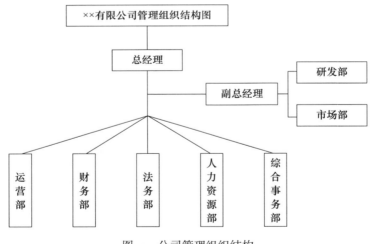

图一　公司管理组织结构

一、公司治理与公司管理的区别

1. 从组织机构设置来看，公司管理的组织机构通常由公司的（总）经理、（总）经理办公室，以及财务部、人力资源部、市场部等部门组成。

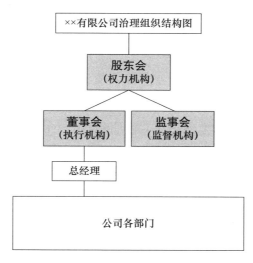

图二　公司治理组织结构

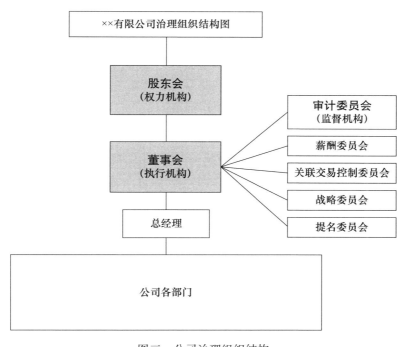

图三　公司治理组织结构

而公司治理机构主要由股东会、董事会、监事会或者审计委员会以及经理组成。

2. 从具体内涵来看，公司治理是通过建立股东会、董事会、监事会或者审计委员会以及经理等组织机构，并对这些机构分别授权，使其相互制衡，以解决股东与管理层之间的矛盾、股东之间的矛盾等公司治理问题。公司管理主要是由（总）经理及下属管理人员、员工来实施日常经营管理，以完成公司的各项具体任务和财务目标。

3. 从制度的侧重点来看，公司治理侧重于研究如何在公司利益相关者之间分配权力及财富，而公司管理则侧重于如何对外创造更多的财富和利润。

二、公司治理与公司管理的关联

公司治理与公司管理是相互依存、相互影响、相互促进的关系，在实际运营中，公司治理机构与公司管理机构需要相互配合、协调一致，从而提高公司的整体业绩和竞争力。

1. 完善的公司治理可以明确各机构的权利义务，避免利益冲突，可以提高公司的决策效率和执行力；

2. 公司治理通过对管理层的监督和评估，可以确保管理层的行为符合公司的利益和股东的权益；

3. 公司治理可以通过建立有效的股权激励机制，可以鼓励管理层关注公司的长期业绩表现，避免管理层出现短视行为，损害公司利益；

4. 科学的公司管理制度能够明确公司各层级的职责和权限，可以为公司治理的决策提供基础和依据，提高决策的质量和效率；

5. 有效的公司管理制度能够规范公司的经营行为，避免内部权力的滥用，有助于加强公司治理的效果。

第二节　公司的权力机构——股东会

股东会，是指由公司全体股东组成的公司权力机构，是股东在公司内部行使股东权利的法定组织。股东会的会议制度主要是由法律和公司章程规定的，包括公司股东会的召集、通知、主持、表决权行使等规则。我国《公司法》仅原则性地规定了股东会会议制度的基本规则，同时赋予公司章程在《公司法》规定的基础上进一步细化规定的权力。

一、股东的权利

股东是风险项目的投资者、公司的设立者、公司资本金的实际提供者以及公司的所有者，亦是公司经营风险的最终承担者。保护股东的合法权益是公司治理的起点和首要目标，一般而言，《公司法》以及公司章程均会对股东的权利及其行使进行相应的规定。

《公司法》第 4 条规定，有限责任公司的股东以其认缴的出资额为限对公司承担责任；股份有限公司的股东以其认购的股份为限对公司承担责任。公司股东对公司依法享有资产收益、参与重大决策和选择管理者等权利。

根据上述规定，《公司法》赋予股东有限责任以降低其投资风险，同时《公司法》亦明确规定股东享有的资产收益、参与重大决策和选择管理者等权利。此外，为了保障股东更好地行使其权利，《公司法》还规定了股东知情权、股权回购请求权和提起诉讼的权利。

二、有限责任公司的股东会会议制度

（一）股东会的职权

《公司法》第 59 条规定，股东会行使以下职权：

1. 选举和更换董事、监事，决定有关董事、监事的报酬事项；

2. 审议批准董事会的报告；

3. 审议批准监事会的报告；

4. 审议批准公司的利润分配方案和弥补亏损方案；

5. 对公司增加或者减少注册资本作出决议；

6. 对发行公司债券作出决议；

7. 对公司合并、分立、解散、清算或者变更公司形式作出决议；

8. 修改公司章程；

9. 公司章程规定的其他职权。

根据上述规定，有限责任公司股东会主要享有人事决定权、重大事项审批权、重大事项决议权、公司章程修改权、其他职权等 5 个方面的职权。

（二）股东会定期会议与临时会议

根据《公司法》第 62 条规定，股东会会议分为定期会议和临时会议。

定期会议应当依照公司章程的规定按时召开。临时会议由代表 1/10 以上表决权的股东，1/3 以上的董事或者监事会提议召开。

（三）股东会的议事规则

股东会是股东行使股东权利的重要途径，股东会议事规则主要包括股东会的召集、会议通知与记录、表决权的行使等程序性规定。

1. 股东会会议的召集与主持程序

股东会会议召集与主持程序是健全股东合法权益保障机制的一项重要措施。《公司法》第 63 条规定，股东会会议由董事会召集，董事长主持；董事长不能履行职务或者不履行职务的，由副董事长主持；副董事长不能履行职务或者不履行职务的，由过半数的董事共同推举 1 名董事主持。

董事会不能履行或者不履行召集股东会会议职责的，由监事会召集和主持；监事会不召集和主持的，代表 1/10 以上表决权的股东可以自行召集和主持。

根据上述规定，股东会会议的主持次序为：第一，董事长主持；第二，董事长不能履行职务或者不履行职务的，由副董事长主持；第三，副董事长不能履行职务或者不履行职务的，由过半数的董事共同推举的 1 名董事主持；第四，董事会不能履行或者不履行职责的，由监事会主持；第五，监事会不主持的，代表 1/10 以上表决权的股东可以主持股东会会议。

2. 股东会会议的通知与记录

《公司法》第 64 条规定，召开股东会会议，应当于会议召开 15 日前通知全体股东；但是，公司章程另有规定或者全体股东另有约定的除外。股东会应当对所议事项的决定作成会议记录，出席会议的股东应当在会议记录上签名或盖章。

提前通知股东的目的在于让股东了解股东会会议的召开时间、地点等信息，以及会议的议题和议程，给股东必要的准备时间，从而提高股东会会议的有效性与决策水平，保证股东可以有效地行使股东权利。股东会制作会议记录，一是有利于股东查阅会议记录，行使知情权；二是有利于公司经营活动的开展，经营管理层可以依据会议记录的内容来进行经营管理活动。

3. 股东表决权的行使

《公司法》第 65 条规定，股东会会议由股东按照出资比例行使表决权；但是，公司章程另有规定的除外。

股东会是股东表达意志的场所，表决权是股东重要的一项权利，是股东参与管理的重要方式。

从上述规定中可以看出股东行使表决权的方式有两种：一是股东以出资比例来行使表决权。有限责任公司中股东的出资比例通常决定了股东的利润分配和风险分担的比例，因此股东行使表决权一般以出资比例分配表决权。二是股东依据公司章程规定行使表决权，由于有限责任公司具有较强的人合性，股东之间大多相互信赖，为有利于公司发展和股东之间合作，《公司法》赋予公司章程自治的权力，即公司章程可以规定不按照出资比例行使表决权，这属于公司自治的范围。

4. 股东会会议的普通决议和特别决议

《公司法》第 66 条规定，股东会的议事方式和表决程序，除本法有规定的外，由公司章程规定。股东会作出决议，应当经代表过半数表决权的股东通过。股东会作出修改公司章程、增加或者减少注册资本的决议，以及公司合并、分立、解散或者变更公司形式的决议，应当经代表 2/3 以上表决权的股东通过。

股东会表决程序，主要是指通过股东会某一特定事项决议，需要如何进行表决以及表决时需要多少股东同意。股东会决议一般分为两种：一种是普通决议，是股东会对公司一般事项作出的决议，只需要代表过半数表决权的股东通过；另一种是特别决议，是股东会对公司 7 项重大事项作出的决议，其中重大事项包括修改章程、公司增加或者减少注册资本，公司合并、分立、解散或者变更公司形式。股东会对前述 7 项重大事项作出的特别决议必须经过代表 2/3 以上表决权的股东通过。《公司法》对于特别决议的表决程序属于强制性规定，公司章程不得与其相悖。

三、股份有限公司的股东会会议制度

（一）股东会的职权

《公司法》第 112 条规定，本法第 59 条第 1 款、第 2 款关于有限责任公司股东会职权的规定，适用于股份有限公司股东会。本法第 60 条关于只有一个股东的有限责任公司不设股东会的规定，适用于只有一个股东的股份有限公司。因此，股份有限公司股东会具体职权可参见本节有限责任公司股东会职权的相关阐述。

（二）股东年会与临时股东会

《公司法》第 113 条规定，股东会应当每年召开 1 次年会。有下列情形之一的，应当在 2 个月内召开临时股东会会议：（1）董事人数不足本法规定人数或者公司章程所定人数的 2/3 时；（2）公司未弥补的亏损达股本总额 1/3 时；（3）单独或者合计持有公司 10% 以上股份的股东请求时；（4）董事会认为必要时；（5）监事会提议召开时；（6）公司章程规定的其他情形。

股份有限公司的股东会，依召开时间不同，分为股东年会和临时股东会。股东年会，是指依照法律和公司章程的规定每年按时召开的股东会，是定期会议。临时股东会，是指根据法定的事由在 2 次股东年会之间临时召集的不定期的股东会。

股东会作为股份有限公司的最高权力机构，考虑到股份有限公司股东人数通常较多，经常召开股东会可行性较低，因此《公司法》规定股东年会应 1 年召开 1 次。如遇特殊情况，需要股东会及时作出决策但未到召开股东年会的时间，此时需要临时召集股东会，对临时发生的事项作出相应决议，以保证公司的正常运营。

（三）股东会议事规则

1. 股东会会议的召集程序

《公司法》第 114 条规定，股东会会议由董事会召集，董事长主持；董事长不能履行职务或者不履行职务的，由副董事长主持；副董事长不能履行职务或者不履行职务的，由过半数的董事共同推举 1 名董事主持。董事会不能履行或者不履行召集股东会会议职责的，监事会应当及时召集和主持；监事会不召集和主持的，连续 90 日以上单独或者合计持有公司 10% 以上股份的股东可以自行召集和主持。单独或者合计持有公司 10% 以上股份的股东请求召开临时股东会会议的，董事会、监事会应当在收到请求之日起 10 日内作出是否召开临时股东会会议的决定，并书面答复股东。

根据上述规定，股份有限公司股东会的召集人包括董事会、监事会以及符合条件的股东。股份有限公司与有限责任公司股东会召集程序多数相同，但在股东召集股东会的要求方面有所不同：有限责任公司要求代表

1/10 以上表决权的股东可以召集股东会，股份有限公司对股东召集股东会的限制主要体现在以下三个方面：一是对股东持股数额进行限制，即必须单独或者合计持有公司 10%以上股份；二是对股东持股时间进行限制，即必须连续持股 90 日以上；三是对程序进行限制，即必须是在出现应当召开股东会的情形，而董事会、监事会均不履行其召集股东会会议的义务时，股东才能自行召集。

2. 股东会的召开程序

《公司法》第 115 条规定，召开股东会会议，应当将会议召开的时间、地点和审议的事项于会议召开 20 日前通知各股东；临时股东会会议应当于会议召开 15 日前通知各股东。单独或者合计持有公司 1%以上股份的股东，可以在股东会会议召开 10 日前提出临时提案并书面提交董事会。临时提案应当有明确议题和具体决议事项。董事会应当在收到提案后 2 日内通知其他股东，并将该临时提案提交股东会审议；但临时提案违反法律、行政法规或者公司章程的规定，或者不属于股东会职权范围的除外。公司不得提高提出临时提案股东的持股比例。公开发行股份的公司，应当以公告方式作出前 2 款规定的通知。股东会不得对通知中未列明的事项作出决议。

由此可见，《公司法》对于股东会的召开程序作了上述明确的规定，以防止内部人控制和大股东欺压中小股东，防止内部人员或大股东对决议事项进行突袭。股份有限公司的股东会召开程序与有限责任公司股东会召开程序相比，规定得更为具体、更加严格。这是因为股份有限公司多数是公众公司，股东人数众多，公司所有权与经营权分离，并且很多股东并不参与公司管理，所以股份有限公司更需要通过程序规定来保障股东们的合法权利。股份有限公司单独或者合计持有公司 1%以上股份的股东即可以在股东会召开 10 日前，向董事会书面提出临时提案，这亦是保护股东临时提案权的规定。

3. 股东会会议记录

《公司法》第 119 条规定，股东会应当对所议事项的决定作成会议记录，主持人、出席会议的董事应当在会议记录上签名。会议记录应当与出席股东的签名册及代理出席的委托书一并保存。

4. 股东表决权的行使

（1）行使表决权的原则

《公司法》第 116 条规定，股东出席股东会会议，所持每一股份有一表决权，类别股股东除外。公司持有的本公司股份没有表决权。股东会作出决议，应当经出席会议的股东所持表决权过半数通过。股东会作出修改公司章程、增加或者减少注册资本的决议，以及公司合并、分立、解散或者变更公司形式的决议，应当经出席会议的股东所持表决权的 2/3 以上通过。

根据上述规定，表决权行使主要有两个原则。一是一股一权原则，无论有限责任公司还是股份有限公司，股东的表决权均是通过股东会来行使的。在股份有限公司中通常的规则是每个股份的股东享有一个表决权，即所谓的一股一权原则。但是《公司法》对类别股股东的表决权作了不同的规定，即类别股股东可以不按照一股一权的原则来行使表决权。

二是股份有限公司持有的本公司股份没有表决权的原则。《公司法》第 162 条规定，公司不得收购本公司股份。但是，有下列情形之一的除外：（1）减少公司注册资本；（2）与持有本公司股份的其他公司合并；（3）将股份用于员工持股计划或者股权激励；（4）股东因对股东会作出的公司合并、分立决议持异议，要求公司收购其股份；（5）将股份用于转换公司发行的可转换为股票的公司债券；（6）上市公司为维护公司价值及股东权益所必需。公司因前款第 1 项、第 2 项规定的情形收购本公司股份的，应当经股东会决议；公司因前款第 3 项、第 5 项、第 6 项规定的情形收购本公司股份的，可以按照公司章程或者股东会的授权，经 2/3 以上董事出席的董事会会议决议。公司依照本条第 1 款规定收购本公司股份后，属于第 1 项情形的，应当自收购之日起 10 日内注销；属于第 2 项、第 4 项情形的，应当在 6 个月内转让或者注销；属于第 3 项、第 5 项、第 6 项情形的，公司合计持有的本公司股份数不得超过本公司已发行股份总数的 10%，并应当在 3 年内转让或者注销。上市公司收购本公司股份的，应当依照《证券法》的规定履行信息披露义务。上市公司因本条第 1 款第 3 项、第 5 项、第 6 项规定的情形收购本公司股份的，应当通过公开的集中交易方式进行。公司不得接受本公司的股份作为质权的标的。

由此可见，《公司法》对于公司收购本公司股份作了限制性规定，公司仅在上述特殊情形下才能收购本公司股份，并且应在一定期限内注销或转让。所以，公司在特殊情况下收购的本公司股份不能获得相应的投票权。

（2）股东可以委托代理人行使表决权

《公司法》第 118 条规定，股东委托代理人出席股东会会议的，应当明确代理人代理的事项、权限和期限；代理人应当向公司提交股东授权委托书，并在授权范围内行使表决权。

　　股东出席股东会行使表决权是股东的基本权利。根据法律规定，股东可以委托代理人出席股东会。需要注意两点：一是股东委托代理人应当开具书面的授权委托书，代理人出席股东会应当提交股东授权委托书。股东一般应在授权委托书上明确委托人与受托人的基本信息、授权参加哪次股东会、授权表决的会议事项等授权权限信息，防止代理人超过委托股东的授权范围行使表决权，侵害股东权益。二是代理人应当在授权范围内行使表决权。代理人在代理权限内作出的代理行为对被代理人产生法律效力，超过授权范围的代理行为需要股东追认，否则无效，给股东造成损失的代理人应当承担赔偿责任。

　　（3）股东表决的累积投票制度

　　累积投票制是保护中小股东合法权益的一种制度设计。《公司法》第117条规定，股东会选举董事、监事，可以按照公司章程的规定或者股东会的决议，实行累积投票制。本法所称累积投票制，是指股东会选举董事或者监事时，每一股份拥有与应选董事或者监事人数相同的表决权，股东拥有的表决权可以集中使用。根据上述规定，股份有限公司股东会在选举董事、监事时，可以依照公司章程的规定或者股东会的决议，实行累积投票制。

　　举例来说，假设在某公司中，甲股东拥有100股，乙股东拥有900股，每股1票，会议将选出10位董事，甲股东累积票数为按照10位董事人数乘以所持股数100，共有1000票；累积投票法是甲股东可以将这1000票投给候选的一位董事，或者根据自己意愿分投给其他候选人。如果不实行累积投票法，在对每一位董事的选举中，因为甲股东为小股东，仅持有100股，而乙股东为900股，则每次表决中，甲股东都在票数上无法超越乙股东，从而无法选出任何一名代表自己利益的董事。但是，如果实行累积投票法，则甲股东可以将所有的1000票投在一名董事身上，那就会超过乙股东的900票，从而至少可以选出一名代表自己利益的董事。

　　关于公司累积投票制，需要注意四点：一是累积投票制仅在股东会的议决中适用，不能在董事会、监事会或公司的职工大会等公司机构中适用；二是累积投票制只在选举公司管理者时适用，在决定公司其他事务时并不适用；三是累积投票制，股东所持股份的对应的投票权数量由候选人数量决定，即每股同时有多个表决权，每股表决权数量对应候选人数，故每个股东投票权总数为所持股数乘以候选人数量的乘积；四是股东可以集中投票选举一人，也可以分散选举数人，最后按候选人得票的多少来决定由谁当选。

《上市公司治理准则》对符合特定情况的上市公司采用累积投票制度有强制性规定。该准则第 17 条规定："董事、监事的选举，应当充分反映中小股东意见。股东会在董事、监事选举中应当积极推行累积投票制。单一股东及其一致行动人拥有权益的股份比例在 30% 及以上的上市公司，应当采用累积投票制。采用累积投票制的上市公司应当在公司章程中规定实施细则。"

第三节　公司的执行机构——董事会

股东会是公司的权力机构，决定公司的重大问题。董事会由股东会选举产生，是公司的执行机构，它负责公司的经营管理活动，其主要职能包括战略决策、监督管理层、审核财务报告以及制定重大风险管理策略。董事会还负责评估和监督董事长的表现，以及协调股东与管理层之间的关系。中国上市公司董事会结构以内部董事为主，独立董事为辅。内部董事通常来自公司的管理层，而独立董事则来自公司外部，通常具有丰富的专业知识和经验，可提供独立的判断和建议。

一、董事的义务

董事，一般是指公司股东会选举出来的董事会成员，其主要通过董事会来行使对公司经营管理的职权。根据《公司法》的规定，董事不仅应当遵守法律、行政法规以及公司章程的规定，还应当在此基础上对公司负有忠实、勤勉之义务。根据《上市公司治理准则》规定，上市公司的董事还负有谨慎履职之义务。

在所有权与经营权分离的现代公司治理制度下，公司的经营管理是由董事与董事会进行的，因此董事对于公司的经营管理起着至关重要的作用，董事一般应当具备履行职责所必需的知识、技能和素质，应当保证有足够的时间和精力履行其应尽的职责。董事应当出席董事会会议，对所议事项发表明确意见，并且应当对董事会的决议承担责任。

根据《公司法》的规定，如果因为董事执行职务的行为给公司造成损失的，应当承担赔偿责任；如董事在执行职务时存在故意或重大过失，给他人造成损害的，亦应当承担赔偿责任。

二、有限责任公司的董事会

（一）董事会的组成与设立

《公司法》第 68 条规定，有限责任公司董事会成员为 3 人以上，其成员中可以有公司职工代表。职工人数 300 人以上的有限责任公司，除依法设监事会并有公司职工代表的外，其董事会成员中应当有公司职工代表。董事会中的职工代表由公司职工通过职工代表大会、职工大会或者其他形式民主选举产生。董事会设董事长 1 人，可以设副董事长。董事长、副董事长的产生办法由公司章程规定。

《公司法》第 75 条规定，规模较小或者股东人数较少的有限责任公司，可以不设董事会，设一名董事，行使本法规定的董事会的职权。该董事可以兼任公司经理。

可见，根据上述规定，有限责任公司可以设立董事会，其成员在 3 人以上，规模较小或股东人数较少的有限责任公司可以不设董事会，仅设 1 名董事。

（二）董事会职权

《公司法》第 67 条规定，有限责任公司设董事会，本法第 75 条另有规定的除外。董事会行使下列职权：（1）召集股东会会议，并向股东会报告工作；（2）执行股东会的决议；（3）决定公司的经营计划和投资方案；（4）制订公司的利润分配方案和弥补亏损方案；（5）制订公司增加或者减少注册资本以及发行公司债券的方案；（6）制订公司合并、分立、解散或者变更公司形式的方案；（7）决定公司内部管理机构的设置；（8）决定聘任或者解聘公司经理及其报酬事项，并根据经理的提名决定聘任或者解聘公司副经理、财务负责人及其报酬事项；（9）制定公司的基本管理制度；（10）公司章程规定或者股东会授予的其他职权。

公司章程对董事会职权的限制不得对抗善意相对人。

根据《公司法》第 75 条规定，不设董事会的董事的法律地位与董事会相同，是公司的执行机关和业务决策机关。不设董事会的董事的职权可参照上述有限责任公司董事会的职权。

（三）董事的任期

《公司法》第 70 条规定，董事任期由公司章程规定，但每届任期不得超过 3 年。董事任期届满，连选可以连任。董事任期届满未及时改选，或者董事在任期内辞任导致董事会成员低于法定人数的，在改选出的董事就任前，原董事仍应当依照法律、行政法规和公司章程的规定，履行董事职务。董事辞任的，应当以书面形式通知公司，公司收到通知之日辞任生效，但存在前款规定情形的，董事应当继续履行职务。

（四）董事会议事规则

1. 董事会会议的召集与主持

《公司法》第 72 条规定，董事会会议由董事长召集和主持；董事长不能履行职务或者不履行职务的，由副董事长召集和主持；副董事长不能履行职务或者不履行职务的，由半数以上董事共同推举 1 名董事召集和主持。

召开董事会会议是公司的一项重要活动，法律规定董事长为董事会会议的第一召集人、主持人。但在实务操作中，部分有限责任公司的董事长，并不积极召集和主持董事会会议，导致董事会集体决策的机制失灵。因此，为了保障董事会有效地行使职权，发挥集体决策的作用，《公司法》第 72 条明确规定，董事长不能履行职务或者不履行职务的，由副董事长召集和主持；副董事长不能履行职务或者不履行职务的，由过半数的董事共同推举 1 名董事召集和主持。该规定的"过半数的董事"，是指董事会全体成员的过半数以上，并非到会董事成员的过半数。如此规定，即使董事长或者副董事长未能履行职责，董事会会议也能够如期召开。

2. 董事会会议记录

《公司法》第 73 条第 4 款规定，董事会应当对所议事项的决定作成会议记录，出席会议的董事应当在会议记录上签名。

根据上述规定，董事会会议应当形成会议记录，以便股东、监事查阅。董事会会议记录的内容一般包括董事会会议所议事项及讨论后所得出的结论，例如会议召开的时间、地点、议题、出席人员、董事讨论意见、表决情况等。另外，为了明确董事的责任，出席会议的董事应当在会议记录上签字。董事在董事会会议记录上签名，是董事的一项权利，也是法定义务。

3. 董事会会议的议事方式和表决程序

《公司法》第 73 条第 1 款规定，董事会的议事方式和表决程序，除本法有规定的外，由公司章程规定。

《公司法》第 73 条第 2 款规定，董事会会议应当有过半数的董事出席方可举行。董事会作出决议，应当经全体董事的过半数通过。

由于有限责任公司具有较强的人合性和封闭性，因此其董事会的议事方式和表决程序也多体现自治性，我国《公司法》允许董事会在不违背法律规定的前提下，通过公司章程结合有限责任公司各自的特点和董事会的具体情况，选择适合公司的议事方式和表决程序。公司从审慎运行的角度出发，制定的公司章程可以严格于法律的特别规定，但如果《公司法》对议事方式或表决程序有特别规定的，公司章程亦不得违反，否则可能会导致董事会召集程序及表决决议等无效。

4. 董事会成员的表决权

《公司法》第 73 条第 3 款规定，董事会决议的表决，实行 1 人 1 票。

根据上述规定，在董事会中，董事的表决权是采取"1 人 1 票"的原则，每位董事的权责都是相同和平等的，包括董事长、副董事长在内的董事会全体成员，职工董事与董事长的投票表决地位也是平等的。

三、股份有限公司董事会会议制度

（一）董事会的组成

《公司法》第 120 条规定，股份有限公司设董事会，本法第 128 条另有规定的除外。本法第 67 条、第 68 条第 1 款、第 70 条、第 71 条的规定，适用于股份有限公司。

股份有限公司股东众多，无法让每位股东参与公司具体的经营管理，因此我国《公司法》规定，股份有限公司设董事会，依法对公司进行经营管理。同时为了避免少数股东操纵董事会，损害其他股东的利益。

一般而言，董事会成员人数通常为单数，以防止董事会在作出决定时出现僵局。

另外，为了保障职工权益，董事会成员中可以有公司职工代表，董事会的职工代表由公司职工通过职工代表大会、职工大会或者其他形式民主选举产生。

（二）董事会的职权

根据《公司法》第 120 条第 2 款规定，《公司法》第 67 条关于有限责任公司董事会职权的规定，适用于股份有限公司董事会，其具体内容可参见本节有限责任公司董事会会议制度中关于董事会职权的内容。

（三）董事的任期

《公司法》第 120 条第 2 款规定，《公司法》第 68 条第 1 款关于有限责任公司董事任期的规定，适用于股份有限公司董事，其具体内容可参见本节有限责任公司董事会会议制度中关于董事任期的内容。

（四）董事长的产生及职权

《公司法》第 122 条规定，董事会设董事长 1 人，可以设副董事长。董事长和副董事长由董事会以全体董事的过半数选举产生。董事长召集和主持董事会会议，检查董事会决议的实施情况。副董事长协助董事长工作，董事长不能履行职务或者不履行职务的，由副董事长履行职务；副董事长不能履行职务或者不履行职务的，由过半数的董事共同推举 1 名董事履行职务。

（五）董事会议事规则

1. 董事会会议的召集与主持

《公司法》第 123 条规定，董事会每年度至少召开 2 次会议，每次会议应当于会议召开 10 日前通知全体董事和监事。代表 1/10 以上表决权的股东、1/3 以上董事或者监事会，可以提议召开临时董事会会议。董事长应当自接到提议后 10 日内，召集和主持董事会会议。董事会召开临时会议，可以另定召集董事会的通知方式和通知时限。

董事会会议可以分为例行董事会会议和临时董事会会议。根据上述规定，董事会每年度召开 2 次会议，是指公司章程规定的董事会的定期会议，即例行董事会会议，并不包括董事会的临时会议。临时董事会会议，是指根据特定主体的提议而临时召开的董事会。在例行董事会之间，特定主体可以提议召开临时董事会会议，即代表 1/10 以上表决权的股东、1/3 以上董事或者监事会，可以提议召开董事会临时会议。前述特定主体提议召开董事会临时会议的，董事长应当自接到提议后 10 日内，召集和主持董事会会议。

2. 董事会的通知

根据《公司法》第 123 条规定，（1）在董事会举行定期会议之前，董事长应当确定举行董事会会议的时间、地点、讨论决定的事项等，按照公司章程规定的通知方式，将董事会将于何时、何地举行、召集的事由等情况在会议召开 10 日以前通知全体董事和监事，以便全体董事和监事能够参加或者列席董事会会议。（2）董事会在召开临时会议时，可以不在会议召开 10 日以前通知全体董事和监事，而只需按照公司章程规定的或者董事会确定的通知方式和通知时限通知全体董事和监事，就可以召开临时会议。

3. 董事会会议举行与表决

《公司法》第 124 条规定，董事会会议应当有过半数的董事出席方可举行。董事会作出决议，应当经全体董事的过半数通过。董事会决议的表决，应当 1 人 1 票。董事会应当对所议事项的决定作成会议记录，出席会议的董事应当在会议记录上签名。

根据上述规定，董事会会议的程序要求主要体现在出席人数、表决比例及表决方式三个方面。一是出席人数要求。只有出席董事会会议的董事过全体董事的半数，董事会会议才能举行，否则即使召开举行的会议，该会议所作决议也因违反法定程序而无效。二是表决比例要求。经全体董事的过半数通过的决议才能反映多数董事的意愿，该决议方为有效。三是表决方式，表决实行 1 人 1 票方式，每一位董事只能享有一票表决权，分为赞成票、否决票和弃权票三种类型，董事可以根据自己对于会议所议事项的理解和意愿，行使自己的表决权。

第四节　公司的日常管理机构——经理

《公司法》中的经理是公司治理中的董事会下属的一类组织机构，并非我们社会生活中日常碰到的业务经理、客户经理、销售经理等具有"经理"头衔的经理人员。本书所指的经理这一组织机构的负责人相当于日常所言公司的总经理。

经理通常负责公司的日常经营管理，并承担相应的责任。董事可以兼任公司的经理。虽然一般公司都有经理，但是根据《公司法》的规定，经理是可选择的设立机构，并非必然设立的。换言之，公司选择不设立经理机构，仅有董事也是可以的。

一、经理等高级管理人员的义务

根据《公司法》的规定，经理等高级管理人员不仅应当遵守法律、行政法规以及公司章程的规定，还应当在此基础上对公司负有忠实、勤勉之义务。根据《上市公司治理准则》规定，上市公司的经理等高级管理人员还负有谨慎履职之义务。

根据《公司法》的规定，如果因为经理等高级管理人员执行职务的行为给公司造成损失的，应当承担赔偿责任；如经理等高级管理人员在执行职务时存在故意或重大过失，给他人造成损害的，亦应当承担赔偿责任。

二、有限责任公司的经理制度

（一）有限责任公司的经理由董事会决定聘任或解聘，根据公司章程规定或者董事会授权来行使职权

《公司法》第 74 条规定，有限责任公司可以设经理，由董事会决定聘任或者解聘。经理对董事会负责，根据公司章程的规定或者董事会的授权行使职权。经理列席董事会会议。

根据上述规定，是否设立经理以及经理的职权，均是有限责任公司的自治范畴。设立经理的，公司应当按照公司章程的规定或者董事会的授权确定经理职权的具体范围，以避免经理职权范围不清晰从而影响公司的运营与发展。

（二）不设董事会的董事可以兼任公司经理

《公司法》第 75 条规定，规模较小或者股东人数较少的有限责任公司，可以不设董事会，设 1 名董事，行使本法规定的董事会的职权。该董事可以兼任公司经理。

根据上述规定，在没有设置董事会的有限责任公司中，经理可以由董事兼任，达到公司的日常管理机构和执行机构的合并，以提高公司运营及决策落实的效率。

三、股份有限公司的经理制度

《公司法》第 126 条规定，股份有限公司设经理，由董事会决定聘任或者解聘。经理对董事会负责，根据公司章程的规定或者董事会的授权行

使职权。经理列席董事会会议。

《公司法》第 127 条规定，公司董事会可以决定由董事会成员兼任经理。

根据上述规定，经股份有限公司董事会决议，董事会成员可以兼任经理。董事会召开上述会议应当有过半数董事出席，并由全体董事会的过半数董事同意通过的，才能形成由董事会成员兼任经理的有效决议。

需要注意的是，在经理职权由公司章程规定或者董事会授权的情况下，在交易活动中，因公司章程或董事会决议文件并非公司必须出示的文件，交易当事人无法通过对方经理的身份推定或判断其是否有权代表公司进行此类交易，可能会出现经理超越职权范围从事代理活动，从而侵害交易相对方以及公司的合法权益的行为，所以交易当事人应先查阅对方公司章程，核实经理的权限范围，然后再签订相关合同。

第五节　公司的监督机构——监事会或审计委员会

一、2023 年《公司法》对监事会制度的改革

（一）公司监事会的定义与作用

公司监事会是由股东会选举的监事以及由公司职工民主选举的监事组成的，是对公司进行监督和检查的公司机构，其对股东会负责，与董事会并列设置，是对董事会和经理行政管理行使监督的内部组织。

监事会作为公司的监督机构，可以代替股东专职行使监督董事及董事会的职权，从而保护股东利益，防止董事会独断专行。监事会亦可对公司财务以及公司高级管理人员履行职责的合法性进行监督。监事会发现董事、经理和其他高级管理人员存在违反法律、法规或公司章程的行为，可以向董事会、股东会反映，并要求其予以纠正。

（二）公司监事会在实践中形同虚设，没有发挥出应有的作用

1. 我国关于监事会制度仅仅作了原则性规定，不具有可操作性。例如，原《公司法》（2018 年修正）规定，公司的监事会有监督公司董事的权利，但没有具体规定当公司董事违规时具体有何种惩罚措施。

2. 监事会的经费一般是由公司管理层决定的，而原《公司法》（2018 年

修正）要求监事会尽心尽责地对管理层履行监督职能，实际上监事会成员的底气不足。

3. 虽然原《公司法》（2018 年修正）规定监事会对董事有监督权，但是从组织设置上，监事会与董事会是平行机构，董事会并不需要向监事会负责或报告工作，加之董事会掌握公司实权，导致监事会成员不愿或不敢对董事会成员予以实质性的监督。

4. 除了股东担任监事的之外，监事并非股东，公司的经营好坏与其并非像股东那样有切身利害关系，所以监事也没有深层的动力去进行监督。

（三）根据 2023 年修订的《公司法》，监事会不再为公司必设机构

鉴于上述所言监事会从实践中来看并未起到应有的监督效果，所以 2023 年《公司法》修订时对公司监督机构的改革成为一项重要内容。

《公司法》第 69 条规定，有限责任公司可以按照公司章程的规定在董事会中设置由董事组成的审计委员会，行使本法规定的监事会的职权，不设监事会或者监事。公司董事会成员中的职工代表可以成为审计委员会成员。

《公司法》第 121 条第 1 款规定，股份有限公司可以按照公司章程的规定在董事会中设置由董事组成的审计委员会，行使本法规定的监事会的职权，不设监事会或者监事。

可见，2023 年修订的《公司法》将公司监事会从原来的必设机构改为选设机构，公司可以自主选择设立公司监事会或由董事组成的审计委员会作为公司的监督机构。

（四）公司审计委员会作为公司监督机构的特点

《公司法》第 69 条规定，有限责任公司可以按照公司章程的规定在董事会中设置由董事组成的审计委员会，行使本法规定的监事会的职权，不设监事会或者监事。公司董事会成员中的职工代表可以成为审计委员会成员。

《公司法》第 121 条规定，股份有限公司可以按照公司章程的规定在董事会中设置由董事组成的审计委员会，行使本法规定的监事会的职权，不设监事会或者监事。

审计委员会成员为 3 名以上，过半数成员不得在公司担任除董事以外的其他职务，且不得与公司存在任何可能影响其独立客观判断的关系。公

司董事会成员中的职工代表可以成为审计委员会成员。

审计委员会作出决议，应当经审计委员会成员的过半数通过。

审计委员会决议的表决，应当1人1票。

审计委员会的议事方式和表决程序，除本法有规定的外，由公司章程规定。

公司可以按照公司章程的规定在董事会中设置其他委员会。

根据《公司法》的规定，公司审计委员会是行使公司监事会的职权，因此作为监督机构的审计委员会，与以前上市公司中行使专门财务审计职能的审计委员会是明显不同的。财务审计仅仅是监督的一种手段，而行使监事会职权的审计委员会显然具有更为全面的监督权。

另外，公司审计委员会的组成成员均为公司的董事，并非一般认为的由会计师组成。这也是作为公司监督机构的审计委员会与以前上市公司中专门进行财务审计的审计委员会的不同之处。

二、有限责任公司监事会制度

（一）监事会的设立与组成

1. 监事会的设立与组成

《公司法》第69条规定，有限责任公司可以按照公司章程的规定在董事会中设置由董事组成的审计委员会，行使本法规定的监事会的职权，不设监事会或者监事。公司董事会成员中的职工代表可以成为审计委员会成员。

《公司法》第76条第1款、第2款规定，有限责任公司设监事会，本法第69条、第83条另有规定的除外。监事会成员为3人以上。监事会成员应当包括股东代表和适当比例的公司职工代表，其中职工代表的比例不得低于1/3，具体比例由公司章程规定。监事会中的职工代表由公司职工通过职工代表大会、职工大会或者其他形式民主选举产生。

《公司法》第83条规定，规模较小或者股东人数较少的有限责任公司，可以不设监事会，设1名监事，行使本法规定的监事会的职权；经全体股东一致同意，也可以不设监事。

有限责任公司的规模、类型在实务中存在不同的特点，所以监事会的规模也视公司的具体情况而定。《公司法》对于监事会制度作出较为开放的规定，监事会不再是法定必设的公司组织机构，公司可以根据自身情况决定是否设立监事会，以及监事会的人数。而股东人数较少、规模较小的有限责任公司可以设立 1 名监事对公司董事及高级管理人员进行监督，行使监事会的职权；经过全体股东一致同意，也可以不设立监事会。

既然 2023 年《公司法》规定了监事会并非必设机构，那么公司是否需要设立监事会？笔者建议投资者可以综合考虑公司的规模大小与股东人数情况，如公司规模较小或股东人数较少，为了节约管理成本，可以选择不设监事会，反之，可以选择设立监事会。

2. 董事、高级管理人员不得兼任监事

为了保证监事会可以独立、公正地进行监督，《公司法》第 76 条第 4 款明确禁止董事、高级管理人员兼任监事。这里的高级管理人员，包括公司的经理、副经理、财务负责人，上市公司董事会秘书和公司章程规定的其他人员。

（二）监事会的职权

《公司法》第 78 条规定，监事会行使下列职权：（1）检查公司财务；（2）对董事、高级管理人员执行职务的行为进行监督，对违反法律、行政法规、公司章程或者股东会决议的董事、高级管理人员提出解任的建议；（3）当董事、高级管理人员的行为损害公司的利益时，要求董事、高级管理人员予以纠正；（4）提议召开临时股东会会议，在董事会不履行本法规定的召集和主持股东会会议职责时召集和主持股东会会议；（5）向股东会会议提出提案；（6）依照本法第 189 条的规定，对董事、高级管理人员提起诉讼；（7）公司章程规定的其他职权。

《公司法》第 79 条规定，监事可以列席董事会会议，并对董事会决议事项提出质询或者建议。监事会发现公司经营情况异常，可以进行调查；必要时，可以聘请会计师事务所等协助其工作，费用由公司承担。

《公司法》第 80 条第 1 款规定，监事会可以要求董事、高级管理人员提交执行职务的报告。董事、高级管理人员应当如实向监事会提供有关情况和资料，不得妨碍监事会或者监事行使职权。

根据上述规定，监事会作为公司的监督机构，监督公司董事及高级管理人员的履行职责的行为，主要行使的职权包括检查公司财务，监督董事、高级管理人员履职情况及提出解任建议，要求董事与高级管理人员纠正其损害公司利益的行为，提议召开及召集与主持临时股东会会议，向股东会会议提出提案，依法对董事、高级管理人员提起诉讼以及公司章程规定的其他职权。另外，监事会亦有权要求董事、高级管理人员提交执行职务的报告，董事、高级管理人员应当如实向监事会报告，对其向监事会提交的材料负有保证真实性之义务。

（三）监事会的会议制度

《公司法》第81条规定，监事会每年度至少召开1次会议，监事可以提议召开临时监事会会议。监事会的议事方式和表决程序，除本法有规定的外，由公司章程规定。监事会决议应当经全体监事的过半数通过。监事会决议的表决，应当1人1票。监事会应当对所议事项的决定作成会议记录，出席会议的监事应当在会议记录上签名。

根据上述规定，监事会通过监事会会议的形式行使监督职权，监事会会议分为定期会议和临时会议两种。所谓监事会的定期会议，是指依照法律规定，每年度至少召开1次的会议。临时会议是相对于定期会议而言的，指在正常召开的定期会议之外，由监事临时提议召开的会议。《公司法》规定了监事会定期会议每年度至少召开1次，但临时会议并未限制其召开次数，交由公司章程作进一步规定。由于有限责任公司的规模与类型不同，为了确保监事会能够有效地发挥作用，对于监事会的议事方式和表决程序，除明确监事会决议应当经全体监事的过半数通过之外，《公司法》亦授权由公司章程规定。与股东会会议记录、董事会会议记录的载体作用一样，监事会会议记录是监事会发挥作用、行使职权的重要书面载体，可作为执行监事会会议决议的依据，也是判断监事会是否怠于履行监事职权的依据。

（四）监事的任期及相关费用的承担

《公司法》第77条规定，监事的任期每届为3年。监事任期届满，连选可以连任。监事任期届满未及时改选，或者监事在任期内辞任导致监事会成员低于法定人数的，在改选出的监事就任前，原监事仍应当依照法律、行政法规和公司章程的规定，履行监事职务。

《公司法》第82条规定，监事会行使职权所必需的费用，由公司承担。

监事的任期即担任监事职务的时间限制，根据上述规定，监事的任期每届为 3 年。监事 3 年任期届满后，应当退任。但连选可以连任。另外，监事会在履行监督职责、行使职权时，可能会产生一定的费用，这些费用是监事会在履行监督职责时支出的必要的费用，应当由公司承担。例如，在检查公司财务状况时可能会聘请会计师事务所进行审计等。

三、股份有限公司监事会制度

（一）监事会的组成与任期

《公司法》第 130 条规定，股份有限公司设监事会，本法第 121 条第 1 款、第 133 条另有规定的除外。监事会成员为 3 人以上。监事会成员应当包括股东代表和适当比例的公司职工代表，其中职工代表的比例不得低于 1/3，具体比例由公司章程规定。监事会中的职工代表由公司职工通过职工代表大会、职工大会或者其他形式民主选举产生。

监事会设主席 1 人，可以设副主席。监事会主席和副主席由全体监事过半数选举产生。监事会主席召集和主持监事会会议；监事会主席不能履行职务或者不履行职务的，由监事会副主席召集和主持监事会会议；监事会副主席不能履行职务或者不履行职务的，由过半数的监事共同推举 1 名监事召集和主持监事会会议。董事、高级管理人员不得兼任监事。本法第 77 条关于有限责任公司监事任期的规定，适用于股份有限公司监事。

股份有限公司作为资合性公司，监事会是股份有限公司必须设立的机构之一，其成员不得少于 3 人。在《公司法》中，股份有限公司关于监事会组成及职工监事的比例规定与有限责任公司相似，监事会应当包括股东代表和适当比例的公司职工代表，其中职工代表的比例不得低于 1/3，具体比例由公司章程规定。

（二）监事会的职权

《公司法》第 131 条规定，本法第 78 条至第 80 条的规定，适用于股份有限公司监事会。监事会行使职权所必需的费用，由公司承担。

关于《公司法》第 78 条至第 80 条的规定，即有限责任公司中监事会的职权、对董事会决议事项提出质询或建议、监事会可以要求董事、高级管理人员提交执行职务的报告等内容，笔者已在上述有限责任公司的监事会职权中写明，在此不再赘述。

（三）监事会的会议制度

《公司法》第 132 条规定，监事会每 6 个月至少召开 1 次会议。监事可以提议召开临时监事会会议。监事会的议事方式和表决程序，除本法有规定的外，由公司章程规定。监事会决议应当经全体监事的过半数通过。监事会决议的表决，应当 1 人 1 票。监事会应当对所议事项的决定作成会议记录，出席会议的监事应当在会议记录上签名。

根据上述规定，有限责任公司监事会每年度最少召开 1 次，股份有限公司则每 6 个月召开 1 次，以便于监事会能够及时对公司的业务进行监督。除此之外，其余内容与有限责任公司规定的基本一致，对该部分的解读可以参考本节有限责任公司的监事会会议制度，笔者不再赘述。

第三章　公司治理之公司章程的设计

第一节　公司章程的法律特征与主要内容

一、公司章程的概念

我国公司法专家郑玉波指出，一个公司的成立至少要具备三个方面的要件：人的要件——发起人或股东；物的要件——最低资本额；行为要件——公司章程。但在公司资本认缴制之下，物的要件，不再是必备要件，只有发起人或股东和公司章程一直是公司成立的必备要件。

公司章程不仅是国家规制公司的法律文件，亦是公司内部股东之间、股东与高管之间意思自治的行为规范；不仅是股东维护其合法权益的手段，亦是保护公司债权人的工具。可见，公司章程作为公司治理的基本准则，其对公司设立、经营或解散都具有重要意义。

二、公司章程的法律特征

（一）法定性

首先，在我国《公司法》规定了有限责任公司和股份有限公司的设立条件，均将公司章程作为必备文件，从这一点可以看出公司章程在法定程序上的不可或缺性。其次，无论是大陆法系还是英美法系，对于公司章程中必须记载的内容大多以列举方式，将有关公司设立、经营的重大事项以立法的形式固定下来，缺一不可。例如，我国《公司法》第46条第1款规定有限责任公司的公司章程内容包括：（1）公司名称和住所；（2）公司经营范围；（3）公司注册资本；（4）股东的姓名或者名称；（5）股东的出资方式、出资额和出资日期；（6）公司的机构及其产生办法、职权、议事规则；（7）公司法定代表人的产生、变更办法；（8）股东会认为需要规定的其他事项。最后，公司章程的法定性还体现在严格的设立和变更程序上。换言之，公司章程的内容一经确定，非经法定程序，不得更改。这是根据公司章程的法律地位决定的，公司章程对公司来讲是自治的宪章性文件，朝令夕改的章程无法评价和体现公司组织与经营的稳定，因此，各国公司法一般对公司章程的设立和变更程序作相对严格的程序规定。

（二）真实性

真实性主要是指公司章程所记载的内容必须是真实存在的，符合实际情况。这是公司章程最基本的法律特征，也是公司章程具有法律效力之基础。公司章程的真实性特征实际亦为《公司法》中诚实守信原则的体现。

（三）公开性

公司章程是公司对外公示的法律文件之一，主要指的是章程的内容不仅要对投资人公开，还要对包括债权人在内的一般社会公众公开。我国《公司法》规定，公司应当将公司章程、股东名册、股东会会议记录、董事会会议记录、监事会会议记录、财务会计报告以及会计凭证置备于本公司。这是为了方便股东查阅，确保股东能够准确地了解有关的情况，同时也便于有关主管机构依法对公司进行必要的监督。

（四）自治性

一般来说，有限责任公司设立时的公司章程由股东共同制定，股份有限公司设立时由发起人制定公司章程，采用募集方式设立的须经成立大会通过。关于公司章程的修改，也需要绝大多数股东通过。我国《公司法》规定了关于公司章程修改的决议，必须经代表 2/3 以上表决权的股东通过（有限责任公司），或必须经出席会议的股东所持表决权的 2/3 以上通过（股份有限公司）。由此可见，公司章程体现了公司绝大多数股东的意志。

（五）效力普遍性及涉他性

公司章程经法定程序制定并通过后，即具有对内对外的效力。公司章程对于公司内部具有普遍的效力，对于外部亦具有涉他性。第一，公司及股东的活动都要受公司章程的约束，公司只能在章程规定的范围内从事经营活动；第二，公司章程的内容涉及公司治理及组织的基本原则、涵盖业务活动范围的各个方面，故公司在制定其他规章制度时也要受公司章程的约束，不得与其抵触；第三，公司章程还有涉及公司外第三人的作用。例如，国家机关通过公司章程，对公司进行监督、干预，公司债权人通过公司章程，把握公司实际状况；公司的法定代表人超越职权的行为不能对抗善意第三人等，这些都是公司章程涉他性的一个体现。

三、公司章程对公司治理的重要性

（一）公司章程是公司治理的宪章

公司章程作为公司运行的重要制度规范，对引导公司治理及运营起着重要的作用。公司章程对内的规范约束的效力使其成为公司的行为准则，是公司治理的基本依据，故称为"公司治理的宪章"。

（二）公司章程是公司治理的载体

公司章程是公司治理的载体性文件。在公司设立之时，公司章程除了法律规定的公司章程必须记载的事项外，还可以在法律规定的基础上作出更加细化的规定，使其能顺应公司经营发展模式及公司未来发展方向。公司章程生效后，各方应按照公司章程的规定，在合乎规定的范围内进行活动，公司章程为公司治理提供具体的操作指引。

四、公司章程的主要内容

目前多数国家都放松了对设立公司的管制，并且赋予了公司相当多的经营自由。我国《公司法》将公司设立及组织所必备的事项预先规定在法律之中，并由公司章程对此予以针对性细化和作出具体规定。

一般而言，公司章程记载的事项分为必要记载事项和任意记载事项两种。必要记载事项是指公司章程中必须记载的事项，我国《公司法》将必要记载事项体现为应当载明的事项；任意记载事项，是指在必要记载事项之外，在不违反法律、行政法规强行性规定和社会公共利益的前提下，经章程制定者自愿记载于公司章程的事项。

由于有限责任公司具有较强的人合性，而股份有限公司具有较强的资合性，因此法律对于这两种公司的设立程序以及内部治理结构等方面有不同的要求，从以下公司章程的必要记载事项中亦可以看出。

1. 根据《公司法》之规定，有限责任公司章程包括以下主要内容：

（1）公司名称和住所；

（2）公司经营范围；

（3）公司注册资本；

（4）股东的姓名或者名称；

（5）股东的出资方式、出资额和出资日期；

（6）公司的机构及其产生办法、职权、议事规则；

（7）公司法定代表人的产生、变更办法；

（8）股东会会议认为需要规定的其他事项。

需要注意的是，上述1—7项具体内容是有限责任公司章程的必要记载事项，第8项是任意记载事项，由公司自行决定是否记载于公司章程中，包括公司有自主决定权的一些事项。

2. 根据《公司法》之规定，股份有限公司章程的主要内容包括以下主要内容：

（1）公司名称和住所；

（2）公司经营范围；

（3）公司设立方式；

（4）公司注册资本、已发行的股份数和设立时发行的股份数，面额股的每股金额；

（5）发行类别股的，每一类别股的股份数及其权利和义务；

（6）发起人的姓名或者名称、认购的股份数、出资方式；

（7）董事会的组成、职权和议事规则；

（8）公司法定代表人的产生、变更办法；

（9）监事会的组成、职权和议事规则；

（10）公司利润分配办法；

（11）公司的解散事由与清算办法；

（12）公司的通知和公告办法；

（13）股东会认为需要规定的其他事项。

从上述规定可以看出，在公司章程的必要记载事项中，股份有限公司与有限责任公司相比，增加了公司设立方式、利润分配办法、解散事由与清算办法及通知和公告办法这4项内容，这些增加的事项不但涉及公司股东、债权人等主体的切身利益，亦对股份有限公司具有重大影响，因此《公司法》中对于此类必要记载事项以列举方法予以规定。上述第13项属于任意记载事项，股份有限公司股东会认为还有一些事项需要规定在公司章程中时，还可以在公司章程中予以规定。

第二节　公司章程的设计原则与自治事项

如何设计良好的公司章程呢？鉴于每个公司的实际情况并不相同，笔者从《公司法》及相关法律规定出发，结合实务经验，提供以下公司章程设计原则与可以自治的事项范围，以供参考。

一、公司章程设计的原则

1. 公司章程设计应当合法合规

一方面，法定性是公司章程的特征之一，公司章程内容的合法性是法定性的重要内涵；另一方面，公司作为营利法人，具有民事权利能力和民事行为能力，是依法独立享有民事权利和承担民事义务的组织，故公司作出的任何民事行为均应遵守《公司法》等法律、法规的规定。因此，公司章程在设计起草时应当依法设计，不得违反法律法规的强制性规定。

2. 公司章程设计应当具有可操作性

公司章程作为公司"宪章"，通过加强可操作性，明确细化具体的制度条款、股东权利、经营者管理层的权限、治理结构、决策程序与议事规则等，公司章程才能有效指导公司的管理和运作。

3. 公司的章程设计应当与公司的发展特点相适应

市场监督管理局提供的公司章程范本缺乏适合公司实际发展特点的细化规定，可能会导致内部管理混乱、影响公司的日常运营，因此公司在设计公司章程时应当考虑到公司的实际情况、发展特点以及公司治理的需要，确保公司章程与公司的实际发展状况相一致。

二、照搬公司章程范本的弊端

公司章程对于公司来说，其重要性是不言而喻的。公司章程可以体现公司股权结构、治理结构，彰显公司文化。但在实践中，无论是公司发起人或投资人，抑或是公司的董事、高级管理人员等相关利益主体，多数人并没有充分意识到公司章程的重要性。很多公司为了避免公司章程与《公司法》规定不一致而引起登记失败的风险，照搬工商登记机关提供的公司章程范本，而这些范本往往是由行政部门根据《公司法》中最基本的必要记载内容予以规定，自主选择和设计的空间受限，缺乏可操作性，导致公司章程无法发挥应有的作用。概言之，当下公司章程范本主要有以下两个弊端。

其一，公司章程范本仅简单罗列《公司法》中的必要记载事项，未作出符合公司特点的具体规定。

《公司法》从本质上属于私法，具有强制性、任意性和选择性。在实践中，不同公司在资本规模、股权结构、经营范围等方面体现出的独特性，决定了其对符合公司特点的自治规则的需求。《公司法》中规定的"公司章程另有规定的除外"，也是通过任意性规范给予公司章程自治的空间。因此，章程制定者在起草公司章程时，应当考虑公司自身的特点，在《公司法》的基础上对规则进行具体化，制定出更加有效、更加明确、更具有可操作性的公司章程。但根据目前的情况，大多数的公司照搬公司章程范本，导致公司章程并不符合公司的实际发展。

其二，公司章程范本未体现公司治理与制衡机制，对于董事、监事、高级管理人员的权限界定不清，无法解决公司治理的关键问题。

从公司治理结构角度来分析，公司治理不能仅依靠《公司法》的规定，要在《公司法》的基础上通过公司章程来完成有效的公司治理，《公司法》与公司章程的紧密结合与相互补充使公司治理具有一定的弹性，以此形成不同公司机构的制约与平衡。但目前来看，由于大多数的公司章程范本并未对公司的重要或特殊事项作出具体化规定，造成公司章程对公司经营管理者的约束不到位，增加了治理成本，公司所有者的权益未得到完善的保护。例如，关于公司股东会会议或董事会会议的召集、人事安排、执行与制约机制等重要事项，如未根据本公司特点在公司章程中作具体规定，则会导致股东、董事、高级管理人员之间出现僵局，无法召开相关会议或无法形成相关决议等后果。另外，一些公司章程范本中对董事、监事、高级管理人员的权限并无明确界定，这可能导致权力滥用且股东无法根据公司章程来追究权力滥用者的法律责任。

三、公司章程中可以意思自治、自行设计的三十六类重要事项及法律依据

1. 公司的经营范围

《公司法》第 9 条第 1 款规定，公司的经营范围由公司章程规定。公

司可以修改公司章程，变更经营范围。

2. 确定公司法定代表人产生、变更办法

根据《公司法》第 46 条第 1 款第 7 项规定，有限责任公司章程应当载明公司法定代表人的产生、变更办法。

根据《公司法》第 95 条第 1 款第 8 项规定，股份有限公司章程应当载明公司法定代表人的产生、变更办法。

根据上述规定，公司法定代表人的产生、变更办法是由公司章程予以确定的。

3. 公司的对外投资及担保

《公司法》第 15 条第 1 款规定，公司向其他企业投资或者为他人提供担保，按照公司章程的规定，由董事会或者股东会决议；公司章程对投资或者担保的总额及单项投资或者担保的数额有限额规定的，不得超过规定的限额。

4. 股东缴纳出资的事项

《公司法》第 47 条第 1 款规定，有限责任公司的注册资本为在公司登记机关登记的全体股东认缴的出资额。全体股东认缴的出资额由股东按照公司章程的规定自公司成立之日起 5 年内缴足。

5. 股东会、董事会、监事会召开及表决方式

《公司法》第 24 条规定，公司股东会、董事会、监事会召开会议和表决可以采用电子通信方式，公司章程另有规定的除外。

6. 股东会的职权

根据《公司法》第 59 条第 1 款第 9 项的规定，股东会行使下列职权：公司章程规定的其他职权。

《公司法》第 112 条第 1 款规定，本法第 59 条第 1 款、第 2 款关于有限责任公司股东会职权的规定，适用于股份有限公司股东会。

7. 有限责任公司股东会会议的通知和召开

《公司法》第 64 条第 1 款规定，召开股东会会议，应当于会议召开 15 日前通知全体股东；但是，公司章程另有规定或者全体股东另有约定的除外。

《公司法》第 62 条第 2 款规定，定期会议应当按照公司章程的规定按时召开。代表 1/10 以上表决权的股东、1/3 以上的董事或者监事会提议召开临时会议的，应当召开临时会议。

8. 有限责任公司股东会的议事方式和表决程序

《公司法》第 66 条第 1 款规定，股东会的议事方式和表决程序，除本法有规定的外，由公司章程规定。

9. 有限责任公司股东的表决权

《公司法》第 65 条规定，股东会会议由股东按照出资比例行使表决权；但是，公司章程另有规定的除外。

10. 股份有限公司成立大会召开方式

《公司法》第 103 条第 2 款规定，以发起设立方式设立股份有限公司成立大会的召开和表决程序由公司章程或者发起人协议规定。

11. 股份有限公司召开临时股东会

根据《公司法》第 113 条第 1 款第 6 项的规定，股东会应当每年召开 1 次年会。有下列情形之一的，应当在 2 个月内召开临时股东会会议：公司章程规定的其他情形。

12. 董事会的职权

根据《公司法》第 67 条第 2 款第 10 项的规定，董事会对股东会负责，行使下列职权：公司章程规定或者股东会授予的其他职权。

《公司法》第 120 条第 2 款规定，本法第 67 条、第 68 条第 1 款、第 70 条、第 71 条的规定，适用于股份有限公司。

13. 有限责任公司董事会的议事方式和表决程序

《公司法》第 73 条第 1 款规定，董事会的议事方式和表决程序，除本法有规定的外，由公司章程规定。

14. 有限责任公司董事长和副董事长的产生办法

《公司法》第 68 条第 2 款规定，董事会设董事长 1 人，可以设副董事长。董事长、副董事长的产生办法由公司章程规定。

15. 公司董事的任期

《公司法》第 70 条第 1 款规定，董事任期由公司章程规定，但每届任期不得超过 3 年。董事任期届满，连选可以连任。

《公司法》第 120 条第 2 款规定，本法第 67 条、第 68 条第 1 款、第 70 条、第 71 条的规定，适用于股份有限公司。

16. 公司审计委员会的设置

《公司法》第 69 条规定，有限责任公司可以按照公司章程的规定在董事会中设置由董事组成的审计委员会，行使本法规定的监事会的职权，不设监事会或者监事。公司董事会成员中的职工代表可以成为审计委员会成员。

《公司法》第 121 条第 1 款规定，股份有限公司可以按照公司章程的规定在董事会中设置由董事组成的审计委员会，行使本法规定的监事会的职权，不设监事会或者监事。

17. 监事会的职权

根据《公司法》第 78 条第 1 款第 7 项规定，监事会行使下列职权：公司章程规定的其他职权。

《公司法》第 131 条第 1 款规定，本法第 78 条至第 80 条的规定，适用于股份有限公司监事会。

18. 公司监事会的议事方式和表决程序

《公司法》第 81 条第 2 款规定，监事会的议事方式和表决程序，除本法有规定的外，由公司章程规定。

《公司法》第 132 条第 2 款规定，监事会的议事方式和表决程序，除本法有规定的外，由公司章程规定。

19. 公司监事会成员中职工代表的比例

有限责任公司中监事会成员职工代表的规定：

《公司法》第 76 条第 2 款规定，监事会成员为 3 人以上。监事会成员应当包括股东代表和适当比例的公司职工代表，其中职工代表的比例不得低于 1/3，具体比例由公司章程规定。监事会中的职工代表由公司职工通过职工代表大会、职工大会或者其他形式民主选举产生。

股份有限公司中监事会成员职工代表的规定：

《公司法》第 130 条第 2 款规定，监事会成员为 3 人以上。监事会成员应当包括股东代表和适当比例的公司职工代表，其中职工代表的比例不得低于 1/3，具体比例由公司章程规定。监事会中的职工代表由公司职工通过职工代表大会、职工大会或者其他形式民主选举产生。

20. 经理的职权

《公司法》第 74 条规定，有限责任公司可以设经理，由董事会决定聘任或者解聘。经理对董事会负责，根据公司章程的规定或者董事会的授权行使职权，经理列席董事会会议。

《公司法》第 126 条规定，股份有限公司设经理，由董事会决定聘任或者解聘。经理对董事会负责，根据公司章程的规定或者董事会的授权行使职权。经理列席董事会会议。

21. 股权转让

有限责任公司股权转让规定：

《公司法》第 84 条第 3 款规定，公司章程对股权转让另有规定的，从其规定。

股份有限公司股权转让规定：

《公司法》第 157 条规定，股份有限公司的股东持有的股份可以向其他股东转让，也可以向股东以外的人转让；公司章程对股份转让有限制的，其转让按照公司章程的规定进行。

《公司法》第 160 条第 2 款规定，公司董事、监事、高级管理人员应当向公司申报所持有的本公司的股份及其变动情况，在就任时确定的任职期间每年转让的股份不得超过其所持有本公司股份总数的 25%；所持本公司股份自公司股票上市交易之日起 1 年内不得转让。上述人员离职后半年内，不得转让其所持有的本公司股份。公司章程可以对公司董事、监事、高级管理人员转让其所持有的本公司股份作出其他限制性规定。

22. 股东资格的继承

《公司法》第 90 条规定，自然人股东死亡后，其合法继承人可以继承股东资格；但是，公司章程另有规定的除外。

23. 股东的分红权与优先认购权

《公司法》第 210 条第 4 款规定，公司弥补亏损和提取公积金后所余税后利润，有限责任公司按照股东实缴的出资比例分配利润，全体股东约定不按照出资比例分配利润的除外；股份有限公司按照股东所持有的股份比例分配利润，公司章程另有规定的除外。

《公司法》第 227 条规定，有限责任公司增加注册资本时，股东在同等条件下有权优先按照实缴的出资比例认缴出资。但是，全体股东约定不按照出资比例优先认缴出资的除外。

股份有限公司为增加注册资本发行新股时，股东不享有优先认购权，公司章程另有规定或者股东会决议决定股东享有优先认购权的除外。

24. 累积投票制度

《公司法》第 117 条规定，股东会选举董事、监事，可以按照公司章程的规定或者股东会的决议，实行累积投票制。本法所称累积投票制，是指股东会选举董事或者监事时，每一股份拥有与应选董事或者监事人数相同的表决权，股东拥有的表决权可以集中使用。

25. 公司董事、监事、高级管理人员行为的限制性规定

涉及董事、监事、高级管理人员关联交易的规定：

《公司法》第182条规定，董事、监事、高级管理人员，直接或者间接与本公司订立合同或者进行交易，应当就与订立合同或者进行交易有关的事项向董事会或者股东会报告，并按照公司章程的规定经董事会或者股东会决议通过。

董事、监事、高级管理人员的近亲属，董事、监事、高级管理人员或者其近亲属直接或者间接控制的企业，以及与董事、监事、高级管理人员有其他关联关系的关联人，与公司订立合同或者进行交易，适用前款规定。

涉及董事、监事、高级管理人员利用职务之便谋取公司商业机会的规定：

《公司法》第183条规定，董事、监事、高级管理人员，不得利用职务便利为自己或者他人谋取属于公司的商业机会。但是，有下列情形之一的除外：（1）向董事会或者股东会报告，并按照公司章程的规定经董事会或者股东会决议通过；（2）根据法律、行政法规或者公司章程的规定，公司不能利用该商业机会。

涉及董事、监事、高级管理人员竞业禁止的规定：

《公司法》第184条规定，董事、监事、高级管理人员未向董事会或者股东会报告，并按照公司章程的规定经董事会或者股东会决议通过，不得自营或者为他人经营与其任职公司同类的业务。

26. 公司高级管理人员的范围扩充

根据《公司法》第265条第1款第1项的规定，高级管理人员，是指公司的经理、副经理、财务负责人，上市公司董事会秘书和公司章程规定的其他人员。

27. 有限责任公司财务会计报告送交股东的时间限制

《公司法》第209条第1款规定，有限责任公司应当按照公司章程规定的期限将财务会计报告送交各股东。

28. 股份有限公司股东行使查阅权的持股比例

《公司法》第110条第2款规定，连续180日以上单独或者合计持有公司3%以上股份的股东要求查阅公司的会计账簿、会计凭证的，适用本法

第 57 条第 2 款、第 3 款、第 4 款的规定。公司章程对持股比例有较低规定的，从其规定。

29. 股份有限公司对于股份形式的选择（选择面额股或者无面额股）

《公司法》第 142 条规定，公司的资本划分为股份。公司的全部股份，根据公司章程的规定择一采用面额股或者无面额股。采用面额股的，每一股的金额相等。公司可以根据公司章程的规定将已发行的面额股全部转换为无面额股或者将无面额股全部转换为面额股。采用无面额股的，应当将发行股份所得股款的 1/2 以上计入注册资本。

30. 股份有限公司发行类别股

《公司法》第 144 条第 1 款规定，公司可以按照公司章程的规定发行下列与普通股权利不同的类别股：（1）优先或者劣后分配利润或者剩余财产的股份；（2）每一股的表决权数多于或者少于普通股的股份；（3）转让须经公司同意等转让受限的股份；（4）国务院规定的其他类别股。

《公司法》第 146 条第 2 款规定，公司章程可以对需经类别股股东会议决议的其他事项作出规定。

31. 股份有限公司发行可转换债券的规定

《公司法》第 202 条第 1 款规定，股份有限公司经股东会决议，或者经公司章程、股东会授权由董事会决议，可以发行可转换为股票的公司债券，并规定具体的转换办法。上市公司发行可转换为股票的公司债券，应当经国务院证券监督管理机构注册。

32. 聘用、解聘会计师事务所

《公司法》第 215 条规定，公司聘用、解聘承办公司审计业务的会计师事务所，按照公司章程的规定，由股东会、董事会或者监事会决定。公司股东会、董事会或者监事会就解聘会计师事务所进行表决时，应当允许会计师事务所陈述意见。

33. 公司合并的决议程序

《公司法》第 219 条第 2 款规定，公司合并支付的价款不超过本公司净资产 10% 的，可以不经股东会决议；但是，公司章程另有规定的除外。

34. 公司减资的安排

《公司法》第 224 条第 3 款规定，公司减少注册资本，应当按照股东出资或者持有股份的比例相应减少出资额或者股份，法律另有规定、有限责任公司全体股东另有约定或者股份有限公司章程另有规定的除外。

35. 公司解散的事由

《公司法》第 229 条第 1 款规定，公司因下列原因解散：（1）公司章程规定的营业期限届满或者公司章程规定的其他解散事由出现；（2）股东会决议解散；（3）因公司合并或者分立需要解散；（4）依法被吊销营业执照、责令关闭或者被撤销；（5）人民法院依照本法第 231 条的规定予以解散。

36. 公司清算组成员的选择

《公司法》第 232 条第 2 款规定，清算组由董事组成，但是公司章程另有规定或者股东会决议另选他人的除外。

第三节　公司章程设计的实务指南

一、对股东会决议事项的范围、类别的章程设计

股东会决议事项分为一般事项和重大事项两种。一般事项需要股东表决权过半数以上通过，重大事项需要股东表决权 2/3 以上通过。

根据《公司法》的规定，有限责任公司股东会决议的一般事项有以下几项：（1）选举和更换董事、监事，决定有关董事、监事的报酬事项；（2）审议批准董事会的报告；（3）审议批准监事会的报告；（4）审议批准公司的利润分配方案和弥补亏损方案；（5）对发行公司债券作出决议。股东会作出上述一般事项决议，需要经代表过半数表决权的股东通过。

《公司法》对于重大事项亦有 7 项列举，即修改公司章程、增加或者减少注册资本的决议、公司合并、分立、解散或者变更公司形式。股东会作出前述法定重大事项决议必须经股东表决权 2/3 以上通过才有效。

公司章程设计指南

1. 公司可以在公司章程中，通过增加股东会决议事项的范围，来实现扩大股东权利行使范围，缩减董事会经理层权力的目的。

2. 公司可以通过公司章程的设计，明确规定股东会决议事项的类别，细化决议事项的内容，即哪些事项为一般事项，哪些事项是重大事项，以便于对应不同表决权通过的比例。

3. 公司可以在公司章程中，将股东认为较为重要的事项，设置为《公

司法》意义上的重大事项，即必须经过股东表决权 2/3 以上通过才有效的事项，以实现股东间权力的制衡。

二、股东行使表决权的章程设计

《公司法》第 65 条规定，股东会会议由股东按照出资比例行使表决权；但是，公司章程另有规定的除外。表决权作为一项非常重要的股东权利，原则上股东按出资比例行使表决权。考虑到有限责任公司的人合性，股东之间往往相互信赖。因此，《公司法》规定了公司章程另有规定的除外条款。换言之，有限责任公司的公司章程根据公司治理情况，可以规定股东以出资比例行使表决权，也可以规定按照股东 1 人 1 票的原则行使表决权。

公司章程设计指南

1. 一般而言，根据《公司法》的规定，有限责任公司可在公司章程中规定股东按照出资比例行使表决权。如此设计，大股东因出资较多，获得了更大的决策权，这有助于提升决策效率，避免因为股东之间的意见分歧导致公司决策困难。

2. 从保护中小股东利益的角度出发，有限责任公司可在公司章程中规定按照股东 1 人 1 票的原则行使表决权。如此设计意味着每个股东具有同等的表决权，体现了股东之间的平等与制约。但这也可能造成公司决策效率降低、公司因股东内部意见不一而陷入僵局等问题。这种设计可以适用于公司各股东之间出资额相差不大，且各股东均参与公司具体经营的情形。

3. 从保护创始股东利益的角度出发，有限责任公司可以在公司章程中设计差异表决权，例如创始股东可以按出资比例的倍数行使表决权，或者赋予创始股东 1 票否决权等，这种设计有利于在公司增资扩股、吸引投资过程中保持创始股东对公司的控制权，避免创始股东因自身股权被稀释而丧失对公司的控制。

三、股东分红权的章程设计

股东分红权，又称"股东利润分配请求权"或"股东盈余分配请求权"。《公司法》第 4 条第 2 款规定："公司股东对公司依法享有资产收益、参与重大决策和选择管理者等权利。"《公司法》该条是股东行使利润分配请求权的法律依据。

《公司法》第 210 条第 4 款规定，公司弥补亏损和提取公积金后所余税后利润，有限责任公司按照股东实缴的出资比例分配利润，全体股东约定不按照出资比例分配利润的除外；股份有限公司按照股东所持有的股份比例分配利润，公司章程另有规定的除外。

《最高人民法院关于适用〈中华人民共和国公司法〉若干问题的规定（四）》第 14 条规定："股东提交载明具体分配方案的股东会或者股东大会的有效决议，请求公司分配利润，公司拒绝分配利润且其关于无法执行决议的抗辩理由不成立的，人民法院应当判决公司按照决议载明的具体分配方案向股东分配利润。"

公司章程设计指南

1. 根据《公司法》第 210 条规定，有限责任公司除了按照股东实缴的出资比例进行利润分配，亦可以在公司章程中按照意思自治的原则约定利润分配比例，需要注意的是，这种约定需要经过全体股东的一致同意方可有效。如果公司股东以修改公司章程的方式来重新约定不按照出资比例的方式进行利润分配，则股东会对于此次修改公司章程的决议需要经过全体股东一致同意，任一股东不同意该决议，则该利润分配约定无法生效。

2. 对于瑕疵出资股东行使分红权和表决权的限制，应在公司章程中予以同步规定。根据《公司法》第 210 条的规定，股东按实缴出资比例行使分红权，这实际上是《公司法》对未履行出资义务的瑕疵出资股东分红权的一种原则性限制；另根据《公司法》第 65 条的规定，"股东会会议由股东按照出资比例行使表决权；但是，公司章程另有规定的除外"。可见，《公司法》仅规定股东按出资比例行使表决权，并未限制股东按照实缴比例来行使表决权。在这种情况下，瑕疵出资的股东在涉及审议利润分配方案的股东会会议表决时，易消极行使表决权，最终可能导致利润分配方案无法顺利通过。为了解决这一问题，公司可以在公司章程中规定，股东会在审议涉及利润分配方案等事项时，由各股东按照实缴比例行使表决权，以此来限制瑕疵出资股东在此类事项上的表决权利。

第四章　公司治理之股权结构设计

第一节　股东控制权之九大关键持股比例

持股比例，通常是指股东所持公司股权的比例。股东持股比例不同代表其能够行使的公司权利不同。笔者根据我国《公司法》《证券法》以及其他法律、行政法规等规定，现列举出以下九大关键的持股比例与股东控制权的法律依据，以供参考。

（一）66.67%（2/3 以上）——绝对控制权线

1. 重大事项控制权线

《公司法》第66条第3款规定，股东会作出修改公司章程、增加或者减少注册资本的决议，以及公司合并、分立、解散或者变更公司形式的决议，应当经代表2/3以上表决权的股东通过。

《公司法》第116条第3款规定，股东会作出修改公司章程、增加或者减少注册资本的决议，以及公司合并、分立、解散或者变更公司形式的决议，应当经出席会议的股东所持表决权的2/3以上通过。

2. 上市公司资产负债发生重大变化的事项控制权线

《公司法》第135条规定，上市公司在1年内购买、出售重大资产或者向他人提供担保的金额超过公司资产总额30%的，应当由股东会作出决议，并经出席会议的股东所持表决权的2/3以上通过。

（二）51%（过半数）——相对控制权线

1. 一般事项通过线

《公司法》第66条第2款规定，股东会作出决议，应当经代表过半数表决权的股东通过。

这是有限责任公司对一般事项作出决议应当通过的股东表决权比例的规定。

《公司法》第116条第2款规定，股东会作出决议，应当经出席会议的股东所持表决权过半数通过。

这是股份有限公司对一般事项作出决议应当通过的股东表决权比例的规定。

2. 董事会会议举行和决议通过

《公司法》第124条第1款规定，董事会会议应当有过半数的董事出席方可举行。董事会作出决议，应当经全体董事的过半数通过。

3. 股份有限公司的董事长、副董事长选举线

《公司法》第122条第1款规定，董事会设董事长1人，可以设副董事长。董事长和副董事长由董事会以全体董事的过半数选举产生。

4. 监事会主席的选举

《公司法》第76条第3款规定，监事会设主席1人，由全体监事过半数选举产生。监事会主席召集和主持监事会会议；监事会主席不能履行职务或者不履行职务的，由过半数以上监事共同推举1名监事召集和主持监事会会议。

5. 成立大会举行与决议通过线

《公司法》第103条第1款规定，募集设立股份有限公司的发起人应当自公司设立时应发行股份的股款缴足之日起30日内召开公司成立大会。发起人应当在成立大会召开15日前将会议日期通知各认股人或者予以公告。成立大会应当有持有表决权过半数的认股人出席，方可举行。

《公司法》第104条规定，公司成立大会行使下列职权：（1）审议发起人关于公司筹办情况的报告；（2）通过公司章程；（3）选举董事、监事；（4）对公司的设立费用进行审核；（5）对发起人非货币财产出资的作价进行审核；（6）发生不可抗力或者经营条件发生重大变化直接影响公司设立的，可以作出不设立公司的决议。成立大会对前款所列事项作出决议，应当经出席会议的认股人所持表决权过半数通过。

6. 涉及对外投资及担保的关联交易控制权线

《公司法》第15条规定，公司向其他企业投资或者为他人提供担保，按照公司章程的规定，由董事会或者股东会决议；公司章程对投资或者担保的总额及单项投资或者担保的数额有限额规定的，不得超过规定的限额。

公司为公司股东或者实际控制人提供担保的，应当经股东会决议。

前款规定的股东或者受前款规定的实际控制人支配的股东，不得参加

前款规定事项的表决。该项表决由出席会议的其他股东所持表决权的过半数通过。

（三）33.34%——重大事项否决权线

根据《公司法》第 66 条第 3 款规定，有限责任公司股东会作出涉及公司重大事项的决议须经过 2/3 以上表决权的股东通过，《公司法》第 116 条第 3 款规定，股份有限公司股东会作出涉及公司重大事项的决议，应当经出席会议的股东所持表决权的 2/3 以上通过。

前述的公司重大事项指的是《公司法》中规定的修改公司章程、增加或者减少注册资本，以及公司合并、分立、解散或者变更公司形式的事项。换言之，持有 1/3 以上表决权的股东具有否决前述重大事项的决议的控制权。

（四）30%——上市公司要约收购线

《证券法》第 65 条第 1 款规定，通过证券交易所的证券交易，投资者持有或者通过协议、其他安排与他人共同持有一个上市公司已发行的有表决权股份达到 30%时，继续进行收购的，应当依法向该上市公司所有股东发出收购上市公司全部或者部分股份的要约。

《证券法》第 73 条第 1 款规定，采取协议收购方式的，收购人收购或者通过协议、其他安排与他人共同收购一个上市公司已发行的有表决权股份达到 30%时，继续进行收购的，应当依法向该上市公司所有股东发出收购上市公司全部或者部分股份的要约。但是，按照国务院证券监督管理机构的规定免除发出要约的除外。

（五）20%——上市公司被控制的警戒线

根据《上市公司收购管理办法》第 17 条的规定，投资者及其一致行动人拥有权益的股份达到或者超过一个上市公司已发行股份的 20%但未超过 30%的，应当编制详式权益变动报告书，并应当依法披露相关内容。

（六）10%——临时会议召集线、公司解散请求线

1. 临时会议召集线

（1）有限责任公司临时股东会

《公司法》第 62 条第 2 款规定，定期会议应当按照公司章程的规定按时召开。代表 1/10 以上表决权的股东、1/3 以上的董事或者监事会提议召

开临时会议的，应当召开临时会议。

《公司法》第 63 条第 2 款规定，董事会不能履行或者不履行召集股东会会议职责的，由监事会召集和主持；监事会不召集和主持的，代表 1/10 以上表决权的股东可以自行召集和主持。

（2）股份有限公司临时股东大会

《公司法》第 113 条第 1 款第 3 项规定，股东会应当每年召开 1 次年会。有下列情形之一的，应当在两个月内召开临时股东会会议：……单独或者合计持有公司 10% 以上股份的股东请求时……

《公司法》第 114 条第 2 款规定，董事会不能履行或者不履行召集股东会会议职责的，监事会应当及时召集和主持；监事会不召集和主持的，连续 90 日以上单独或者合计持有公司 10% 以上股份的股东可以自行召集和主持。

（3）股份有限公司临时董事会会议召开

《公司法》第 123 条第 2 款规定，代表 1/10 以上表决权的股东、1/3 以上董事或者监事会，可以提议召开临时董事会会议。董事长应当自接到提议后 10 日内，召集和主持董事会会议。

2. 请求解散公司线

《公司法》第 231 条规定，公司经营管理发生严重困难，继续存续会使股东利益受到重大损失，通过其他途径不能解决的，持有公司 10% 以上表决权的股东，可以请求人民法院解散公司。

（七）5%——上市公司持股信息披露线

《证券法》第 36 条第 2 款规定，上市公司持有 5% 以上股份的股东、实际控制人、董事、监事、高级管理人员，以及其他持有发行人首次公开发行前发行的股份或者上市公司向特定对象发行的股份的股东，转让其持有的本公司股份的，不得违反法律、行政法规和国务院证券监督管理机构关于持有期限、卖出时间、卖出数量、卖出方式、信息披露等规定，并应当遵守证券交易所的业务规则。

《证券法》第 63 条第 1 款规定，通过证券交易所的证券交易，投资者持有或者通过协议、其他安排与他人共同持有一个上市公司已发行的有表决权股份达到 5% 时，应当在该事实发生之日起 3 日内，向国务院证券监督管理机构、证券交易所作出书面报告，通知该上市公司，并予公告，在上述期限内不得再行买卖该上市公司的股票，但国务院证券监督管理机构规定的情形除外。

《证券法》第 63 条第 2 款规定，投资者持有或者通过协议、其他安排与他人共同持有一个上市公司已发行的有表决权股份达到 5% 后，其所持该上市公司已发行的有表决权股份比例每增加或者减少 5%，应当依照前款规定进行报告和公告，在该事实发生之日起至公告后 3 日内，不得再行买卖该上市公司的股票，但国务院证券监督管理机构规定的情形除外。

（八）3%——股份有限公司股东查阅权线

《公司法》第 110 条第 2 款规定，连续 180 日以上单独或者合计持有公司 3% 以上股份的股东要求查阅公司的会计账簿、会计凭证的，适用本法第 57 条第 2 款、第 3 款、第 4 款的规定。公司章程对持股比例有较低规定的，从其规定。股东要求查阅、复制公司全资子公司相关材料的，适用前两款的规定。

需要注意的是，《公司法》第 57 条第 2 款规定，有限责任公司的股东亦可以要求查阅公司会计账簿、会计凭证，前述所指的股东包括有限责任公司所有股东。换言之，有限责任公司不以股东出资比例的多少行使查阅权，所有股东均有权按照规定行使查阅权，查阅公司会计账簿、会计凭证。

（九）1%——股份有限公司临时提案权线、股东提起代表诉讼的资格线

1. 股份有限公司临时提案权线

《公司法》第 115 条第 2 款规定，单独或者合计持有公司 1% 以上股份的股东，可以在股东会会议召开 10 日前提出临时提案并书面提交董事会。临时提案应当有明确议题和具体决议事项。董事会应当在收到提案后 2 日内通知其他股东，并将该临时提案提交股东会审议；但临时提案违反法律、行政法规或者公司章程的规定，或者不属于股东会职权范围的除外。公司不得提高提出临时提案股东的持股比例。

2. 股东提起代表诉讼的资格线

《公司法》第 189 条规定，董事、高级管理人员有前条规定的情形的，有限责任公司的股东、股份有限公司连续 180 日以上单独或者合计持有公司 1% 以上股份的股东，可以书面请求监事会向人民法院提起诉讼；监事有前条规定的情形的，前述股东可以书面请求董事会向人民法院提起诉讼。

监事会或者董事会收到前款规定的股东书面请求后拒绝提起诉讼，或者自收到请求之日起 30 日内未提起诉讼，或者情况紧急、不立即提起诉讼将会使公司利益受到难以弥补的损害的，前款规定的股东有权为公司的利益以自己的名义直接向人民法院提起诉讼。

他人侵犯公司合法权益，给公司造成损失的，本条第 1 款规定的股东可以依照前两款的规定向人民法院提起诉讼。

公司全资子公司的董事、监事、高级管理人员有前条规定情形，或者他人侵犯公司全资子公司合法权益造成损失的，有限责任公司的股东、股份有限公司连续 180 日以上单独或者合计持有公司 1% 以上股份的股东，可以依照前 3 款规定书面请求全资子公司的监事会、董事会向人民法院提起诉讼或者以自己的名义直接向人民法院提起诉讼。

第二节　股东控制权之一致行动人的设计

一、一致行动协议

一致行动协议或表决权委托协议，经常被上市公司股东用来增强其对上市公司的控制权，增加其在公司决策中的影响力。非上市公司包括有限责任公司的股东实际上也可以利用一致行动协议或表决权委托协议来增强对公司的控制权，在这一点上法律并无限制或禁止。

（一）通过一致行动协议及相关安排，可构成一致行动人

一致行动的概念来源于《上市公司收购管理办法》的相关规定。根据《上市公司收购管理办法》第 83 条规定，一致行动，是指投资者通过协议、其他安排，与其他投资者共同扩大其所能够支配的一个上市公司股份表决权数量的行为或者事实。在上市公司的收购及相关股份权益变动活动中有一致行动情形的投资者，互为一致行动人。

（二）在上市公司中，未签署一致行动协议，而被视为一致行动人的情形

根据《上市公司收购管理办法》相关规定，在上市公司中，即使投资者之间未签订《一致行动协议》，如上市公司投资者之间存在《上市公司收购管理办法》第 83 条第 2 款规定的以下情形，且无相反证据，则其互为一致行动人：

1. 投资者之间有股权控制关系；

2. 投资者受同一主体控制；

3. 投资者的董事、监事或者高级管理人员中的主要成员，同时在另一个投资者担任董事、监事或者高级管理人员；

4. 投资者参股另一投资者，可以对参股公司的重大决策产生重大影响；

5. 银行以外的其他法人、其他组织和自然人为投资者取得相关股份提供融资安排；

6. 投资者之间存在合伙、合作、联营等其他经济利益关系；

7. 持有投资者 30% 以上股份的自然人，与投资者持有同一上市公司股份；

8. 在投资者任职的董事、监事及高级管理人员，与投资者持有同一上市公司股份；

9. 持有投资者 30% 以上股份的自然人和在投资者任职的董事、监事及高级管理人员，其父母、配偶、子女及其配偶、配偶的父母、兄弟姐妹及其配偶、配偶的兄弟姐妹及其配偶等亲属，与投资者持有同一上市公司股份；

10. 在上市公司任职的董事、监事、高级管理人员及其前项所述亲属同时持有本公司股份的，或者与其自己或者其前项所述亲属直接或者间接控制的企业同时持有本公司股份；

11. 上市公司董事、监事、高级管理人员和员工与其所控制或者委托的法人或者其他组织持有本公司股份；

12. 投资者之间具有其他关联关系。

（三）一致行动协议的基本内容

《一致行动协议》通常包括以下几部分内容：一是保持一致行动的股东；二是参与一致行动的股东的出资额及对应的持股比例；三是一致行动的目的；四是一致行动的具体事项范围；五是一致行动的方式；六是一致行动的期限；七是一致行动的意见分歧解决机制；八是违约责任。根据《一致行动协议》签署的背景和目的，多数上市公司股东之间签署的《一致行动协议》是无偿的，不涉及对价支付问题。

二、表决权委托协议

（一）表决权委托的来源

表决权委托来源于《公司法》第 118 条的规定。《公司法》第 118 条的规定，股东委托代理人出席股东会会议，应当明确代理人代理的事项、权限和期限；代理人应当向公司提交股东授权委托书，并在授权范围内行使表决权。根据该规定，股份有限公司股东可以委托代理人出席股东会并且行使表决权。《公司法》关于有限责任公司股东委托代理人行使表决权并未明确限制。

可见，在股份有限公司中，股东可以依据《公司法》第 118 条的规定，委托代理人直接行使表决权，来取得对公司经营等重大事项的控制。有限责任公司也可以参照上述规定委托他人行使投票表决权。

（二）表决权委托协议的性质

表决权委托协议作为一种委托合同，根据委托代理的基本原理，如果委托人出席股东会会议，并且在股东会会议中对于代理人（受托人）的投票有异议，那么一般应当以委托人的意思为准。

三、一致行动协议与表决权委托协议的关联

一致行动协议和表决权委托协议既有相同之处又有一定区别。相同之处在于，上述两种协议在一定程度上均可以扩大签署协议的某股东能够支配的公司表决权比例和数量，从而实现在投票表决等方面的一致行动和控制公司的效果。

一致行动协议与表决权委托协议之间有以下两方面不同：一方面，在表决权委托协议中，如公司章程没有对代理人资格作出特殊规定，则代理人可以是该公司的股东，也可以是股东以外的其他具有完全民事行为能力人；而一致行动协议中一致行动人双方一般是该公司股东。另一方面，表决权委托主要是基于委托代理理论，由委托人股东授权代理人行使其表决权，如果代理人与委托人意见相左，则一般以委托人的表决意见为主；而在一致行动协议中，一致行动人股东可以在《一致行动协议》中明确约定：在协议各方对某一事项表决意见不一致时，以某一方的表决意见为准。

四、一致行动人实务指南

（一）股东何时可以适用《一致行动协议》，以增强其对公司的控制

在实践中，股东是否需要通过一致行动来扩大自己对公司的控制权，

须结合《公司法》及公司章程来综合考虑。当有限责任公司的股权结构较为分散，股东无法对公司进行有效的控制时，股东可以通过与其他股东签署一致行动协议，通过一致行动来扩大其对公司的控制权，实现其对公司的有效支配。

根据公司法理论，股东会会议审议的事项分为一般事项和重大事项，通常情况下，一般事项需要表决权过半数的股东同意即可通过，重大事项需要表决权 2/3 以上的股东同意才能通过。如果股东在公司的持股比例未过半数或未达到 2/3，则可以通过与其他股东签署《一致行动协议》，与一致行动的股东合计持股比例超过半数或 2/3，以实现对公司的一定控制。

（二）股东应当根据自身持股比例，恰当地设计一致行动的事项范围

一致行动的事项范围应当恰当约定，反之会给股东带来不利的后果。如果股东的持股比例超过半数，则对于一般事项，该股东本身已经可以通过股东会行使权利，确定对一般事项的表决。如果此等一般事项，也被纳入了一致行动的范围，那么根据一致行动事项的一般原则，股东需要先行与一致行动人进行协商，才可以行使表决权，实际上是不当地削弱了自己对公司事项的控制权。因此，对于股东已经有的权利或者股东个人已经可以控制的一般事项，建议不要纳入一致行动的范围，只有对于股东单凭自身的持股比例难以确定的事项，才需要约定一致行动。当然，如果单个股东的持股比例不到一半，则可以相应地扩大一致行动的事项范围。所以，不同持股比例的股东所约定的一致行动的事项范围应当也是不同的，应当根据股东的具体情况来确定。

（三）一致行动协议可以与表决权委托协议搭配使用

一致行动人与表决权委托并非对立的关系。在实务操作中，一致行动协议与表决权委托协议可以独立使用，也可以相互搭配来使用。即言之，股东之间可以签署独立的《一致行动协议》或《表决权委托协议》，也可以在《一致行动协议》中嵌入表决权委托条款。

（四）签署一致行动协议的股东不宜太多

签署《一致行动协议》的股东一般不宜太多，因为采取一致行动的股东需要在一致行动前进行协商，如果签署的人数过多，则在进行决策时难

以达成一致意见，会增加股东之间沟通的时间与成本，易在公司股东之间形成"帮派"，最终可能导致公司内部管理的混乱，不利于公司的长期发展。

五、一致行动协议范本

一致行动协议

甲方：
身份证号码：
乙方：
身份证号码：

鉴于：

1. 双方均系北京某有限公司（以下简称公司）的实际股东，双方在公司的持股比例如下：

（1）甲方实际持有北京某有限公司××%的股权；

（2）乙方实际持有北京某有限公司××%的股权。

2. 基于对公司战略发展的共同认知及双方共同利益高度一致的基础上，为保障公司治理结构的有效性、规范运作和公司的长期持续稳定发展，双方就公司股东会决策事项愿保持一致行动。

为明确双方作为一致行动人的权利和义务，根据平等互利的原则，双方经友好协商，特签订本协议书。

第一条 "一致行动"的目的

双方将保证在公司股东会会议行使表决权等股东权利时采取相同的意思表示，保持"一致行动"，以提高公司经营、决策的效率。

第二条 "一致行动"的内容

2.1 根据《中华人民共和国公司法》等相关法律法规和《公司章程》需要，双方由公司股东会作出决议的事项及其他相关重大事项均应采取一致行动，包括但不限于按照协议双方事先确定的一致的投票意见对股东会审议的议案行使表决权，向股东会行使提案权，行使董事、监事候选人提名权。

2.2 双方在公司股东会会议中保持一致行动的事项，包括但不限于：

（1）涉及决定公司的经营方针和投资计划的事项；

（2）涉及重要人事任免及薪酬事项；

（3）涉及公司的年度财务预算方案、决算方案；

（4）涉及公司的利润分配方案和弥补亏损方案；

（5）对公司增加或者减少注册资本作出决议；

（6）对公司合并、分立、解散、清算或者变更公司形式作出决议；

（7）修改公司章程；

（8）共同投票表决决定公司内部管理机构的设置；

（9）制定公司的基本管理制度。

第三条　"一致行动"的方式

3.1　采取一致行动的方式为：双方就本协议第二条中约定的事项向股东会行使提案权和在股东会上行使表决权时采取相同的意思表示，保持充分一致。

3.1.1　双方就本协议第二条中约定的事项向股东会提出议案时，须事先与协议其他方充分进行沟通协商，在取得一致意见后，以甲方名义或乙方名义向股东会提出提案。

3.1.2　双方协议在公司召开股东会会议涉及对本协议第二条中约定的事项作出表决前须充分沟通协商，就行使何种表决权达成一致意见，并按照该一致意见在股东会上对该等事项行使表决权。

第四条　"一致行动"的特别约定

4.1　如双方在本协议第二条中约定的事项上无法达成一致时，应当按照甲方的意见作出一致行动的决定，协议双方应当按照该决定执行。

4.2　在出现前述无法达成一致的情形下，甲方应当以公司战略与发展为决策原则，不得作出损害另一方的决定。

4.3　双方如其将所持有的公司的全部或部分股权对外转让，则该等转让需以受让方同意承继本协议项下的义务并代替出让方重新签署本协议作为股权转让的生效条件之一。

第五条　双方的声明、保证和承诺

5.1　双方对因采取一致性行动而涉及的文件资料、商业秘密及其可能得知的双方商业秘密负有合理的保密义务。

5.2　双方承诺：在本协议生效期限内，未经双方全部同意，任何一方不得将所持股份进行质押或设置其他第三方权益。

第六条　违约责任

由于任何一方的违约，造成本协议不能履行或不能完全履行时，由违约方承担违约责任。如出现双方违约，则根据双方过错，由双方分别承担相应的违约责任。

第七条　协议的变更或解除

7.1　本协议自双方在协议上签字盖章之日起生效，双方在"一致行动"期间内应完全履行协议内容。非经双方协商一致并采取书面形式本协议不得随意变更。

7.2　双方协商一致，可以解除本协议。一致行动关系不得由协议的任何一方单方解除或撤销。

7.3　上述变更和解除均不得损害双方在公司中的合法权益。

第八条　争议解决方式

凡因履行本协议所发生的一切争议，协议双方均应通过友好协商的方法解决；协商不成的，任何一方均有权将争议提交北京仲裁委员会按其届时有效的仲裁规则仲裁。

第九条　协议生效及有效期

本协议自双方签署后生效，本协议有效期3年，自本协议签署之日起至20××年×月××日止。

第十条　其他

10.1　本协议中未尽事宜或出现与本协议相关的其他事宜时，由协议双方协商解决并另行签订书面补充协议。补充协议与本协议具有同等法律效力。

10.2　本协议一式贰份，协议双方各执壹份，具有同等法律效力。

————————以下无正文————————

甲方（签字）：

乙方（签字）：

签署日期：　　　年　月　日

第三节　股东控制权之有限合伙的设计

有限合伙企业由普通合伙人和有限合伙人组成，普通合伙人对合伙企业债务承担无限连带责任，有限合伙人以其认缴的出资额为限对合伙企业债务承担责任。一般认为，有限合伙的制度起源于欧洲中世纪前后的康曼达（Commenda）契约，当时由于教会禁止借贷，投资者便采用康曼达契约的形式与航海人合伙。根据康曼达契约，出资的合伙人不参与经营，以出资额为限承担有限责任，另一方合伙人不需要出资，但是负责经营，在利润分配上，出资者通常可以获得 2/3 的利润，而经营者可以获得 1/3 的利润。康曼达契约作为一种早期的商业上的有限合伙的形式，推动了当时的贸易和商业活动。随着时间的推移，有限合伙的概念在欧洲得到了进一步的发展，如 1807 年《法国民法典》，对有限合伙的概念作了进一步规定。1907 年，英国引入了德国等大陆法系国家的两合公司制度，制定了《有限合伙法》。

我国在 1997 年施行了《合伙企业法》，2006 年，有限合伙制度被正式纳入《合伙企业法》，并在 2007 年正式施行。此后，有限合伙企业的数量逐渐增多，特别是在一些高风险、高收益行业，如私募股权、风险投资、创业投资等领域，有限合伙企业成为重要的商业组织形式。

一、有限合伙企业的组织形式

根据我国《合伙企业法》第 2 条规定，合伙企业，是指自然人、法人和其他组织依照本法在中国境内设立的普通合伙企业和有限合伙企业。有限合伙企业由普通合伙人和有限合伙人组成，普通合伙人对合伙企业债务承担无限连带责任，有限合伙人以其认缴的出资额为限对合伙企业债务承担责任。

《合伙企业法》第 61 条规定，有限合伙企业由 2 个以上 50 个以下合伙人设立；但是，法律另有规定的除外。有限合伙企业至少应当有 1 个普通合伙人。

《合伙企业法》第 67 条规定，有限合伙企业由普通合伙人执行合伙事务。执行事务合伙人可以要求在合伙协议中确定执行事务的报酬及报酬提取方式。

根据上述规定，普通合伙人执行合伙事务，所以在有限合伙企业中普通合伙人是掌握控制权的。普通合伙人的无限连带责任包括两个方面：一是连带责任；二是无限责任。连带责任是指普通合伙人对合伙企业的债务有责任向债权人偿还；无限责任是指普通合伙人承担责任的限额，即普通合伙人不以其出资和合伙企业所有的全部资金为限偿还合伙企业的债务，换言之，如果普通合伙人的出资以及有限合伙企业的全部资金不足以偿还合伙企业的全部债务，此时，普通合伙人还应当以自己所有的财产对债权人承担清偿责任。

二、有限合伙股权架构简介

在有限合伙企业的组织形式中，普通合伙人是负责合伙事务的，掌控有限合伙企业各类事项的决定权。而有限合伙人，仅认缴出资但不参与执行合伙事务，体现了出资与实际控制经营的分离。这一特点导致了投资者可以利用有限合伙企业的架构，来实现对投资事项或公司的控制。

（一）有限合伙股权架构的优点

1. 有限合伙具有资本出资与实际经营相分离（钱权分离）的特点。在有限合伙企业中，普通合伙人即便出资较少或者仅以劳务出资，仍可以获得有限合伙企业的控制权。

2. 有限合伙企业可以避免重复纳税。因为合伙企业本身不需缴纳企业所得税，当合伙人从合伙企业中分配收益时需要缴纳所得税。

3. 有限合伙企业具有灵活性和可调整性，可以根据投资者的需求以及项目的特点来调整投资结构和分配比例。

（二）有限合伙股权架构的适用情形

假设，张三以 10 万元出资设立 A 公司，A 公司（普通合伙人 GP）与甲（有限合伙人 LP）、乙（有限合伙人 LP）合伙设立有限合伙企业，其中 A 公司作为普通合伙人实际控制合伙企业。有限合伙企业出资 5100 万元与丁、戊、己共同出资 1 亿元设立目标公司，其中有限合伙企业持股 51%，系目标公司控股股东。纵观目标公司的组织架构，张三以 10 万元最终取得了对目标公司的控制。

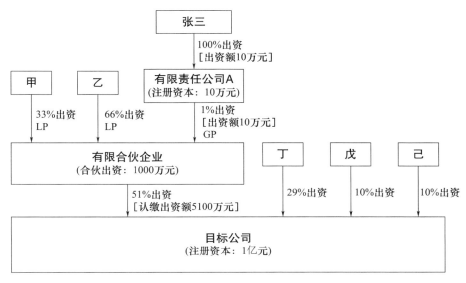

有限合伙股权架构例图

（三）以有限合伙股权架构控制公司的两种模式

在有限合伙股权架构中，主要有两种架构设计：一种是初级模式的架构；另一种是进阶模式的架构。

1. 初级模式架构

投资者作为普通合伙人与第三人合伙成立有限合伙企业，有限合伙企业在目标公司投入一定资金，成为目标公司的控股股东。在有限合伙企业中，投资者为普通合伙人，第三人为有限合伙人，投资者掌握有限合伙企业的控制权，而有限合伙企业掌握目标公司的控制权，投资者最终实现对目标公司的控制。

弊端：投资者作为普通合伙人，对有限合伙企业的债务承担无限连带责任，这是采用初级模式的最大风险点。

2. 进阶模式架构

投资者先出资设立一个有限责任公司（以下简称公司 A），公司 A 作为普通合伙人与第三人成立有限合伙企业，有限合伙企业在目标公司投入一定资金，成为目标公司的控股股东。在进阶模式中，投资者通过控制公司 A，继而实现对有限合伙企业的控制，最终实现对目标公司的控制。

与初级模式相比，进阶模式是一个能够避免投资者承担无限连带责任的模式。

设计指南

1. 确定有限合伙企业的控制目的。投资者应当明确设立有限合伙企业控制目标公司的目的，是控制企业的决策权还是获得财务收益，还是将其作为股权激励的持股平台。

2. 确定普通合伙人和有限合伙人的身份及出资比例，并制定《有限合伙协议》。在有限合伙架构中，通常有 1 个自然人或法人组织作为普通合伙人，负责管理、决定合伙事务，并对合伙债务负无限连带责任，而其他投资者作为有限合伙人仅在其出资额范围内对有限合伙企业承担责任。

因此，投资人应当根据设立有限合伙企业的目的，确定谁是普通合伙人，谁是有限合伙人，以及普通合伙人及有限合伙人之间的出资比例等，并且据此制定一份详细的《有限合伙协议》，以明确各方合伙人的权利与义务。

3. 应当注意对普通合伙人进行风险隔离的问题。在有限合伙架构中，投资人需要结合普通合伙人和有限合伙人的权责关系，考虑责任风险承担问题，即如果投资人（自然人）直接做有限合伙企业的普通合伙人，则需要对合伙债务承担无限连带责任。

为了规避无限连带责任的风险，投资人可以采取上述进阶模式的有限合伙架构设计。即投资人可以先设立一个有限责任公司 A，由 A 公司作为有限合伙企业的普通合伙人，A 公司对合伙企业债务承担无限连带责任，而投资人（自然人）只在其对 A 公司的出资额范围内，承担有限的责任。

4. 应当综合考虑有限合伙企业的纳税问题。一方面，有限合伙企业能避免双重纳税的问题，体现了纳税方面的一定优势；另一方面，投资者在设立合伙企业时，关于注册地税收洼地的选择应当慎重，避免合伙企业注册地陷阱问题。

第五章 公司治理之道德风险防范制度设计

经营管理层道德风险问题的产生，主要是因为存在的委托代理关系。伴随着现代公司的发展，公司的所有权与经营权逐渐分离，公司股东将公司经营管理的权力委托给经营管理层，经营管理层依此获得了公司生产经营的支配权，产生了委托代理关系。由于委托人和代理人的视角并不相同，他们之间存在着利益不一致与信息不对称的问题，从而产生了道德风险，也就是经济学家所言"从事经济活动的人在最大限度地增进自身效用的同时作出不利于他人的行动"。

公司法学家认为：利益不一致与信息不对称的问题是可以通过制度设计来解决的。对于利益不一致的问题，可以设计增加所有者与经营者的利益趋同性的制度来解决，例如，所有者可以将剩余索取权的部分让渡给经营者，实施股权激励（股权激励作为防范经营者管理层道德风险的重要途径，笔者在本书下篇着重论述）；对于信息不对称的问题，可以建立完善的授权、信息披露、限制关联交易等监督制度予以解决。

第一节 完善公司授权制度

一、公司治理授权与公司管理授权

公司中的授权制度，可以分为公司治理的授权制度和公司管理的授权制度两种。公司治理的授权制度主要包含：股东会的法定职权及股东会可以通过公司章程自主设定的章定职权制度；公司章程对董事会的授权以及股东会通过会议决议对董事会的授权制度。公司管理的授权制度主要包含：董事会对经理层关于公司业务管理的授权制度；公司（总）经理对各部门负责人关于部门管理及具体事项管理的授权制度。

关于公司组织机构的法定职权，笔者已在本书第二章（公司治理之四大组织机构）中详细阐述，在此不再赘述。本节所述的授权制度主要指的是可以通过公司章程规定或者公司相关会议决议授予的公司治理职权以及公司管理职权。

二、公司治理授权制度

（一）股东会可以自治设定职权的法律依据

《公司法》第 59 条规定，股东会行使下列职权：

（1）选举和更换董事、监事，决定有关董事、监事的报酬事项；

（2）审议批准董事会的报告；

（3）审议批准监事会的报告；

（4）审议批准公司的利润分配方案和弥补亏损方案；

（5）对公司增加或者减少注册资本作出决议；

（6）对发行公司债券作出决议；

（7）对公司合并、分立、解散、清算或者变更公司形式作出决议；

（8）修改公司章程；

（9）公司章程规定的其他职权。

股东会可以授权董事会对发行公司债券作出决议。

股东会是公司的最高权力机构，亦是公司其他组织机构的权力来源。《公司法》通过第 59 条规定了股东会行使的 9 项职权，其中第 1 项至第 8 项规定了具体职权内容，第 9 项赋予公司章程可以规定股东会其他职权的权力，为公司自治保留了空间。

1. 股东会职权的列举式规定的性质

从学理上看，上述第 1 项至第 8 项列举式的规定属于强制性规范还是任意性规范？在司法实践中，该规定所涉的股东会职权能否由股东会授权公司其他组织机构行使？对于此问题，学理及司法实践中均存在不同看法。如认为该规定系强制性规定，则意味着该类职权须依法由股东会行使，不可授权公司其他组织机构行使；如认为该规定系任意性规范，则意味着该类职权可以由股东会授予公司其他组织机构行使。

针对此问题，笔者认为，股东会是公司的最高权力机构，从《公司法》列举的股东会各项职权来看，除第 6 项关于发行公司债券的职权是公司法明确规定股东会可以授权董事会行使外，其他职权均不得亦无法授权其他组织机构予以行使。可见，除第 6 项职权之外，《公司法》关于股东会的职权的规定应当属于强制性规范。

违反强制性规范并不必然导致决议无效，在司法实践中，存在不同倾向的判例。《公司法》第 66 条第 3 款规定，股东会作出修改公司章程、增加或者减少注册资本的决议，以及公司合并、分立、解散或者变更公司形式的决议，应当经代表 2/3 以上表决权的股东通过。其中所涉及的第 5 项、第 7 项、第 8 项股东会的职权应当属于效力性强制性规定，如违反该规定，则会导致相关决议无效。

2. 股东会职权的扩充

根据上述规定，各股东可以通过在公司章程中事先规定股东会的职权范围，也可以通过修改增加公司章程中关于股东会职权的规定，以扩充股东会的职权范围。因此，上述第 9 项"公司章程规定的其他职权"的规定，实际上是为股东会权力的扩张提供了法律依据。

实际上，在规模较小或者股东均参与经营管理的公司中，各股东可以通过股东会决议的形式来行使相当一部分董事的职权，在这一点上并不违反法律的强制性规定，反而符合公司自治的精神。

（二）股东会授予董事会职权的法律依据

根据《公司法》第 67 条第 2 款、第 3 款的规定，董事会行使下列职权：

（1）召集股东会会议，并向股东会报告工作；

（2）执行股东会的决议；

（3）决定公司的经营计划和投资方案；

（4）制订公司的利润分配方案和弥补亏损方案；

（5）制订公司增加或者减少注册资本以及发行公司债券的方案；

（6）制订公司合并、分立、解散或者变更公司形式的方案；

（7）决定公司内部管理机构的设置；

（8）决定聘任或者解聘公司经理及其报酬事项，并根据经理的提名决定聘任或者解聘公司副经理、财务负责人及其报酬事项；

（9）制定公司的基本管理制度；

（10）公司章程规定或者股东会授予的其他职权。

公司章程对董事会职权的限制不得对抗善意相对人。

股东会对董事会的授权有两种途径：一种是股东会在公司章程中规定或者通过修改公司章程中关于董事会的职权对董事会予以授权；另一种是

通过股东会会议来授予董事会一定职权。对董事会的授权方案经修改确认后，应当经过股东会会议决议通过，方才有效。

关于《公司法》对于以上董事会权限的列举规定是属于强制性规定还是任意性规定的问题。笔者认为，如属于资合性的公众公司（股份有限公司及上市公司），则关于董事会职权权限列举的规定，因涉及第三人公众利益及相关治理准则的限制，一般应属于强制性规范；如属于人合性的有限责任公司，则应更遵循公司意思自治的原则，一般应属于任意性规范。

（三）股东会对董事会授权的一般原则

1. 保护公司及股东合法权益原则

股东会对董事会授权的内容不得损害公司及全体股东的合法权益，也不得减损股东或股东会的法定权限。

2. 审慎授权原则

股东会对董事会的授权不应当降低对法律风险和经营风险的控制力。股东会对新颖业务和高风险事项及在监督过程中发现的问题事项，应当审慎授权、从严授权以控制风险。

3. 制衡与效率原则

股东会对授权权限的设置既要体现其对董事会的监督与制衡，也要灵活务实，以有利于提高董事会对相关事项的决策效率。

4. 范围限定原则

股东会对董事会授权时，应当分清两者的权力界限，明确地限定对董事会的授权范围及授权事项，防止违规授权、过度授权。

三、公司管理授权制度

（一）董事会对经理层授权的法律依据

《公司法》第74条第2款规定，经理对董事会负责，根据公司章程的规定或者董事会的授权行使职权。经理列席董事会会议。

可见，经理层的授权范围包括上述规定、公司章程中授予经理层职权的事项，以及董事会授予经理层的权限，经理层的具体授权范围权限可以制定经理层权力清单。

需要注意的是，董事会应当根据经营需要，向经理层进行基本的授权，除非特殊规定，接受董事会授权的经理层不得再向其他部门或者个人转授权。

（二）公司管理授权的范围

公司管理授权一般包括人事授权、财务授权、业务授权等。

1. 人事授权包括：制定人事管理制度；明确定岗定级标准；人事任免调整；确定人员的考核评价以及奖惩措施；确定员工薪酬和福利待遇等。

2. 财务授权包括：制定财务管理制度；确定及调整公司预算编制；确定差旅报销流程及规范；确定预算外支出的审批规范；确定合同付款流程及规范等。

3. 业务授权包括：制定主要经营业务决策；业务开拓及引进；确定对外签订合同的流程以及审批规范。

需要注意的是，公司管理授权的方案不仅包含相关的授权内容，同时应当对授权的责任与监督进行相应的规定，以体现权责相等的原则。公司管理制度的授权方案应当依法经过董事会的批准，方可有效。

第二节　完善信息披露制度

公司如果能够建立完善的信息披露制度，则可以在一定程度上防范经营管理层的道德风险。信息披露制度的目的是减少股东与经营管理层之间的信息不对称，保护股东（投资者）的知情权，使股东（投资者）能够更多地了解公司的真实信息，从而可以作出有效的决策。另外，完善的信息披露制度也有助于提高公司的治理水平。

《公司法》中关于有限责任公司信息披露的内容相比股份有限公司中的上市公司，规定披露的内容较少。为了完善有限责任公司公司治理制度，有限责任公司可以参考上市公司关于信息披露的具体内容，在《公司法》赋予公司章程自治权的范围内，对公司特定事项作出信息披露的约定，以减少股东与经营者管理层之间信息不对称，保护股东利益。

对于上市公司的信息披露行为，中国证监会 2007 年就发布了《上市公司信息披露管理办法》，该管理办法于 2021 年修订，对于上市公司信息披露的基本原则、内容、方式、程序等作出了具体规定，明确了上市公司信息披露的责任和义务。根据新的披露管理办法，上市公司信息披露包括以下主要内容：

一、信息披露义务人

《证券法》第 78 条第 1 款规定，发行人及法律、行政法规和国务院证券监督管理机构规定的其他信息披露义务人，应当及时依法履行信息披露义务。

根据《上市公司信息披露管理办法》第 62 条第 1 款的规定，信息披露义务人，是指上市公司及其董事、监事、高级管理人员、股东、实际控制人，收购人，重大资产重组、再融资、重大交易有关各方等自然人、单位及其相关人员，破产管理人及其成员，以及法律、行政法规和中国证监会规定的其他承担信息披露义务的主体。

二、信息披露的原则

《证券法》第 78 条第 2 款规定，信息披露义务人披露的信息，应当真实、准确、完整，简明清晰，通俗易懂，不得有虚假记载、误导性陈述或者重大遗漏。可见，对于证券发行、进行上市交易、与证券发行上市交易有关的信息，信息披露义务人均应进行相应的披露。

根据上述规定，信息披露应遵循三大原则：一是真实、准确、完整原则。二是简明清晰、通俗易懂原则。三是不得有虚假记载、误导性陈述或者重大遗漏原则。信息披露原则旨在要求信息披露文件的内容应当反映实际情况，增加信息披露文件的可读性，防止信息披露文件的不实信息致使社会公众作出错误的判断。

三、信息披露的内容

以上市公司为例，参考《上市公司信息披露管理办法》《证券法》规定，信息披露文件主要包括定期报告、临时报告、招股说明书、募集说明书、上市公告书、收购报告书等。

（一）定期报告

上市公司应当披露的定期报告包括年度报告、中期报告。凡是对投资者作出价值判断和投资决策有重大影响的信息，均应当披露。其中，年度报告中的财务会计报告应依法经会计师事务所审计。年度报告披露的时间为每个会计年度结束之日起 4 个月内，中期报告应当在每个会计年度的上半年结束之日起 2 个月内进行披露。

1. 年度报告的内容

根据《上市公司信息披露管理办法》第 14 条的规定，年度报告应当记载以下内容：（1）公司基本情况；（2）主要会计数据和财务指标；（3）公司股票、债券发行及变动情况，报告期末股票、债券总额、股东总数，公司前十大股东持股情况；（4）持股 5% 以上股东、控股股东及实际控制人情况；（5）董事、监事、高级管理人员的任职情况、持股变动情况、年度报酬情况；（6）董事会报告；（7）管理层讨论与分析；（8）报告期内重大事件及对公司的影响；（9）财务会计报告和审计报告全文；（10）中国证监会规定的其他事项。

2. 中期报告的内容

根据《上市公司信息披露管理办法》第 15 条的规定，中期报告应当记载以下内容：（1）公司基本情况；（2）主要会计数据和财务指标；（3）公司股票、债券发行及变动情况、股东总数、公司前十大股东持股情况，控股股东及实际控制人发生变化的情况；（4）管理层讨论与分析；（5）报告期内重大诉讼、仲裁等重大事件及对公司的影响；（6）财务会计报告；（7）中国证监会规定的其他事项。

3. 定期报告的其他注意事项

定期报告还应当经过上市公司的机构组织、成员审议、确认及审核。根据《上市公司信息披露管理办法》第 16 条的规定，定期报告内容应当经上市公司董事会审议通过。未经董事会审议通过的定期报告不得披露。

公司董事、高级管理人员应当对定期报告签署书面确认意见，说明董事会的编制和审议程序是否符合法律、行政法规和中国证监会的规定，报告的内容是否能够真实、准确、完整地反映上市公司的实际情况。

监事会应当对董事会编制的定期报告进行审核并提出书面审核意见。监事应当签署书面确认意见。监事会对定期报告出具的书面审核意见，应当说明董事会的编制和审议程序是否符合法律、行政法规和中国证监会的规定，报告的内容是否能够真实、准确、完整地反映上市公司的实际情况。

董事、监事无法保证定期报告内容的真实性、准确性、完整性或者有异议的，应当在董事会或者监事会审议、审核定期报告时投反对票或者弃权票。

董事、监事和高级管理人员无法保证定期报告内容的真实性、准确性、完整性或者有异议的，应当在书面确认意见中发表意见并陈述理由，上市公司应当披露。上市公司不予披露的，董事、监事和高级管理人员可以直接申请披露。

董事、监事和高级管理人员按照前款规定发表意见，应当遵循审慎原则，其保证定期报告内容的真实性、准确性、完整性的责任不仅因发表意见而当然免除。

《上市公司信息披露管理办法》第17条至第20条规定，定期报告披露前出现业绩泄露，或者出现业绩传闻且公司证券及其衍生品种交易出现异常波动的，上市公司应当及时披露本报告期相关财务数据。上市公司预计经营业绩发生亏损或者发生大幅变动的，应当及时进行业绩预告。上市公司未在规定期限内披露年度报告和中期报告的，中国证监会应当立即立案调查，证券交易所应当按照股票上市规则予以处理。

（二）临时报告

上市公司临时报告的信息披露主要包括三个方面内容：一是重大事件的信息披露；二是公司收购相关的信息披露；三是其他临时公告文件。

1. 重大事件

重大事件，主要是指发生的可能对上市公司证券及其衍生品种交易价格产生较大影响的、投资者尚未得知的重大事件，上市公司应当立即披露，说明事件的起因、目前的状态和可能产生的影响。上市公司控股子公司、参股公司发生前述以下重大事件，可能对上市公司证券及其衍生品种交易价格产生较大影响的，上市公司亦应当履行信息披露义务。

根据《证券法》第80条第2款的规定，重大事件主要包括：（1）公司股权结构或者生产经营状况发生重大变化；（2）公司债券信用评级发生变化；（3）公司重大资产抵押、质押、出售、转让、报废；（4）公司发生未能清偿到期债务的情况；（5）公司新增借款或者对外提供担保超过上年末净资产的20%；（6）公司放弃债权或者财产超过上年末净资产的10%；（7）公司发生超过上年末净资产10%的重大损失；（8）公司分配股利，作出减资、合并、分立、解散及申请破产的决定，或者依法进入破产程序、被责令关闭；（9）涉及公司的重大诉讼、仲裁；（10）公司涉嫌犯罪被依法立案调查，公司的控股股东、实际控制人、董事、监事、高级管理人员涉嫌犯罪被依法采取强制措施；（11）国务院证券监督管理机构规定的其他事项。

根据《上市公司信息披露管理办法》第22条第2款的规定，除了《证券法》的上述规定外，重大事件还包括：（1）公司发生大额赔偿责任；（2）公司计提大额资产减值准备；（3）公司出现股东权益为负值；（4）公司主要债务人出现资不抵债或者进入破产程序，公司对相应债权未提取足额坏账准备；（5）新公布的法律、行政法规、规章、行业政策可能对公司产生重大影响；（6）公司开展股权激励、回购股份、重大资产重组、资产分拆上市或者挂牌；（7）法院裁决禁止控股股东转让其所持股份；任一股东所持公司5%以上股份被质押、冻结、司法拍卖、托管、设定信托或者被依法限制表决权等，或者出现被强制过户风险；（8）主要资产被查封、扣押或者冻结；主要银行账户被冻结；（9）上市公司预计经营业绩发生亏损或者发生大幅变动；（10）主要或者全部业务陷入停顿；（11）获得对当期损益产生重大影响的额外收益，可能对公司的资产、负债、权益或者经营成果产生重要影响；（12）聘任或者解聘为公司审计的会计师事务所；（13）会计政策、会计估计重大自主变更；（14）因前期已披露的信息存在差错、未按规定披露或者虚假记载，被有关机关责令改正或者经董事会决定进行更正；（15）公司或者其控股股东、实际控制人、董事、监事、高级管理人员受到刑事处罚，涉嫌违法违规被中国证监会立案调查或者受到中国证监会行政处罚，或者受到其他有权机关重大行政处罚；（16）公司的控股股东、实际控制人、董事、监事、高级管理人员涉嫌严重违纪违法或者职务犯罪被纪检监察机关采取留置措施且影响其履行职责；（17）除董事长或者经理外的公司其他董事、监事、高级管理人员因身体、工作安排等原因无法正常履行职责达到或者预计达到3个月以上，或者因涉嫌违法违规被有权机关采取强制措施且影响其履行职责；（18）中国证监会规定的其他事项。

2. 公司收购的相关信息

根据《上市公司信息披露管理办法》第27条的规定，涉及上市公司的收购、合并、分立、发行股份、回购股份等行为导致上市公司股本总额、股东、实际控制人等发生重大变化的，信息披露义务人应当依法履行报告、公告义务，披露权益变动情况。

3. 其他临时报告

根据《上市公司信息披露管理办法》第29条的规定，公司证券及其衍生品种交易被中国证监会或者证券交易所认定为异常交易的，上市公司应当及时了解造成证券及其衍生品种交易异常波动的影响因素，并及时披露。

（三）证券发行文件

2023年2月17日，中国证监会发布了《上市公司证券发行注册管理办法》，目的是规范交易所上市公司证券发行行为，保护投资者合法权益和社会公共利益。根据该办法，证券发行文件应当进行信息披露。证券发行文件包括招股说明书、募集说明书、上市公告书、收购报告书等，这些文件需要依法经过证券监督管理机构的核准、审批后进行公开公示，属于信息披露的重要部分。

对证券发行文件进行信息披露，一是有利于投资者作出合理的投资决策；二是有利于防止信息不对称；三是有利于提高证券市场的透明度；四是有利于社会公众进行监督。

（四）关联交易

根据《企业会计准则第36号——关联方披露》第2条的规定："企业财务报表中应当披露所有关联方关系及其交易的相关信息。对外提供合并财务报表的，对于已经包括在合并范围内各企业之间的交易不予披露，但应当披露与合并范围外各关联方的关系及其交易。"

关联交易是企业财务报表中必须披露的重要交易信息，属于定期报告中应当披露的内容，也是信息披露的重要内容之一。

四、关于信息披露事务管理制度的规定

根据《上市公司信息披露管理办法》第30条第1款的规定，上市公司应当制定信息披露事务管理制度。信息披露事务管理制度应当包括：

（1）明确上市公司应当披露的信息，确定披露标准；

（2）未公开信息的传递、审核、披露流程；

（3）信息披露事务管理部门及其负责人在信息披露中的职责；

（4）董事和董事会、监事和监事会、高级管理人员等的报告、审议和披露的职责；

（5）董事、监事、高级管理人员履行职责的记录和保管制度；

（6）未公开信息的保密措施，内幕信息知情人登记管理制度，内幕信

息知情人的范围和保密责任；

（7）财务管理和会计核算的内部控制及监督机制；

（8）对外发布信息的申请、审核、发布流程；与投资者、证券服务机构、媒体等的信息沟通制度；

（9）信息披露相关文件、资料的档案管理制度；

（10）涉及子公司的信息披露事务管理和报告制度；

（11）未按规定披露信息的责任追究机制，对违反规定人员的处理措施。

信息披露的事务管理，一般是董事会负责管理公司信息披露事项，董事长对公司信息披露事务管理承担首要责任。董事会办公室是董事会的日常办事机构，由董事会秘书领导，董事会秘书为信息披露工作主要及直接责任人，负责协调和组织公司信息披露事务，组织和管理信息披露事务管理部门具体承担公司信息披露工作，办理上市公司信息对外公布等相关事宜。

五、未履行信息披露义务的后果

《上市公司信息披露管理办法》第 52 条规定，信息披露义务人及其董事、监事、高级管理人员违反本办法的，中国证监会为防范市场风险，维护市场秩序，可以采取以下监管措施：

（1）责令改正；

（2）监管谈话；

（3）出具警示函；

（4）责令公开说明；

（5）责令定期报告；

（6）责令暂停或者终止并购重组活动；

（7）依法可以采取的其他监管措施。

《上市公司信息披露管理办法》第 53 条规定，上市公司未按本办法规定制定上市公司信息披露事务管理制度的，由中国证监会责令改正；拒不改正的，给予警告并处国务院规定限额以下罚款。

《上市公司信息披露管理办法》第 54 条规定，信息披露义务人未按照《证券法》规定在规定期限内报送有关报告、履行信息披露义务，或者报送的报告、披露的信息有虚假记载、误导性陈述或者重大遗漏的，由中国证监会按照《证券法》第 197 条处罚。上市公司通过隐瞒关联关系或者采取其他手段，规避信息披露、报告义务的，由中国证监会按照《证券法》第 197 条处罚。

《证券法》第 197 条规定，信息披露义务人未按照本法规定报送有关报告或者履行信息披露义务的，责令改正，给予警告，并处以 50 万元以上 500 万元以下的罚款；对直接负责的主管人员和其他直接责任人员给予警告，并处以 20 万元以上 200 万元以下的罚款。发行人的控股股东、实际控制人组织、指使从事上述违法行为，或者隐瞒相关事项导致发生上述情形的，处以 50 万元以上 500 万元以下的罚款；对直接负责的主管人员和其他直接责任人员，处以 20 万元以上 200 万元以下的罚款。

信息披露义务人报送的报告或者披露的信息有虚假记载、误导性陈述或者重大遗漏的，责令改正，给予警告，并处以 100 万元以上 1000 万元以下的罚款；对直接负责的主管人员和其他直接责任人员给予警告，并处以 50 万元以上 500 万元以下的罚款。发行人的控股股东、实际控制人组织、指使从事上述违法行为，或者隐瞒相关事项导致发生上述情形的，处以 100 万元以上 1000 万元以下的罚款；对直接负责的主管人员和其他直接责任人员，处以 50 万元以上 500 万元以下的罚款。

第三节 限制不当关联交易制度

关联交易本身是一种中性的经济行为，公司与关联人之间的交易，不一定会损害公司利益，因此法律没有一概禁止。但是在实务操作中，由于公司内部各个主体间的利益不一致，控股股东、实际控制人、董事及高级管理人员等通过关联交易，以高买低卖的形式向关联方输送利益，实际上损害了公司的利益，最终这些不利后果要由公司股东及公司债权人来承担。因此，应当对公司的关联交易谨慎对待并加以限制。

一、对关联关系与关联人的界定

《公司法》所指的关联关系是公司控股股东、实际控制人、董事、监事、高级管理人员与公司之间的关系。根据《公司法》相关释义，判断关联关系存在的基本标准是在公司财务和经营活动中，如果自然人或法人有能力直接或间接控制、共同控制公司或对公司施加重大影响，一般认为与公司具有关联关系。这些对公司有重大影响的自然人或法人组织就被称为关联人，根据《公司法》的规定，对公司有重大影响的关联人包括如下：

1. 控股股东

在上市公司中，控股股东是指持有上市公司绝对多数或者相对多数股份的那个股东，可能是个人，也可能是公司。在有限责任公司中，控股股东是指出资额占该有限责任公司资本总额超过 50% 的出资人；在股份有限公司中，控股股东是指拥有该股份有限公司股本总额超过 50% 的股东。另外，虽然出资额或持有股份比例不到 50%，但出资额或持有股份拥有的表决权足够对股东会的决议造成重大影响的股东，也属于控股股东。

2. 实际控制人

实际控制人是指通过投资关系、协议或者其他安排，能够实际支配公司行为的人。

3. 董事

董事一般是指公司股东会选举出来的董事会成员，其主要通过董事会来行使对公司经营管理的职权。

4. 监事

监事一般是指公司股东会选举出来的监事会成员，其主要通过监事会来行使监督的职权。

5. 高级管理人员

《公司法》意义上的高级管理人员是指公司的经理、副经理、财务负责人、上市公司董事会秘书和公司章程规定的其他人员。

二、上市公司对关联交易的特别规定

1. 关联方的认定

根据《上市公司信息披露管理办法》第 62 条的规定，上市公司的关联交易，是指上市公司或者其控股子公司与上市公司关联人之间发生的转移资源或者义务的事项。关联人包括关联法人（或者其他组织）和关联自然人。

上市公司的关联法人（或者其他组织）指的是：

（1）直接或者间接地控制上市公司的法人（或者其他组织）；

（2）由前项所述法人（或者其他组织）直接或者间接控制的除上市公司及其控股子公司以外的法人（或者其他组织）；

（3）关联自然人直接或者间接控制的，或者担任董事、高级管理人员的，除上市公司及其控股子公司以外的法人（或者其他组织）；

（4）持有上市公司5%以上股份的法人（或者其他组织）及其一致行动人；

（5）在过去12个月内或者根据相关协议安排在未来12月内，存在上述情形之一的；

（6）中国证监会、证券交易所或者上市公司根据实质重于形式的原则认定的其他与上市公司有特殊关系，可能或者已经造成上市公司对其利益倾斜的法人（或者其他组织）。

上市公司的关联自然人指的是：

（1）直接或者间接持有上市公司5%以上股份的自然人；

（2）上市公司董事、监事及高级管理人员；

（3）直接或者间接地控制上市公司的法人的董事、监事及高级管理人员；

（4）上述第（1）、（2）项所述人士的关系密切的家庭成员，包括配偶、父母、年满18周岁的子女及其配偶、兄弟姐妹及其配偶，配偶的父母、兄弟姐妹，子女配偶的父母；

（5）在过去12个月内或者根据相关协议安排在未来12个月内，存在上述情形之一的；

（6）中国证监会、证券交易所或者上市公司根据实质重于形式的原则认定的其他与上市公司有特殊关系，可能或者已经造成上市公司对其利益倾斜的自然人。

2. 关联交易的类型

上市公司的关联交易，是指上市公司或者其控股子公司与上市公司关联人之间发生的转移资源或者义务的事项。《企业会计准则第36号——关联方披露》第8条规定，关联方交易的类型通常包括下列各项：（1）购买或销售商品。（2）购买或销售商品以外的其他资产。（3）提供或接受劳务。（4）担保。（5）提供资金（贷款或股权投资）。（6）租赁。（7）代理。（8）研究与开发项目的转移。（9）许可协议。（10）代表企业或由企业代表另一方进行债务结算。（11）关键管理人员薪酬。

3. 关联交易披露的一般原则

《关于进一步提高首次公开发行股票公司财务信息披露质量有关问题

的意见》规定，发行人应该严格按照《企业会计准则第 36 号——关联方披露》《上市公司信息披露管理办法》和证券交易所颁布的相关业务规则中的有关规定，完整、准确地披露关联方关系及其交易。

4. 具体披露要求

根据中国证监会发行监管部发布的《首发业务若干问题解答》关于关联交易信息披露的具体要求规定，中介机构在尽职调查过程中，应当尊重企业合法合理、正常公允且确实有必要的经营行为，如存在关联交易的，应就交易的合法性、必要性、合理性及公允性，以及关联方认定，关联交易履行的程序等事项基于谨慎原则进行核查，同时请发行人予以充分信息披露。

三、对不当关联交易的限制性规定与司法救济

（一）对于侵害公司利益的不当关联交易，《公司法》和《民法典》有以下的限制性规定：

1.《公司法》第 22 条第 1 款规定，公司的控股股东、实际控制人、董事、监事、高级管理人员不得利用其关联关系损害公司利益。

2.《公司法》第 22 条第 2 款规定，违反前款规定，给公司造成损失的，应当承担赔偿责任。

3.《公司法》第 182 条规定，董事、监事、高级管理人员，直接或者间接与本公司订立合同或者进行交易，应当就与订立合同或者进行交易有关的事项向董事会或者股东会报告，并按照公司章程的规定经董事会或者股东会决议通过。

董事、监事、高级管理人员的近亲属，董事、监事、高级管理人员或者其近亲属直接或者间接控制的企业，以及与董事、监事、高级管理人员有其他关联关系的关联人，与公司订立合同或者进行交易，适用前款规定。

4.《公司法》第 186 条规定，董事、监事、高级管理人员违反本法第 181 条至第 184 条规定所得的收入应当归公司所有。

5.《公司法》第 188 条规定，董事、监事、高级管理人员执行职务违反法律、行政法规或者公司章程的规定，给公司造成损失的，应当承担赔偿责任。

6.《公司法》第 192 条规定，公司的控股股东、实际控制人指示董事、高级管理人员从事损害公司或者股东利益的行为的，与该董事、高级管理人员承担连带责任。

7.《民法典》第 84 条规定，营利法人的控股出资人、实际控制人、董事、监事、高级管理人员不得利用其关联关系损害法人的利益；利用关联关系造成法人损失的，应当承担赔偿责任。

（二）对于不当关联交易侵害公司利益的，相关方可以依法维权，寻求司法救济

1. 根据《最高人民法院关于适用〈中华人民共和国公司法〉若干问题的规定（五）》第 1 条第 1 款规定，关联交易损害公司利益，原告公司依据《民法典》第 84 条、《公司法》第 21 条规定请求控股股东、实际控制人、董事、监事、高级管理人员赔偿所造成的损失，被告仅以该交易已经履行了信息披露、经股东会或者股东大会同意等法律、行政法规或者公司章程规定的程序为由抗辩的，人民法院不予支持。

2.《公司法》第 189 条第 1 款规定，董事、高级管理人员有前条规定的情形的，有限责任公司的股东、股份有限公司连续 180 日以上单独或者合计持有公司 1% 以上股份的股东，可以书面请求监事会向人民法院提起诉讼；监事有前条规定的情形的，前述股东可以书面请求董事会向人民法院提起诉讼。

《公司法》第 189 条第 2 款规定，监事会或者董事会收到前款规定的股东书面请求后拒绝提起诉讼，或者自收到请求之日起 30 日内未提起诉讼，或者情况紧急、不立即提起诉讼将会使公司利益受到难以弥补的损害的，前款规定的股东有权为公司的利益以自己的名义直接向人民法院提起诉讼。

《公司法》第 189 条第 3 款规定，他人侵犯公司合法权益，给公司造成损失的，本条第一款规定的股东可以依照前两款的规定向人民法院提起诉讼。

《公司法》第 189 条第 4 款规定，公司全资子公司的董事、监事、高级管理人员有前条规定情形，或者他人侵犯公司全资子公司合法权益造成损失的，有限责任公司的股东、股份有限公司连续 180 日以上单独或者合计持有公司 1% 以上股份的股东，可以依照前三款规定书面请求全资子公

司的监事会、董事会向人民法院提起诉讼或者以自己的名义直接向人民法院提起诉讼。

综上可知，当发生不当关联交易，损害了公司利益造成损失，首先，公司本身就可以要求关联方予以损害赔偿，关联方即便已经履行了信息披露和相关程序也不可以免责。其次，鉴于公司很可能已经被关联方控制或者施加了影响，则在这种条件下，符合一定条件的股东可以按照一定程序提起股东代表诉讼，以维护公司的合法权益。

四、限制不当关联交易的四种方法

（一）排除关联方的表决权

1. 股东表决权排除

《公司法》第 15 条第 2 款、第 3 款规定，公司为公司股东或者实际控制人提供担保的，应当经股东会决议。前款规定的股东或者受前款规定的实际控制人支配的股东，不得参加前款规定事项的表决。该项表决由出席会议的其他股东所持表决权的过半数通过。

以上是《公司法》对于公司为公司股东或者实际控制人提供担保的特别法律规定，其中就排除了关联方股东的表决权。实践中，关联交易并不限于提供担保，公司可以在公司章程中规定：当某股东与股东会所决议的事项有特别利害关系时，该股东或其代理人不得就其持有的股份行使会议表决权，或代理其他股东行使表决权。

2. 董事表决权的排除

《公司法》第 185 条规定，董事会对本法第 182 条至第 184 条规定的事项决议时，关联董事不得参与表决，其表决权不计入表决权总数。出席董事会会议的无关联关系董事人数不足 3 人的，应当将该事项提交股东会审议。

根据上述规定，当关联交易的关联方为董事时，如果涉及需要相关的会议表决方可通过，则董事同理不得参加关联交易的表决，以避免不当的关联交易。

（二）对关联交易进行程序审查

《公司法》第 182 条第 1 款规定，董事、监事、高级管理人员，直接或者间接与本公司订立合同或者进行交易，应当就与订立合同或者进行交易有关的事项向董事会或者股东会报告，并按照公司章程的规定经董事会或者股东会决议通过。

上述是对董事、监事和高级管理人员进行关联交易的程序性规定，即董事、监事和高级管理人员与公司订立合同或者进行交易从程序上要比社会第三方规定得更为严格，需要就关联交易事项向董事会或者股东会报告，还须符合公司章程规定要求，经过董事会或者股东会决议通过。同理，公司可以对其他关联方的关联交易同样在公司章程等文件中制定程序性的规定，要求关联方予以遵守，以防范不当的关联交易。

（三）对关联交易进行实质审查，审查关联交易的必要性、合理性和公允性

对关联交易的必要性、合理性和公允性进行审查，参照上市公司的规定，可以审查关联交易的交易内容、交易金额、交易背景以及相关交易与公司主营业务之间的关系；还可结合可比市场公允价格、第三方市场价格、关联方与其他交易方的价格等，说明关联交易的公允性，以及是否存在对关联方的利益输送。

（四）对关联交易进行强制性的信息披露

对于上市公司而言，对关联交易的信息披露是强制性的。根据《企业会计准则第 36 号——关联方披露》第 2 条规定："企业财务报表中应当披露所有关联方关系及其交易的相关信息。对外提供合并财务报表的，对于已经包括在合并范围内各企业之间的交易不予披露，但应当披露与合并范围外各关联方的关系及其交易。"

对于非上市公司，可以参考上述规定，也可以要求对所有的关联交易予以披露，以达到公开透明，保护公司合法权益，同时达到平等保护各股东权利的目的。

第六章　公司治理之热点法律问题

第一节　公司法定代表人的法律责任问题

一、法定代表人的概念

《民法典》第 61 条规定，依照法律或者法人章程的规定，代表法人从事民事活动的负责人，为法人的法定代表人。法定代表人以法人名义从事的民事活动，其法律后果由法人承受。法人章程或者法人权力机构对法定代表人代表权的限制，不得对抗善意相对人。

根据民法理论，公司法人作为一种独立的民事主体及社会组织，在从事经济或社会活动时，通常需要由自然人来代为进行，而这些自然人也就是上述规定的法定代表人，法定代表人以法人名义实施的行为，其后果应当由公司法人来承受。

二、谁可以担任法定代表人

《公司法》第 10 条第 1 款规定，公司的法定代表人按照公司章程的规定，由代表公司执行公司事务的董事或者经理担任。

根据上述规定，股份有限公司和有限责任公司中，法定代表人可以由代表公司执行公司事务的董事担任，也可以由经理担任。可见，担任法定代表人的董事不局限于董事长，其他代表公司执行公司事务的董事会成员也可以是法定代表人的适格人选。

三、法定代表人的风险与责任

（一）一般情况下，法定代表人因执行职务造成他人损害的，由公司承担民事责任。公司承担责任后，可以向有过错的法定代表人追偿

《公司法》第 11 条规定，法定代表人以公司名义从事的民事活动，其

法律后果由公司承受。

公司章程或者股东会对法定代表人职权的限制，不得对抗善意相对人。

法定代表人因执行职务造成他人损害的，由公司承担民事责任。公司承担民事责任后，依照法律或者公司章程的规定，可以向有过错的法定代表人追偿。

《民法典》第62条规定，法定代表人因执行职务造成他人损害的，由法人承担民事责任。法人承担民事责任后，依照法律或者法人章程的规定，可以向有过错的法定代表人追偿。

另外，需要注意的是，《公司法》第191条规定，董事、高级管理人员执行职务，给他人造成损害的，公司应当承担赔偿责任；董事、高级管理人员存在故意或者重大过失的，也应当承担赔偿责任。根据上述规定，在由董事或者经理担任法定代表人的情况下，如法定代表人执行职务时存在故意或者重大过失，给他人造成损害的，亦可能直接承担赔偿责任。

（二）在公司破产程序中，法人可能面临承担赔偿责任、训诫、拘留以及罚款的风险

1. 如果公司在破产程序中出现《企业破产法》第31条、第32条、第33条规定的损害公司债权人利益的行为，则公司的法定代表人和其他直接责任人员需要承担赔偿责任。

《企业破产法》第31条规定，人民法院受理破产申请前1年内，涉及债务人财产的下列行为，管理人有权请求人民法院予以撤销：（1）无偿转让财产的；（2）以明显不合理的价格进行交易的；（3）对没有财产担保的债务提供财产担保的；（4）对未到期的债务提前清偿的；（5）放弃债权的。

《企业破产法》第32条规定，人民法院受理破产申请前6个月内，债务人有本法第2条第1款规定的情形，仍对个别债权人进行清偿的，管理人有权请求人民法院予以撤销。但是，个别清偿使债务人财产受益的除外。

《企业破产法》第33条规定，涉及债务人财产的下列行为无效：（1）为逃避债务而隐匿、转移财产的；（2）虚构债务或者承认不真实的债务的。

《企业破产法》第128条规定，债务人有本法第31条、第32条、第33条规定的行为，损害债权人利益的，债务人的法定代表人和其他直接责任人员依法承担赔偿责任。

2. 人民法院受理公司的破产申请后，未经法院允许法定代表人不得擅

自离开住所地，否则人民法院可以予以训诫、拘留，可以依法并处罚款。

根据《企业破产法》第 15 条的规定，自人民法院受理破产申请的裁定送达债务人之日起至破产程序终结之日，债务人的有关人员承担下列义务：（1）妥善保管其占有和管理的财产、印章和账簿、文书等资料；（2）根据人民法院、管理人的要求进行工作，并如实回答询问；（3）列席债权人会议并如实回答债权人的询问；（4）未经人民法院许可，不得离开住所地；（5）不得新任其他企业的董事、监事、高级管理人员。前款所称有关人员，是指企业的法定代表人；经人民法院决定，可以包括企业的财务管理人员和其他经营管理人员。

根据《企业破产法》第 129 条的规定，债务人的有关人员违反本法规定，擅自离开住所地的，人民法院可以予以训诫、拘留，可以依法并处罚款。

（三）在司法强制执行过程中，法定代表人可能面临限制出境、罚款、拘留以及个人信息公开的风险

1. 如果公司作为被执行人，拒不履行生效法律文书确定的给付义务，其法定代表人可能被采取限制消费、限制出境等措施。

《最高人民法院关于适用〈中华人民共和国民事诉讼法〉执行程序若干问题的解释》第 24 条第 1 款规定，被执行人为单位的，可以对其法定代表人、主要负责人或者影响债务履行的直接责任人员限制出境。

《最高人民法院关于限制被执行人高消费及有关消费的若干规定》第 3 条第 1 款规定，被执行人为自然人的，被采取限制消费措施后，不得有以下高消费及非生活和工作必需的消费行为：（1）乘坐交通工具时，选择飞机、列车软卧、轮船二等以上舱位；（2）在星级以上宾馆、酒店、夜总会、高尔夫球场等场所进行高消费；（3）购买不动产或者新建、扩建、高档装修房屋；（4）租赁高档写字楼、宾馆、公寓等场所办公；（5）购买非经营必需车辆；（6）旅游、度假；（7）子女就读高收费私立学校；（8）支付高额保费购买保险理财产品；（9）乘坐 G 字头动车组列车全部座位、其他动车组列车一等以上座位等其他非生活和工作必需的消费行为。

根据《最高人民法院关于限制被执行人高消费及有关消费的若干规定》第 3 条第 2 款的规定，被执行人为单位的，被采取限制消费措施后，被执行人及其法定代表人、主要负责人、影响债务履行的直接责任人员、

实际控制人不得实施前款规定的行为。因私消费以个人财产实施前款规定行为的，可以向执行法院提出申请。执行法院审查属实的，应予准许。

2. 如果公司作为被执行人，拒绝报告、虚假报告或者无正当理由逾期报告公司财产情况，则法定代表人可能会面临被罚款、拘留等处罚，还可能被依法追究刑事责任。

根据《最高人民法院关于民事执行中财产调查若干问题的规定》第9条的规定，被执行人拒绝报告、虚假报告或者无正当理由逾期报告财产情况的，人民法院可以根据情节轻重对被执行人或者其法定代理人予以罚款、拘留；构成犯罪的，依法追究刑事责任。人民法院对有前款规定行为之一的单位，可以对其主要负责人或者直接责任人员予以罚款、拘留；构成犯罪的，依法追究刑事责任。

3. 如果公司被列为失信被执行人，法定代表人的姓名信息可能会被公布。

根据《最高人民法院关于公布失信被执行人名单信息的若干规定》第6条第1项的规定，记载和公布的失信被执行人名单信息应当包括作为被执行人的法人或者其他组织的名称、统一社会信用代码（或组织机构代码）、法定代表人或者负责人姓名。

（四）当公司未向税务机关结清应纳税款、滞纳金或者提供担保时，法定代表人可能会被阻止出境

《税收征收管理法》第44条规定，欠缴税款的纳税人或者他的法定代表人需要出境的，应当在出境前向税务机关结清应纳税款、滞纳金或者提供担保。未结清税款、滞纳金，又不提供担保的，税务机关可以通知出境管理机关阻止其出境。

（五）如果公司存在未了结的涉外商事纠纷案件，其法定代表人可能会被限制出境

根据《最高人民法院关于印发〈第二次全国涉外商事海事审判工作会议纪要〉的通知》第93条第1款的规定，人民法院在审理涉外商事纠纷案件中，对同时具备下列条件的有关人员，可以采取措施限制其出境：（1）在我国确有未了结的涉外商事纠纷案件；（2）被限制出境人员是未了结案件中的当事人或者当事人的法定代表人、负责人；（3）有逃避诉讼或者逃避履行法定义务的可能；（4）其出境可能造成案件难以审理、无法执行的。

（六）在单位犯罪中，法定代表人作为单位的主管负责人可能会被判处刑罚，承担相应的刑事责任

《刑法》第30条规定，公司、企业、事业单位、机关、团体实施的危害社会的行为，法律规定为单位犯罪的，应当负刑事责任。

《刑法》第31条规定，单位犯罪的，对单位判处罚金，并对其直接负责的主管人员和其他直接责任人员判处刑罚。本法分则和其他法律另有规定的，依照规定。

最高人民法院在《全国法院审理金融犯罪案件工作座谈会纪要》中指明，直接负责的主管人员，是在单位实施的犯罪中起决定、批准、授意、纵容、指挥等作用的人员，一般是单位的主管负责人，包括法定代表人。

实务指南

1. 公司从事日常的经营活动时，公司决策应当通过股东会或董事会集体决策程序，并且做好相关会议记录工作。对于经过公司股东会或董事会集体决策事项，在不违反《公司法》以及公司章程规定的情况下，一般视为公司的决策，应当由公司承担相关责任。法定代表人在决策程序中应当规范议事流程、做好信息披露等工作，避免因自身过错而承担赔偿责任。

2. 公司应当明确法定代表人的代表权限范围，以避免法定代表人滥用职权或侵犯公司利益。根据《民法典》第61条之规定，公司可以通过公司章程的规定或者通过股东会决议对法定代表人的代表权限予以明确，规定一些特别重要的事项必须经过集体决议后方可实施。

需要注意的是，对内部权力划分的股东会决议或者授权范围，通常情况下是不易被外部人员知晓的，因此为了保护善意相对人的利益，《公司法》第11条、《民法典》第61条同时也规定，通过公司章程规定或者公司股东会决议的方式限制法定代表人的代表权限不能对抗善意第三人，即对法定代表人代表权限制不知情或推定不知情的其他权利人。换言之，在合同相对方是善意的情况下，公司应当对法定代表人的越权行为承担相应的责任。

3. 在实务中，有些企业家由于种种原因不方便亲自担任法定代表人，所以由他人担任法定代表人，但这些人在公司中并不参与实际经营管理，所以也称为挂名法定代表人。鉴于法定代表人对外具有代表公司的公示性质，因此，即使为公司挂名的法定代表人，仍应依法承担相应的责任。笔

者不建议法定代表人采用挂名的形式，因为被挂名的法定代表人往往并不了解担任法定代表人可能会产生的责任。

如已存在挂名的法定代表人，从公平角度而言，公司及实际经营管理层应当对挂名的法定代表人出具关于挂名的法定代表人责任的说明，以便日后挂名法定代表人承担责任后，有权向相关责任人追偿。

需要注意的是，此类责任声明仅在公司内部发生效力，并不具有对抗第三人的效力。如发生法定代表人须承担责任的事由，在法定代表人先行承担责任后，才有权依据声明向相关责任人追偿。

第二节　公司章程与股东协议的法律问题

一、公司章程与股东协议的联系

公司章程与股东协议一般都是在公司设立阶段产生和制定的，反映了公司基本的规定和运行的指导原则。此外，二者均为股东合法权益保护的依据。在公司设立之后发生的公司重大事项，股东之间一般不再另行签署股东协议或公司章程，而是通过相应的公司机构依法作出的股东会决议或董事会决议来予以处理。

二、公司章程与股东协议的区别

（一）法律性质上的区别

股东协议通常是，股东当事人在平等自愿的基础上签订的涉及股东间的权利义务法律关系的协议，具有合同的法律性质。股东协议主要是对各签字股东具有法律约束力，具有合同相对性的特征。

根据《公司法》第5条的规定，设立公司应当依法制定公司章程。公司章程对公司、股东、董事、监事、高级管理人员具有约束力。可见，公司章程不仅需要全体股东的签字确认，还体现了对全体股东一致的意思表示，更体现了法律的强制性规定的要求。公司章程不仅对签字的股东具有法律约束力，对于公司、董事、监事及高级管理人员等亦具有法律的约束力。

（二）签订主体的区别

根据《公司法》的规定，公司章程必须由全体股东共同制定，而股东协议的签订主体可能为部分股东，不一定是全体股东。

（三）约定内容的区别

股东协议一般分为两类：一类是在公司设立前，各股东作为公司的发起人，对各股东的出资及今后公司运作等事项签订的协议；另一类是在公司设立后，为了补充公司章程的不足由部分或者全体股东就某些事项达成的协议。在实践中，除前述两种分类之外，如果公司遇到特别重要的事项，股东可以专门就该事项形成股东协议。

而公司章程，通常是在公司设立时，各股东根据工商管理部门出具的范本对公司的基本情况作出一般性约定，如公司名称、地址、注册资本、经营范围、股东会、董事会、监事会的职权、法定代表人的产生及变更办法、利润分配、公司解散与清算等基本情况。

可见，股东协议从约定内容的范围来看是远大于公司章程的。在适用的场景上亦较公司章程更为灵活、丰富。

三、股东协议与公司章程冲突时如何处理

在司法实践中大量出现股东协议与公司章程冲突的情况，各地法院也作出了一些生效判决。总结这些法院的司法裁判观点可知，在股东协议与公司章程发生冲突的时候可参照以下规则，确定两者的适用顺序。

1. 如果在股东协议或公司章程中有明确条款约定的，如"本股东协议与公司章程约定不一致的，以股东协议为准"，一般以协议明确约定的条款为准。

2. 如果股东协议或公司章程约定的内容均不涉及公司外第三人，一般以两者间后签署的文本为准，后签署的文本可以视为对前一签署的文本的变更。

3. 如果涉及与第三人发生纠纷，则一般以公司章程为准。因为公司章程具有对外公示的特点，是债权人等第三人与公司进行交易活动的基础性文件。

第三节　隐名股东与股权代持的法律问题

一、隐名股东与显名股东的概念

根据《最高人民法院关于适用〈中华人民共和国公司法〉若干问题的

规定（三）》（以下简称《公司法司法解释（三）》）第 24 条第 1 款规定，有限责任公司的实际出资人与名义出资人订立合同，约定由实际出资人出资并享有投资权益，以名义出资人为名义股东，实际出资人与名义股东对该合同效力发生争议的，如无法律规定的无效情形，人民法院应当认定该合同有效。

根据上述规定，所谓隐名股东，也即实际出资人，是指实际出资，却未被记载于公司文件中，但实际享有相应投资权益的投资者。所谓显名股东，是指并未出资，却被记载于公司文件中，以股东身份行使股东权利之人。

实践中，有的投资人因种种原因不愿以自己的身份直接持有公司股权，经常出现在公司登记的股东与实际出资的股东并不一致的情形。有限责任公司的人合性较强，出现股权代持的情形较多。股份有限公司是资合性公司，股东身份通常以其持有公司发行的股份为准，一般不存在隐名股东的问题。

二、股权代持（隐名投资）关系的概念及特征

一般而言，隐名股东与显名股东之间的关系为股权代持关系，隐名股东与显名股东通过签订股权代持合同，约定由实际出资人出资，显名股东出面行使股权，由实际出资人享受股权收益。这种股权代持合同，有时也称为隐名投资合同。

股权代持关系（隐名投资）具有以下特征：一是隐名股东实际认缴公司注册资本，但其姓名或名称并未记载于公司文件中，如公司章程、股东名册等；二是显名股东同意并使用自己的名字或名称记载于公司文件中；三是名义股东不承担投资风险，隐名股东最终承担投资风险。

三、如何保护隐名股东的权益

根据商事外观主义原则，隐名股东因其未经工商登记，从形式上未获得股东权利的外观，因此在实务活动中经常存在如下风险：一是股权代持合同无效；二是隐名股东身份不被认可；三是显名股东恶意损害隐名股东权利；四是因显名股东自身原因导致股权被法院查封、拍卖；五是如显名股东出现意外死亡或者离婚纠纷，则可能涉及继承或财产分割等风险。

可见，股东的资格确认、显名化对隐名股东来说是十分重要的，隐名股东可以通过隐名身份显名化，具有股东的权利外观以及对抗公司以及第

三人的合法基础，从而合理、合法地规避上述隐名投资带来的风险。

（一）隐名股东有权依据股权代持合同约定，向显名股东主张投资权益

《公司法司法解释（三）》第24条第1款、第2款规定，有限责任公司的实际出资人与名义出资人订立合同，约定由实际出资人出资并享有投资权益，以名义出资人为名义股东，实际出资人与名义股东对该合同效力发生争议的，如无法律规定的无效情形，人民法院应当认定该合同有效。前款规定的实际出资人与名义股东因投资权益的归属发生争议，实际出资人以其实际履行了出资义务为由向名义股东主张权利的，人民法院应予支持。名义股东以公司股东名册记载、公司登记机关登记为由否认实际出资人权利的，人民法院不予支持。

根据上述规定，股权代持协议是隐名股东主张投资权益的合同基础，而出资是隐名股东获得投资权益的事实基础。因此，合法有效的股权代持协议和实际出资人的出资事实，是隐名股东向显名股东主张投资权益的两大前提条件。

（二）隐名股东显名化

1.《公司法司法解释（三）》第24条第3款规定，实际出资人未经公司其他股东半数以上同意，请求公司变更股东、签发出资证明书、记载于股东名册、记载于公司章程并办理公司登记机关登记的，人民法院不予支持。

根据上述规定，隐名股东作为实际出资人，由隐名股东取代显名股东而真正成为公司的形式与实质上的股东，须经过公司其他股东半数以上同意，以保护有限责任公司的人合性特点。

2.《全国法院民商事审判工作会议纪要》第28条规定，实际出资人能够提供证据证明有限责任公司过半数的其他股东知道其实际出资的事实，且对其实际行使股东权利未曾提出异议的，对实际出资人提出的登记为公司股东的请求，人民法院依法予以支持。公司以实际出资人的请求不符合《公司法司法解释（三）》第24条的规定为由抗辩的，人民法院不予支持。

根据上述规定，如果在公司经营过程中，其他过半数的股东知晓隐名股东实际出资的事实，且对其实际行使股东权利并未提出过异议，实际上已经默示同意且认可了隐名股东实际享有股东权利的地位，则隐名股东主

张其登记为公司股东（显名股东）的请求，人民法院应当予以支持。

实务指南

1. 隐名股东与名义股东之间要签订合法有效的书面的股权代持协议或隐名投资协议，并且对于出资等重要事项需要进行明确约定。

（1）合法有效的书面的股权代持协议是隐名股东显名化的关键前提之一。合法有效的股权代持协议需要满足《民法典》第143条规定，即隐名股东与显名股东均具有相应的民事行为能力、意思表示真实，协议内容不违反法律、行政法规的强制性规定，以及不违背公序良俗。

如果没有书面的股权代持协议或隐名投资协议，隐名股东须举证证明双方之间的代持关系以及其履行的出资义务。另外，需要注意的是，即使隐名股东作为实际出资人已经履行了全部的出资，由于没有书面协议，隐名股东的出资行为的意思表示亦不明确，从形式上看更容易呈现债权债务关系的外观。因此，合法有效的书面的代持协议或隐名投资协议是对于隐名投资关系认定的重要的要件与基础。

（2）鉴于显名股东之"显名"具有的公示性，显名股东的债权人有权向法院申请强制执行其登记于工商部门的股权及收益。因此，隐名股东在与显名股东签订股权代持协议时，还应约定由于显名股东个人债务等原因给实际出资人带来损失的，显名股东应当承担违约赔偿的责任。

（3）在实务中，为了避免其他股东当时知晓但后来拒绝承认隐名股东的股东地位，隐名股东可以在签署股权代持协议或隐名投资协议时，让其他股东一并在协议上签署知情、今后放弃优先购买权、配合办理工商变更手续等内容，以保护隐名股东的合法权益。这样，隐名股东与显名股东可以以股权转让的方式实现隐名股东显名化。

2. 在实务中，隐名股东要尽量留存可以体现其作为公司股东行使权利的相关证据，以维护自己的合法权益。

（1）隐名股东实际出资的相关证据，如银行转账记录等。

（2）隐名股东以公司股东的身份实际参加股东会会议，并在股东会会议记录或决议上签字表决的相关证据。

（3）其他股东知晓隐名股东为实际出资人的书面文件或聊天记录等证据。

下篇　股权激励制度

第一章　以股权激励制度打造企业命运共同体

第一节　股权激励制度的历史与发展

一、股权激励制度在国外的历史与发展

（一）股权激励制度在美国的历史与发展

1. 1880—1920 年，作为一个后起的资本主义国家，美国经济开始急剧膨胀，生产和资本的集中造就了垄断组织和金融财团。由于经济的快速发展以及股份制的全面推广，许多公司的所有者迅速发家致富，但是，对于普通的雇员来说，他们的工资和福利并没有提高，他们没有从经济的发展中获得好处，社会贫富差距扩大，工人罢工频繁，阶级的鸿沟不断加深。一些有思想的企业所有者开始尝试通过给予雇员股份，允许雇员分享公司利润，以改善劳资关系。

当时有名的员工股权激励计划有"西尔斯计划"（Sears Plan）、"J. C. 彭妮计划"（J. C. Penney Plan）和"宝洁计划"（Proctor and Gamble Plan）等。这些计划起到了增加收入和激励雇员的作用，但并不是严格意义上的股权激励计划，主要是一种打折购买本公司股票参与分红的计划。但是，1929 年爆发经济大危机，许多雇员所持的股票大幅贬值，雇员损失惨重。截至第二次世界大战结束，股权激励计划也没再引起雇员和社会的兴趣。

但也有少数公司成功地实施了股权激励计划，例如，美国的联合包裹服务公司（UPS）在 1927 年推行了员工认股计划，公司每一年都要根据上一年的利润分给员工股份，鼓励员工持有公司股票，员工通过持有所在公司的股票，以雇员和所有者的双重身份参与企业生产经营，获得工资和股

票收益。该计划为企业造就了一支数量庞大且忠诚度极高的员工队伍，员工持股占公司股份的 2/3，使 UPS 公司从一家小型投递公司，成长为在全球拥有 30 万名员工，年营业收入达 200 亿美元的全球最佳邮件包裹货运公司和世界 500 强企业。

2. 第二次世界大战后，美国经济快速发展，证券市场步入了一个快速成长的牛市通道。1956 年 5 月，美国股市首次跃过 500 点大关，证券资产大幅升值。美国律师兼投资银行家凯尔索（Louis Kelso）在《民主与经济力量》一书中正式提出"双因素经济理论"，为员工持股的迅速传播提供了理论源泉。他认为，生产要素只有两种：资本和劳动。他认为应该建立起资本主义所有权分散化的新机制，使人们都有可能获得劳动和资本这两类不同要素的分配收入，并能以某种方式使大多数并不富有的人得到一定数量的资本，从而拥有一定的生产性资源。凯尔索在他的理论中还提道，任何成功企业都应该能赢得雇员对企业的认同感，而采用传统的管理方法来提高雇员的责任感和认同感已经不太适宜，特别是对工人的单纯监督和考核方式已经不能提高雇员对公司的认同感，这就需要建立一种新的雇员激励机制。凯尔索于 1961 年成立了一个专门机构——"员工持股计划发展中心"，他同时创办了一家投资银行，为企业职工购买企业股票提供信贷支持。

3. 1973 年，时任美国参议院财经委员会主席的朗格基主张财富分散的南方民粹主义理念，在与凯尔索面谈后，接受了凯尔索的思想，促使国会于 1974 年通过了一部具有里程碑意义的联邦法律——《职工退休收入保障法》，为员工持股计划在美国的实施奠定了法律基础。《职工退休收入保障法》不仅对私人年金计划的各个方面作了详细而明确的规定，而且首次形成了 ESOP 的法律框架，将 ESOP 定义为一种"合格的雇员福利计划"。同时，也给予了 ESOP 计划一些其他福利计划所不能享受的特殊待遇。例如，ESOP 可以通过借贷来实现筹资，筹集的资金主要用于投资雇员所在公司的股票。应该说，《职工退休收入保障法》为 ESOP 身份的合法化及其后来的快速发展奠定了重要的法律基础。

4. 1984 年及 1986 年，里根总统相继颁布了《退休股权法案》和《税收改革法》，这是在所有执行的法案中，给予 ESOP 最多的税收优惠条款的两部法案。这极大地加强和鼓励了 ESOP 的发展。1996 年 8 月 21 日，克林顿总统签署并颁布了《小企业就业保护法》。1997 年的《纳税人减免法》、

2001 年的《经济增长及税收减免调整法案》、2004 年的《美国就业机会创造法案》等法规对于 ESOP 进行了进一步的完善。

这些法案的颁布，一方面提供了税收上的优惠，鼓励了 ESOP 的发展，包括员工持股计划的参与者、实行该计划的公司、发放贷款的银行和出售股权的股东均可提供税收优惠；另一方面，ESOP 从以往的单纯局限在激励雇员，转化为激励与"福利"结合，实现了股权激励的社会目的。

5. 辉瑞公司的"股票期权计划"。作为员工持股特殊形式的"股票期权"肇始于 1952 年的美国辉瑞公司的大胆设计。该公司当时为了合理避税，设计推出了一种"全员股票期权计划"；作为激励机制的股票期权计划，则是 20 世纪 80 年代伴随着美国硅谷的高科技企业的崛起而大范围推广开来的。

6. 自 1974 年至今，美国参与股票期权计划的公司已经发展到 15000 个，股票期权计划拥有的资产约有 1000 亿美元，15 年中约有 10% 的美国劳动力加入了这项计划。现在，几乎所有的硅谷高科技企业都实行着大范围的员工股票期权计划，传统行业也普遍将大范围股票期权计划作为股权薪酬策略的一部分。

（二）股权激励在欧洲和日本的发展

在经济全球化的情形下，美国企业实行股权激励的成功经验，很快传播到了欧洲、日本和其他一些发达国家，使相对保守的欧洲企业与日本企业开始重视对经理人员和公司骨干的股权激励问题。

长期以来，欧洲企业和日本企业的经理人员的收入远远低于美国同行，在欧洲和日本的一些跨国企业，为了使本国经理与美国经理的收入相对公平，以吸引和留住优秀人才，其不得不引入股权激励制度，大幅度提升本国经理的收入报酬。同时，欧洲和日本政府也意识到了实行股权激励的优点，因此通过政策方面的优惠来鼓励企业实施股权激励，现在，股权激励制度在欧洲和日本等已经广泛存在并得到了很好的发展。

二、股权激励在中国的历史与发展

（一）历史的渊源

从中国的历史上追溯，股权激励最早能追溯到山西票号的"顶身股"。清代，山西商人的钱庄（票号）在管理制度方面创造了"顶身股"。

票号的股份分为银股和身股两种。"其法，集巨资…… 出资者为银股，出力者为身股。"依照这种制度，掌柜、重要的伙计等关键人员虽无资本顶银股，却能以自己的劳力顶身股与股东的顶银股一起参与分红；银股、身股具有平等的分红权利，"蒙天获利，按人银股均分"；银股股东对票号债务、亏损承担无限责任，但身股股东不承担债务、亏损的责任；银股享有永久的利益、有继承权，而顶身股者一旦离职或去世利益也就逐渐停止。掌柜、伙计的名字被录入"万金账"（股份账），视业绩大小，可以晋升顶身股"数厘"（股份额）。这种"顶身股"制度反映出"人力资本入股"和"股权激励"理念的萌芽。

（二）股权激励在当代的规范发展历程

1. 试点阶段（1992—1998年）。在1990年前后，员工持股作为解决国有企业股份制改革的手段被引进。但当时并不是侧重于激励，而是侧重于分散国有企业的单一股权性质，实现企业产权多元化。后来因为在地方的实践中出现了强制员工入股的情形以及其他操作不规范的情况，1998年证监会叫停了员工持股。

1992年5月，国家体改委、国家计委、财政部、中国人民银行、国务院生产办公室五部委联合发布《股份制企业试点办法》，允许"定向募集"的"内部职工股"试点；1993年4月，国务院办公厅转发体改委等部门联合发布《关于立即制止发行内部职工股不规范做法意见的紧急通知》。

2. 停顿阶段（1998—2005年）。从1998年11月中国证监会发布《关于停止发行公司职工股的通知》到2005年10月修订后的《公司法》。

3. 转折阶段（2005年）。2005年10月新修订的《公司法》在注册资本制度、回购公司股票和高级管理人员任职期内转让股票等方面均有所突破，从而使公司实施股权激励的法律空白得以填补。为股权激励的实施奠定了法律规定的基础并提供了实施的可能性。

4. 正式启动阶段（2006—2016年）。2006年1月，《上市公司股权激励管理办法（试行）》开始实施，该办法规定了股权激励计划实施的基本要求、程序和信息披露等内容，此后证监会又陆续发布了三个股权激励相关事项的备忘录和两个监管问答。国资委发布《国有控股上市公司（境内）实施股权激励试行办法》。2006年财政部又发布《企业会计准则第11号——股份支付》，对股权激励的账务处理作出专门的说明。以上文件的出台，标志着中国的股权激励制度正式启动了。

5. 规划发展阶段（2016 年至今）。自 2006 年 1 月《上市公司股权激励管理办法（试行）》开始实施的十余年来，上市公司实施股权激励的积极性不断提高，但在实践中也逐渐暴露出不足。因此，2016 年证监会起草并发布了新的《上市公司股权激励管理办法》，该办法体现了宽进严管的监管转型理念，形成了公司自主决定市场约束有效的上市公司股权激励制度。根据 2023 年《公司法》第 163 条的规定，实施员工持股计划的公司，可以为被激励员工取得本公司或者其母公司的股份提供赠与、借款、担保以及其他财务资助。自此，我国股权激励制度进入了一个规范发展的新时期。

第二节　股权激励制度的理论及概念辨析

一、股权激励制度的委托—代理理论

1976 年，米契尔·詹森（Michael Jensen）和威廉·麦克林（William. H. Meckling）发表《企业理论：管理行为、代理成本与所有权结构》，正式提出了委托—代理理论。

因为经济社会的复杂化和职业经理等人员的专业化，现代企业只能将企业所有权和经营权予以分离，让专业人士来负责公司的管理工作，也就是所有者委托经理人从事经营与管理决策。所有者为委托人，经理人为代理人，二者之间形成一种委托—代理关系。

委托—代理关系带来了"内部人控制"的问题，即作为代理人的企业高层经营人员在受托组织企业经营的过程中拥有信息优势，代理人的行为不能直接被委托人观察到而逐渐摆脱了授权主体（委托人）的控制，从而实际拥有了整个企业经营的运作权力。这时经理人就可能因为短期利益而忽视公司的长期利益，而公司的长期利益恰恰就是所有者所看重的。这样就产生了代理人不以委托人利益最大化为目标的道德风险和逆向选择。

有鉴于此，对于委托人而言，最好能让代理人利用其才能，作出为自己谋利的行为，也就是为公司谋利。这就必须给代理人以风险收入，让代理人站在所有者的角度思考和行动。这样在公司激励机制方面，就出现了股权激励。

二、股权激励制度的人力资本理论

20 世纪 60 年代，美国经济学家舒尔茨和贝克尔创立人力资本理论，开辟了关于人类生产能力的崭新思路。该理论认为，人力资本是指附着在自然人身上的关于知识、技能、资历和熟练程度、健康等的总称，代表着人的能力和素质。人力资本的投资收益率高于物质资本的投资收益率，任何使人力资本增值的活动都是人力资本投资，科技革命革新了就业结构和劳动力结构，在当代工人队伍"白领化"过程中，人力资本逐步起决定性作用，因而人力资本应与物质资本一同分享剩余价值（公司权益）。同时，人力资本是财产的一种特殊形式，人力资本的所有者属于个人，非激励难以调动。基于这一理论，员工持股、股权激励成为必要的人力资源管理方式。

三、股权激励制度的利益相关者理论

1984 年，弗里曼出版了《战略管理：利益相关者方法》一书，提出了利益相关者管理理论。与传统的股东至上主义相比较，该理论认为任何一个公司的发展都离不开各利益相关者的投入或参与，企业追求的是利益相关者的整体利益，而不仅仅是股东的利益。这些利益相关者包括企业的股东、债权人、雇员、消费者、供应商等交易伙伴，也包括政府部门、本地居民、本地社区、媒体、环保主义等的压力集团。这些利益相关者与企业的生存和发展密切相关，他们有的分担了企业的经营风险，有的为企业的经营活动付出了代价，有的对企业进行监督和制约，企业的经营决策必须要考虑他们的利益或接受他们的约束。

根据上述理论，经理人作为企业兴衰的关键利益的相关者，对其薪酬及收入进行合理设计，才能达到企业长远发展的目的。而经理人薪酬制度设计的准则是尽量激发经理人创造的积极性，以满足企业利益相关者的整体利益。因此就很有必要对经理人进行股权激励，以使其利益与企业的长远利益相一致。

四、股份与股票、出资额的区别

股份代表对公司的部分拥有权，包含三层含义：一是股份是公司资本的构成成分；二是股份代表了公司股东的权利与义务；三是股份可以通过股票价格（上市公司）或者每股净资产（非上市公司）的形式表现其价值。

股份的表现形式是股份证书。不同类型的公司，其具体形式各不相同。其中，有限责任公司用以表现公司股份的形式是出资证明书；股份有限公司用以表现公司股份的形式是股票。股票是股份有限公司签发的证明股份有限公司股东所持股份的凭证。股票根据股份所代表的资本额，将股东的出资份额和股东权予以记载，以供社会公众认购和交易转让。

可见，股份与股票的关系是内容与形式的关系。未上市公司的股份因为未能上市交易，变现能力较差，升值较慢，因此，除非是有很强的上市预期，否则以未上市公司的股份作为激励标的，很可能不被拟激励对象接受。

五、股权与股份、出资额的区别

股权是产权（财产所有权）的一部分，是指股东因出资或者受让等合法方式而拥有公司股份或者出资份额，并因此而享有的依法定或者公司章程的规定参与公司事务、获得财产利益及其他权利的可转让的权利。

股权包括自益权和共益权。自益权是专为该股东自己的利益而行使的权利，如股息和红利的分配请求权、剩余财产分配请求权、新股优先认购权、转让权等；共益权是为股东的利益并兼为公司的利益而行使的权利，如表决权、请求召集股东会的权利、请求判决股东会决议无效的权利、账簿查阅请求权等。

可见，对公司拥有股份或者出资份额是享有股权的前提。股权侧重于表达股东权利的享有和行使；股份或者出资额则侧重于表达股东出资及权利的数值。

六、期权、期股、股票期权的区别

1. 期权与股票期权

期权（option、optioncontract），又叫选择权，它是在期权交易中的买卖双方按照交易规则达成的一种金融合约，这种合约赋予期权持有人（买方）在向期权立约人（卖方）支付一定的期权费（optionpremium）或者称为权利金后有权在合约规定时间按事先约定好的价格（履约价格）买入可卖出一定数量的标的物，而期权的立约人（卖方）在收取期权费或者权利金后则负有按照期权持有人的买卖要求，卖出或买进一定数量标的物的义务。但期权持有人并不负有必须买进或者卖出的义务。

期权主要可分为买方期权（Call Option）和卖方期权（Put Option），前者也称为看涨期权或认购期权，后者也称为看空期权或认沽期权。当投资者看好后市时会持有认购期权（call），而当他看淡后市时则会持有认沽期权（put）。期权交易充满了风险，一旦市场朝着合约相反的方向发展，就可能给投资者带来巨大的损失。

每一期权合约都包括四个要素：标的资产、期权行使价、数量和行使时限。

每一期权合约都有标的资产（Underlying Assets），标的资产可以是众多的金融产品中的任何一种，如普通股票、股价指数、期货合约、债券、外汇等。通常，把标的资产为股票的期权称为股票期权，依次类推。所以，期权有股票期权、股票指数期权、外汇期权、利率期权、期货期权等，它们分别在证券交易所、期权交易所、期货交易所挂牌交易，当然，也有场外交易。

可见，股票期权是以股票作为标的资产的期权，是期权的一种类型。

2. 期股（restricted stock）与股票期权的共同点与区别

（1）期股的定义

期股是一种特殊的股票，这种特殊的股票是由公司授予一定数量公司的股票（期股）锁定在激励对象的个人账户中，在锁定期内，经营者不能变现，但拥有这些股票的分红权，并可用这部分红利来支付购股费用。同时，只有受益人在达到预期经营业绩并在达到公司规定时间以后，才可将这些股本逐步变现。

（2）期股与股票期权的共同点

两者都是长期的激励方式，都是从股权的角度把激励对象的报酬与公司的长期业绩联系起来，激励激励对象更多地关注公司的长期持续发展，从而有效地避免企业经营者的短期行为。

（3）期股与股票期权的区别

① 性质不同

股票期权属于期权的一种，是一种权利，而不是义务，这种权利就是一定的时间以事先约定的价格（行权价）购买或者选择不购买一定数量的公司股票。经营者可以根据情况决定是否行使这种权利，即购买或不购买公司的股票。当在股票期权的行使期限内股票的市价超过其行权价，也就是当股票价格上涨时，拥有该权利的激励对象，通过行使这一权利取得股票，从而获得该股票的市价与执行价格之间的差额；当股票的市价未超过其行权价，也就是股价未上涨时，拥有该权利的激励对象可以不行使其权利。

期股是价格预定的一种股份（股票），它具有强制性，一旦经营者选择了期股，就意味着他以赊账的方式购入了预定价格的有限制条件的股票，因此，他应以分期付款的方式或该等股票分红所得支付其所得期股的对价，而不论股价是否下跌。

② 获得收益的时间不同

实施股票期权时，激励对象在行权日之前不能买卖股份，因此不能获得收益。只有在行权后才可能获得收益。

实施期股时，一般在公司授予一定数量公司的股票（期股）并锁定在激励对象的个人账户中时，激励对象即可以获得上述期股的分红权，只是其完全变现的权利要等待激励对象按照预定价格支付完上述期股的对价并通过公司的业绩才可以取得。

③ 承担的风险及相应的激励效果不同

在股票期权中，激励对象最终可以选择行权或者放弃行权，不会给自己造成额外的损失，因此，股票期权作为风险收入，对激励对象而言，最坏的结果就是零，不会是负数。

在期股中，因为激励对象实际是以预定的价格赊账购买了一定数量的公司股票，因此，如果锁定期过，公司股票下跌到远远低于预定的价格，那么激励对象就会遭到较大的经济损失（虽然其已经取得了一定量的分红）。

与此相对应，就是激励效果的差别，股票期权的数量设计可以较多，这样能给激励对象很大的激励而又不致因股票市场的波动给激励对象带来损失，因此激励效果较好。但也可能产生过度激励的问题，导致激励对象进行风险过大的项目。

而对期股来说，如果持有者过度冒险，那么可能导致股票贬值而遭到较大损失。因此，期股的持有人一般会进行稳健的经营，但是，鉴于市场的波动和激励对象的损失承受能力和实际投资能力，期股的数量不能很大，这在一定程度上就会影响激励的效果，产生激励强度不够的问题。

七、期货、期权、股指期货与权证的区别

1. 期货（Futures）与现货相对。期货是现在进行买卖，但是在将来进行交收或交割的标的物，这个标的物可以是某种商品，如黄金、原油、农产品，也可以是金融工具，还可以是金融指标。交收期货的日子可以是1个月之后，3个月之后，甚至1年之后。买卖期货的合同或者协议叫作期货合约。买卖期货的场所叫作期货市场。

期货可以大致分为两大类，商品期货与金融期货。金融期货中主要品种可以分为外汇期货、利率期货和股指期货、国债期货。

2. 股指期货（Stock Index Futures）的全称是股票价格指数期货，也可称为股价指数期货、期指，是指以股价指数为标的物的标准化期货合约，双方约定在未来的某个特定日期，可以按照事先确定的股价指数的大小，进行标的指数的买卖。

3. 权证（sharewarrant）本质上是一种合同，其持有者以权证的挂牌交易价格购买了该权证后，就拥有了一个选择权，他可以选择在未来的某个时间，行使权证合同中规定的以某一个价格（即行权价格）买入或卖出该权证规定的标的资产。购买股票的权证称为股票期权，出售股票的权证叫作认售权证（或认沽权证）。

可见，期货交易的标的物是商品或期货合约，而期权交易的标的物则是一种商品或期货合约选择权的买卖权利。期货合同则是双向合约，交易双方都要承担期货合约到期交割的义务。如果不愿实际交割，则必须在有效期内对冲。期权是单向合约，期权的买方在支付保险金后即取得履行或不履行买卖期权合约的权利，而不必承担义务。此外，期货的投资者无须付出任何成本（除交给交易所保证金外）即可以进入期货市场，而期权的投资者必须支付期权费才能得到一份期权合约。

股指期货是金融期货的一种，而期货则主要包括金融期货和股指期货两个类别，因此可见，股指期货是期货的一种。

权证持有人所获得的不是一种责任，而是一种权利；期货持有人必须执行双方在合约上的规定，即以一个指定的价格，在指定的时间交易指定的相关资产，不管市价高于还是低于指定的价格。而权证持有人有权力决定是否执行合约，可见，权证与期权不是期货，它们具有较多的相同点。但是，在国外，权证和期权是两种不同的金融衍生产品，而目前国内对两

者还没有严格的区分，存在混用的现象。

第三节　以股权激励制度打造企业命运共同体

有效的股权激励制度通过共享公司价值增长收益，使骨干员工的利益与股东的利益保持一致，形成了企业的命运共同体，并且使公司在组织治理及长远发展方面具有明显的优势。具体体现在以下方面。

一、公司以股权激励制度打造企业命运共同体，实现公司与骨干员工的利益趋同及公司的长远发展

委托代理理论是现代公司治理的基础，股权激励制度是一种有效地解决委托代理问题的方法，通过构建有效的激励机制，管理者（代理人）的行为与股东（委托人）的行为保持一致。

股权激励制度使骨干员工（含管理层）和股东的利益保持一致。骨干员工作为激励对象，通过持有公司的股票或股份，成为公司股东的一部分，使骨干员工和股东的利益趋同，可以和股东一起分享公司价值增长带来的收益，从而使骨干员工更加关注公司的长期价值，促进公司的长期发展。

二、股权激励制度有利于公司留住人才、约束管理人才、吸引聚集人才

公司的持续发展和长期利益的实现，需要公司管理层长期、持续地投入管理技术和知识，关键技术人员长期不间断地进行创新。每月工资制度及每年的年度奖金制度，是一种短期的、较弱的激励，不足以激励这些人才充分发挥其能动性并长期留任，所以有必要设立股权激励计划，以便将这些人才的利益与公司利益紧紧地捆绑在一起。一方面，可以让人才分享企业成长带来的收益，增强员工的归属感和认同感，激发员工的积极性和创造性；另一方面，当员工离开企业或有不利于企业的行为时，将会失去这部分的收益，这就提高了员工离开公司或"犯错误"的成本。因此，实施股权激励计划有利于企业留住人才、约束管理人才，实现公司的持续快速发展。

三、股权激励制度有利于实现公司的长远、持续、快速发展

传统的激励方式如绩效奖金、年度奖金等对经理人员的考核主要集中在短期财务数据，而短期财务数据无法反映长期投资的收益，因此采用这些激励方式只是在客观上刺激了经营决策者的短期行为，这不利于企业长期、稳定地发展。

引入股权激励后，对激励对象的考核成为一个长期、逐步的考核。不仅关注本年度的财务数据，而且更关注公司将来的价值创造能力。因为股权激励一般要有一个长期、逐步变现的过程，这就要求激励对象必须关注企业的长远发展，以保证获得自己的延期风险收入。由此，可以进一步弱化激励对象的短期化行为，更有利于提高企业在未来创造价值的能力和快速发展能力。

四、股权激励制度有利于公司降低人力薪酬成本和激励资金成本

受资金特别是现金流的压力，公司尤其在初创期、成长期无法给管理层和关键技术人员以很高的现金工资或奖励。公司通过设立股权激励计划，可大大降低公司所需的人力薪酬成本、激励资金成本，可以达到在不支付或少支付现金流的同时保持在薪酬政策上与同行、竞争对手相比具有竞争性，以便给予骨干员工很强的利益预期，吸引、聚集优秀人才。

五、股权激励制度有利于合理分配公司发展后的利润增值部分

公司发展后的利润增值部分如何分配是企业发展的关键。设立股权激励计划可以使激励对象的业绩与增值部分的分配权挂钩，是对公司增值部分的优化、有效、公平的分配，有利于企业持续成长和社会的公平稳定。

第四节　股权激励的各种模式简介

一、股票期权模式

股票期权，是指一个公司授予其员工在一定的期限内，按照固定的授予时的期权价格购买一定份额的公司股票的权利。行使期权时，享有期权

的员工只需支付授予时的期权价格，而不管当日股票的交易价是多少，就可得到期权项下的股票。行权价格和当日交易价之间的差额就是该员工的获利。如果该员工行使期权时，想立即兑现获利，则可直接卖出其期权项下的股票，得到其间的现金差额，而不必非有一个持有股票的过程。股票期权的行权有时间和数量限制，且需激励对象自行为行权支出现金。

股票期权模式是公司实施股权激励的最主要的模式，股票期权从广泛的意义来说，包括上市公司和非上市公司实施的股票期权模式，狭义的股票期权模式仅指上市公司实施的股票期权，本书采取的也是狭义的股票期权的模式。非上市公司实施的股票期权模式，因为其激励标的并不是通常意义上在股票二级市场上交易的股票，而是未上市公司的股份，因此，本书将非上市公司实施的类股票期权模式的股权激励模式称为认股权模式或者虚拟记账股权激励模式，而不将其称为股票期权模式，虽然有些非上市公司员工声称其获得了"股票期权"。

股票期权模式的激励标的是可交易的上市公司股票，这是这种股权激励模式的突出特点。在一个有效的资本市场中，股票价格能够反映出公司的各方面的经营状况和激励对象的努力成果，股票价格作为股票期权模式中的重要数据，其是公开的，一般而言也是公平的，因为对股票价格的操纵会导致监管部门的调查。因此，上市公司实施股票期权模式对于众多的股东和激励对象是比较合理的，也是能够兼顾各方的利益的。

股票期权作为期权的一种，激励对象持有股票期权得到的是一种选择权，激励对象可以根据具体情况选择行权或者不行权。上市公司授予激励对象股票期权是有相应的约束条件的，要求公司达到一定的业绩目标，激励对象也要通过绩效考核，可见股票期权实际上是股东、公司为了激励激励对象实现公司经营目标，实现股东长期投资利益的一种管理工具。

二、限制性股票模式（折扣购买型限制性股票和业绩奖励型限制性股票）

（一）限制性股票概述

限制性股票是指激励对象持有与出售作为激励工具的本公司股票等受到一定的限制，限制一般有两个方面：一方面是股票的获得条件（业绩条件）；另一方面是股票的出售（限制期即禁售期，虽然持有但不得出售以及解锁期也需要分期解锁等）。激励对象在获得限制性股票的时候，以折扣价支付现金（或者不支付现金），但他们在限制期内不得随意处置股票。如果在限制期内激励对象考核不合格、辞职或者被开除，所授予股票一般会被按照授予时的价格予以回购注销，或直接予以作废。

限制性股票分为两种类型：一种是折扣购股型限制性股票，激励对象需支付现金购股；另一种是业绩奖励型限制性股票，公司需支付现金购股。在实践中，也有将这两种类型同时使用的，如抚顺特钢的限制性股票计划，公司和激励对象均需支付一定比例的现金。

1. 折扣购股型限制性股票。采用定向增发模式，根据期初确定的业绩目标，以低于二级市场上的价格授予激励对象一定数量的本公司股票，授予价格或价格确定方法由董事会下设的薪酬与考核管理委员会确定。该种激励方式下，激励对象需要自筹资金购买公司股票。限制期即禁售期虽然持有但不得出售以及解锁期也需要达到解锁条件并分期解锁。

2. 业绩奖励型限制性股票。当激励对象满足规定的激励条件时，上市公司从净利润或净利润超额部分中按比例提取激励基金，设立激励基金专门账户，从二级市场购买公司股票，并将该股票按分配办法授予激励对象。根据我国《公司法》的规定，回购公司股票用来激励员工的，需在3年内授出。提取激励基金回购公司股票授予员工的，会计处理上是从税后利润中列支。该种激励方式下，激励对象无须自筹任何资金。限制期即禁售期虽然持有但不得出售以及解锁期也需要达到解锁条件并分期解锁。

（二）股票期权与限制性股票的异同

1. 激励对象所被授予的激励工具的性质不同

激励对象得到的股票期权不是实股，而是一种期权，是一种在未来以一定价格行权的权利。因而股票期权持有人并不能参与分红等实股股东享有的权利。

激励对象得到的限制性股票，无论是折扣购股型限制性股票，还是业绩奖励型限制性股票；无论是定向增发授予，还是提取激励基金从二级市场购买后授予，激励对象得到的都是一种实股，当然这种实股是一种有限制条件的实股，经过禁售期后，激励对象有权分批把自己被授予的实股解锁出来，而不是像股票期权那样经过行权才把股票期权变成股票的实股。

2. 权利与义务的对称性以及奖励与惩罚的对称性不同

股票期权作为期权的一种，股票期权持有人只有行权获益的权利，而无必须行权的义务。因此，股票期权的持有人不会有什么实际的经济损失。所以作为一种股权激励方式，从经济的角度来看，其实只有经济奖励的可能，却没有经济惩罚的可能。

激励对象在满足授予条件的情况下获得限制性股票之后，其权利义务是对称的，股票价格的涨跌会直接增加或减少限制性股票的价值，进而影响激励对象的利益。从理论上说，可能对限制性股票的持有者予以经济上的惩罚。当然在实践中，当股票价格低于限制性股票的认购价格时，限制性购票的持有者也可以选择不解锁而被公司以授予价格予以回购。

3. 激励工具的价值评估不同

股票期权的价值一般按照期权定价模型（如 B-S 模型或二叉树定价模型）进行测算，依赖于股票市价、行权价、股票收益率的波动、期权有效期限、无风险利率、股票分红率等参数决定。

限制性股票的价值评估十分简单，其价值即为授予日的股票市场价格扣除授予价格，并无未来的等待价值。

可见，两者的差异表现在限制性股票只有内在价值，而股票期权拥有内在价值和时间价值。

4. 会计核算的规定以及对公司财务的影响不同

按照《企业会计准则第 11 号——股份支付》的规定，限制性股票与股票期权都属于以权益结算的股份支付，应当以授予职工的权益工具的公允价值计量。在授予日，对限制性股票和股票期权均应确定公允价值（通过评估价值确定）。限制性股票激励一般没有等待期，授予后即让激励对象持有股票。如果采用激励基金购买股票方式，则将激励基金计入下一期的成本费用并相应扣减企业资金。如果采用定向发行的方式，则增加公司股本和银行存款，对于企业来说，没有成本费用。但是提取激励基金显然会影响企业的现金流量。

股票期权则需要在等待期内每个资产负债表日对可行权的期权数量进行估计，按照授予日确定的公允价值计入当期的成本费用和资本公积（其他资本公积），不确认其后续公允价值变动。因此，虽然股票期权不影响企业的现金流，但对公司的利润负面影响较大，例如海南海药股份、伊利股份均因为实行股票期权激励而导致企业的利润为负。

5. 两种激励方式的税收规定不同

对于限制性股票激励方式，激励对象从企业取得的股票，属于该个人因受雇而取得的工资、薪金所得，应在雇员实际认购股票等有价证券时，按照《中华人民共和国个人所得税法》《中华人民共和国税收征收管理法》的规定计算、缴纳个人所得税。股票出售时，对股票转让所得暂不征收个人所得税。

根据个人所得税法及其实施条例和其他有关规定，授予激励对象股票期权时，不需要征税。激励对象行权购买股票时，其从企业取得股票的实际购买价（执行价格）低于购买日公平市场价的差额，应按"工资、薪金所得"适用的规定计算缴纳个人所得税。员工在出售股票时，对股票转让所得暂不征收个人所得税。

股票期权与限制性股票两者对于激励对象而言哪个收益会更大，取决于授予时以及行权时上市公司股票价格的表现以及持股数量的区别。限制性股票奖励属于实值股票认购，风险较大，如果股价在限售期内下跌较大，则可能给限制性股票持有者造成较大的风险。而股票期权可能在股票价格下跌的情况下，跌至零而毫无行权价值。当然在实践中，当股票的价格低于认购价格时，限制性股票的持有者也可以选择不解锁而被公司以授予价格予以回购。

三、虚拟股票（股票增值权）模式

（一）虚拟股票（股票增值权 SARS）

虚拟股票（股票增值权 SARS）是指公司在期初授予激励对象一定数量的虚拟股票单位，并以授予时股票的二级市场价格（或一定程度折扣）作为将来的行权价。激励对象可以据此享受一定数量的分红权和股价升值收益。但没有所有权和表决权，不能转让和出售。如果将来实现了公司的业绩目标，且股票市场价格高于行权价，则激励对象将获得虚拟股票溢价带来的收入，这一收入由公司支付。在这种方式中，激励对象并不真正持有股票，这有效地解决了股票期权中的股票来源问题。但公司仍需像业绩股票一样从激励基金中提取现金支付给激励对象。

在具体实施效果上，虚拟股票与股票增值权（公司授予激励对象的一种权利，如果公司股价上涨，激励对象可通过行权获得相应数量的股价升值收益，激励对象不用为行权付出现金，行权后获得现金或股票形式的收益）比较相近，所以笔者仅探讨虚拟股票模式，不再重复地探讨股票增值权模式。

对于非上市公司，虚拟股票如以账面价值即每股净资产作为计价标准，行权收益等于行权时的每股净资产减去授予时的每股净资产，差额部分由公司以现金形式支付。如果在有效期内，每股价值低于当初授予时的价值，则差额为负数，员工也不会行权。那么在这种以每股净资产作为计价标准的情况下，虚拟股票的模式也就是本书提到的账面价值增值权模式，两者只是叫法不同而已。

虚拟股票实质上是一种资金的延期支付，其主要是在公司内部记账，并不需要审批程序，因此操作简便，可以有效避免违规操作的问题。

（二）虚拟股票与股票期权的异同

1. 相同点

激励对象均需要与公司签订合约；均需明确授予股票或虚拟股票的数量；均需明确授予的范围；均需明确兑换事件表；均需明确兑换条件等。

2. 不同点

（1）相对于股票期权，虚拟股票持有人没有实际认购公司的股票，它只是在公司内部的对激励对象获得未来风险收入的记载凭证。

（2）在虚拟股票的激励模式中，其持有人的收益是股票的溢价收益，是现金或等值的股票，而持有人的收益恰恰是由公司予以支付的；而股票期权条件下，企业不用支付现金，而激励对象在行权时要通过支付现金才能获得股票。

（3）股票期权模式下，公司是将股票以行权价授予高级管理人员，然后由高级管理人员自己去二级市场上出售获得收益，是"公司请客，市场埋单"；而虚拟股票模式下是"公司请客，公司埋单"，也就是说公司授予高级管理人员以虚拟股票，虚拟股票持有人收益的实现需要公司自身来支付现金。

（4）虚拟股票因为仅仅是公司内部的记载凭证，持有人并不能实际获得公司股票，持有人并无股份所有权，所以其发放不影响公司的总资本和股本结构。股票期权的行权无疑会影响公司的股权结构。

（三）虚拟股票与业绩股票的区别

在业绩股票模式下，激励对象实际持有公司股票，一旦将来股票下跌，激励对象会承受一定损失，因此在激励的同时，有一定约束作用。而在虚拟股票模式下，由于激励对象不实际持有任何股票，一旦下跌，其可以选择不行权而避免任何损失，因此是一种纯激励的方式。

（四）虚拟股票的缺点

1. 在虚拟股票的激励模式下，激励对象可能因考虑分红，而过分地关注企业的短期利益。同时，这也会导致公司的现金支付压力比较大。尤其是如果今后股价大涨，公司留存的激励基金可能无法支付到期应兑现的金额。因此，虚拟股票激励模式与业绩股票激励模式一样比较适合现金流量相对充裕的公司。

2. 虚拟股票实质上是一种奖金的延期支付形式，持有人获得的仅仅是（虚拟）股价增值权，没有其他股份权利，因此员工参与公司管理的深度就会有限。

（五）虚拟股票模式典型公司

深沪上市公司："上海贝岭"（600171）、"悦心健康"（曾用简称"斯米克"）（002162）等。

部分在香港特区上市的内地公司实施的股票增值权（虚拟股票）：包括中国石化、东风汽车集团股份有限公司、工商银行、交通银行、建设银行、中国银行、招商银行等。

四、业绩股票模式

（一）业绩股票概述

业绩股票是指在年初确定一个业绩目标，如果激励对象到年末时达到预定的业绩目标（业绩目标一般是年度利润或者净资产收益率或者每股收益），则公司提取一定的奖励基金由激励对象或者第三方或者公司通过二级市场购买本公司股票并将其授予激励对象。

业绩股票可以分为两种类型：

第一种类型的业绩股票是业绩股票在授予激励对象之后，激励对象即完全拥有了股票所有权，可以自由处置；或者公司把奖励基金直接交给激励对象，只是要求激励对象用于在二级市场购买公司股票。在这一类型中，业绩股票实质上是一种以公司经营业绩为目标的特定目标奖金，是单纯的业绩达标后的实股奖励，不算严格意义上的股权激励模式。例如，公司以净资产收益率作为标准来决定激励对象的股票报酬的数量。只有达到一定标准，例如净资产收益率为 10%，公司提取奖励基金购买股票，激励对象得到股票；而且，在 10% 的基础上，每增加 1%，公司可以再以累进的形式增加激励对象可以得到的股票数量。

第二种类型的业绩股票是 2006 年《上市公司股权激励管理办法（试行）》实施之前的业绩股票股权激励，是在业绩股票授予激励对象之后，激励对象不能立即自由处置，一般会有一些时间上或其他条件的限制，这些限制条件比《上市公司股权激励管理办法（试行）》规定的条件宽松或者说是不规范。佛山照明、厦新电子等均是在《上市公司股权激励管理办法（试行）》实施前就推行了这一类型业绩股票的激励方式。

这种类型和本节第八种模式所叙述的延期支付有较大类似之处。如果对于股票自由处置的限制条件主要就是时间后延的话，那么可以说延期支付的股权激励方式是本类型的业绩股票的一种特殊形式。

（二）业绩股票的优缺点

1. 业绩股票的优点

（1）能够激励关键人员努力实现业绩目标。

（2）业绩股票可以每年实行一次，因此能够滚动循环地进行激励，激励范围的可调性较大。

2. 业绩股票的缺点

（1）激励成本较高，可能给公司造成支付现金的压力。

（2）业绩目标的设定如果不合理的话，可能导致关键人员轻易地就获得了业绩股票，达不到激励的效果。

（三）业绩股票模式的适用公司

因为业绩股票一是对公司的业绩目标进行考核，不要求股价的上涨；二是业绩股票对现金的成本压力较大，因此，这种模式主要适合业绩稳定、需要进一步提高业绩，同时现金流量比较充足的公司。

（四）业绩股票的相关法规政策

《公开发行证券的公司信息披露规范问答第 2 号——中高层管理人员激励基金的提取》为提取激励基金提供了法律依据。其中规定："公司能否奖励中高层管理人员，奖励多少，由公司董事会根据法律或有关规定作出安排。""公司发生设立中高层管理人员激励基金的行为，应当在公开披露文件中披露有关的决策程序、实际决策情况以及激励基金的发放情况，并在财务报表附注相关部分对会计处理情况作出说明。"

（五）典型实施公司及典型操作办法

1. 对于第一种类型的业绩股票，业绩股票在授予激励对象之后，激励对象即完全拥有了股票的所有权，可以自由处置或者公司将奖励基金直接交给激励对象，只要求激励对象用于在二级市场购买公司股票。在实践中，这种类型的业绩股票往往是一种以年度经营业绩为目标的一次性奖励。实施这种业绩股票类型的上市公司是福地科技（000828），这家位于广东的彩色显像管的生产商，早在 2000 年 3 月的董事会公告中，就披露了股权激励方案及奖励基金的分配方法：1999 年度对董事、监事及高级管理人员进行奖励，奖励以年度计一次性奖励，按经会计师审计的税后利润，在提取法定公积金及公益金后以 1.5% 的比例提取，其中所提取金额的70% 用于奖励董事及高级管理人员，30% 用于奖励监事。其中奖金的 80%用于购买福地科技股票，20% 为现金发放。

2. 对于第二种类型的业绩股票，2006 年《上市公司股权激励管理办法（试行）》实施之前的有限制条件的业绩股票。实施这种类型的业绩股票的典型公司有佛山照明、天药股份和厦新电子等。例如，佛山照明在2001 年度股东大会上通过中高级管理人员股权激励制度，其内容具体为：以年度净资产收益率的 6% 作为是否授予激励基金的考核指标，达到 6% 即可按净利润 5% 的比例计提激励基金，以用于被激励对象购买本公司股票。据佛山照明 2002 年半年报披露，该公司按方案提取的激励基金共1402.4 万元。佛山照明将激励对象分为高管激励对象与非高管激励对象，对于非高管激励对象，其用所获得激励基金购买的公司股票必须持股达到2 年后才可以予以兑现。高管兑现股票需要遵守深圳证券交易所对高管兑现股票需要遵守深圳证券交易所对高管持股的规定。

3. 第三种类型的业绩股票模式属于现行的业绩奖励型限制性股票激励方式，典型例子为 2006 年万科公司实施的限制性股票期权激励计划，具体内容参见本书案例"万科公司（000002）2006 年业绩奖励型限制性股票激励方案案例及评析"。

五、账面价值增值权模式

股票账面价值又称股票净值，是指每股普通股所代表的公司净资产。

它表示股东在理论上持有的公司财产，股东权益的会计反映，或者说是股票所对应的公司当年自有资金价值。具体计算公式为：

股票净值总额=公司资本金+法定公积金+资本公积金+特别公积金+累积盈余-累积亏损。

每股净值=净值总额÷发行股份总额。

在长期内，账面价值的增长与股价的上涨之间存在着一个很强的正相关关系。

账面价值增值权的激励形式同样属于对激励对象的长期激励性报酬。其特点在于因为采用公司的账面价值作为激励对象的激励参照，而避免了股票的市场价格由于不可控的因素导致的偏离公司实际价值的问题，因此是比较公平的激励方式。

在具体操作中，账面价值增值权可以以实际购买为股份或股票进行实际持有，也可以仅仅在公司内部进行虚拟记账。在实际购买股份或者股票的情况下，激励对象在期初按照每股净资产的价值实际购买一定数量的公司股票或者股份，在行权期按照当时的每股净资产将其所购股份或股票回售给公司，由此，激励对象取得了期末与期初净资产价值之间的差额乘于所持股份（股票）数量的收益。

在虚拟内部记账的情况下，激励对象在期初并不需要支付现金，公司仅在内部为激励对象记账为一定数量的虚拟股份，在期末公司根据期末与期初净资产价值之间的差额乘以所授予虚拟股份（股票）的数量计算激励对象的收益。

在股票期权的模式下，如果期权的授予价格是按照股票的每股净资产，而不是按照股票的二级市场价格，同时行权时期权的行权价格是按照当时的每股净资产，也不是按照市场价格，那么在这种情况下股票期权模式在实质上就成为账面增值权模式。

六、期股模式

期股是一种特殊的股票（股份），这种特殊的股票（股份）是由公司授予一定数量公司的股票（期股）锁定在激励对象的个人账户中，在锁定期内经营者不能变现，但拥有这些股票（股份）的分红权，并可用这部分红利来支付购股费用。同时，只有受益人在达到预期经营业绩并在达到公司规定时间以后，才可将这些股本逐步全部变现。

北京、上海和武汉三地的国有企业，均进行过期股模式的实践，但是其在实施过程中存在种种的问题，最后不得不停止实施。实际上，如果实施得当，期股模式也是一种很好的股权激励模式。

七、影子股票模式

影子股票也是向激励对象提供长期激励性报酬的一种形式。

激励对象的薪酬在合同中规定，如果在一定时期内公司的股票升值了，则激励对象就会得到与股票市场价格相关的一笔收入。这笔收入的数量是依照合同中事先规定的股票数量来计算的，而这笔股票的数量一般与经营者的工资收入成比例。也就是说，通过影子股票的形式向经营者发放报酬，报酬金额的确定要借助于股票，但又不实际发放股票。因此，用于作为参照物的股票才被称为影子股票。

影子股票不同于虚拟股票，前者是以合同的形式参照股票市场价格给予激励对象既定的收入，后者是激励对象获得虚拟股票价值的风险收入。

中国国际金融有限公司（以下简称中金）在 2004—2006 年期间，将公司 20% 的股权所对应的 20% 的红利以影子股票的形式授予了管理层和员工，每年发给员工作为激励。这种授予中金管理层的股票是一种激励措施，它们可以像普通股一样分红，但无法给予持有者投票权和董事会席位。

八、延期支付模式

延期支付计划（Deferred Compensation Plan）也称延期支付，是指公司将激励对象的部分薪酬（股权激励收入），按当日公司股票市场价格折算成股票数量，存入公司为激励对象单独设立的延期支付账户。在既定的期限后或在该激励对象退休以后，再以公司的股票形式或根据期满时的股票市场价格以现金方式支付给激励对象。

延期支付方式具有有偿获得和逐步变现以及风险与收入基本对等的特征，具有比较明显的激励与约束的效果。

1. 把激励对象的一部分薪酬转化为股票，且长时间锁定，增加了其退出成本，促使激励对象关注公司的业绩和长期发展；

2. 如果激励对象工作不力或者失职导致企业利益受损，可以减少或取消延期支付收益对其进行惩罚，具有明显的约束效果；

3. 这种模式可操作性强，无须证监会审批。

1999 年 9 月泰达股份推出的《激励机制实施细则》就采用了此种方式，这是我国 A 股上市公司实施股权激励措施的第一部"成文法"。早在 1998 年年底，作为大股东的泰达集团，就和天津市政府、开发区有关领导就怎样在企业激发管理层及员工的积极性进行过探讨，并得到开发区领导的鼓励和支持。根据该细则，公司以业绩年增长 15% 为指标，提取年度净利润的 2% 作为公司董事会成员、高级管理人员以及有重大贡献的业务骨干的激励基金。基金只能用于为激励对象购买泰达股份的流通股票并作相应冻结。达不到考核标准的要给予相应的处罚，并要求受罚人员以现金在 6 个月之内清偿处罚资金。奖惩由公司监事、财务顾问、法律顾问组成的激励管理委员会负责。泰达股份认为，公司奖励给个人的是奖金，而购买公司流通股票的行为属于个人性质，这种股权激励机制与公司法对回购条款的限制不相抵触。

可见，如果公司是通过奖励基金支付给激励对象现金，并且再由奖励对象自己购买股票的话，可以规避公司法对回购条款的限制。

九、储蓄—股票参与计划模式

储蓄—股票参与计划适用范围往往不局限于公司的高层经理人员，所有公司正式员工都可以参加，目的是吸引和留住高素质的人才并向所有的员工提供分享公司潜在收益的机会。该计划允许员工一年两期以低于市场价的价格购买本公司的股票。在期末按照当时的股票市场价格计算此部分股票的价值，激励对象可以借此获得储蓄资金和期末市场价值之间的差价收益。该计划首次要求员工将每月工资的一定比例放入公司为员工设立的储蓄账户。一般为税前工资额的 2%—10%。到购买日，公司将计算每个员工账户上累积可使用的款项以及这些款项在规定价位上可以购买的股票数量。规定的购买价格确定如下：以一个购买期的期初和期末市场价为依据，选择其中的较低者，并以较低者的一定折扣（例如 85%）确定为购买价格。

与其他的激励机制相比，储蓄参与股票更像一个储蓄计划，其激励作用较小，一般用于员工持股计划。其他激励一般来说是股价上扬时营利，股价不变或下跌时没有收益；储蓄参与股票则是不论股价上涨还是下跌，都会有一定的收益。

第二章 股权激励计划的实施基础

第一节 企业实施股权激励计划的需求诊断

股权激励固然是重要创新性工具，但是并不是包治百病的灵丹妙药。那么，企业是否需要实施股权激励？怎么来进行判断？笔者认为，可以通过以下现象判断出企业是否需要实施股权激励。

一、公司身处 IT、互联网等高科技行业或人才竞争激烈的其他行业

IT、互联网等高科技企业人才竞争激烈，需要吸引高端人才，在这类行业中，股权激励被普遍运用，例如著名的外国科技公司苹果、谷歌、微软、特斯拉，中国的华为、阿里巴巴等公司都使用了股权激励计划来激励员工。如果公司想在该行业中吸引、留住人才，势必要与其他公司一样，实施股权激励计划。

二、企业高管和骨干员工频繁地跳槽流失，一些高管开始找各种理由离开公司

随着经济全球化和技术革命的进一步拓展，市场竞争日益激烈。在这场竞争的背后，人才的竞争是重中之重。无论是跨国公司、民营高科技企业还是中央企业及其下属公司，对人才的渴求都非常迫切。企业高管和骨干员工就是各方争夺的对象，一般而言，企业高管和骨干员工有一些流失也是正常现象。但是，如果企业频繁地发生跳槽事件，那么就需要企业负责人好好地考虑一下高管流失的原因，考虑是否要采用股权激励这个"金手铐"将企业利益和高管利益好好地捆绑在一起。

三、高管和骨干员工虽然没有太多的流失，但是公司工作场所几无工作氛围，高管和骨干员工变得懒散起来

在公司中，核心人员虽然没有流失，但是开始出现一个普遍的现象：员工每天到办公室，趁着老总不在，做和工作无关的事。他们开始应付工作，精神懒散，只要能让自己更轻松，能少干就少干，能推就推，工作都停滞不前。

四、公司的高管和骨干员工在一些场合经常有意无意地提到竞争对手公司的薪酬待遇，对公司薪酬待遇表示不满，而公司的主要竞争对手已经实施了股权激励制度

2010 年，在国美电器的黄光裕案案发后，陈晓用股权激励的方式来让管理层与企业、与自己绑定在一起，而让公司渡过难关。国美实施股权激励的消息得到媒体的广泛宣传后，苏宁电器的核心人员相信也有所耳闻，在竞争对手抛出股权激励方案和家电行业人才流动日益频繁的情况下，苏宁电器的张近东果断地实施了自己的股权激励方案。其股权激励方案在激励对象的覆盖范围和激励的力度方面都超过了国美电器的股权激励方案，因而能达到很好地稳定管理团队、吸引核心人才的目的。

虽然目前苏宁电器在互联网电商的冲击与巨额投资失误的打击下举步维艰，但考虑到当时的情况，应当肯定苏宁电器采取的股权激励制度的举措。

五、公司立下了较为远大的经营目标，一般而言，是指利润增长率或者其他核心经营指标远超过以前年度的平均水平，如果没有高管和骨干员工的同心协力则无法实现

根据薪酬和核心人员的付出相一致的原则，如果公司需获得超常的回报，一般需要超常的努力，应对员工支付超额的薪酬。在不用公司承担较大财务负担的前提下，对公司而言最好的选择就是实施股权激励计划。

第二节　企业实施股权激励计划的尽职调查

对公司的信息了解不足，往往会导致股权激励方案的不公平，或者可

执行性不强，或者因为违反法律规定而无效。因此，为了给公司设计一个合适的、能达到激励效果的方案或者出具一份有法律效力的法律意见书，在方案设计之前由专业律师或者其他中介机构对公司进行尽职调查是十分必要的。尽职调查的目的是了解公司各方面的事实情况，尤其是公司的人力资源、薪酬管理、绩效考核等方面。

一、正式尽职调查前的信息收集与研究

1. 收集拟实施股权激励公司的公开资料和企业资信情况、经营能力、人员构成等信息，在此基础上进行信息整理和分析，考察有无重大障碍影响股权激励操作的正常进行。

2. 根据拟实施股权激励公司的类型和所在行业，研究相关法律、法规、企业政策，对股权激励的可行性进行法律论证，寻求进行股权激励的法律依据。

3. 对股权激励可能涉及的具体行政程序进行调查。例如：是否违背我国股权变更、国有股减持的政策法规，可能产生怎样的法律后果；是否需要经当地政府批准或进行事先报告，地方政策对同类激励方案有无倾向性态度等。

4. 与公司股权激励负责人进行面谈。一般而言，中介机构应对公司主要股东、董事长、总裁、人力资源部部长、薪酬委员会主席进行一对一的面谈，以便直观了解股权激励需要达到的效果及管理层的期望和在实施中公司实际存在的障碍等问题。

二、尽职调查的主要内容

为了制作可行的股权激励方案，尽职调查的内容要尽可能详尽，以便专业律师能够在信息充分的情况下设计方案或者出具法律意见书。

尽职调查主要包括以下方面的内容。

1. 公司设立及变更的有关文件，包括工商登记材料及相关主管机关的批件。

2. 公司的公司章程、议事规则、规章制度。

3. 公司的股权结构、主要股东与组织机构情况。

4. 公司的主要业务及经营情况；公司未来 5 年的战略发展规划。

5. 公司最近 2 年经审计的财务报告。

6. 公司全体人员的构成情况及现有的薪酬政策、激励策略和薪酬水平，包括但不限于管理人员与技术、业务骨干的职务、薪金、福利；其他关键人员的职务、薪金、福利等。

7. 公司现有的员工激励制度和绩效考核标准，实际运行的效果及存在的主要问题。

8. 公司与职工签订的劳动合同、保密协议、竞争限制协议等。

9. 启动股权激励的内部决策文件，包括但不限于本公司股东会或董事会决议、薪酬委员会决议、上级主管部门的文件、中央及地方相关的股权激励政策等。

10. 公司初步设定的实行股权激励的范围、对象、基本情况、拟实现的战略目标及初步思路。

11. 公司对股权激励的基本要求及针对性要求，如操作模式、实施期间、股权归属方式、激励基金的提取条件、计划的终止条件等。

12. 公司认为股权激励应关注的重点问题和可能的障碍。

13. 制作激励方案所需要的其他资料。

股权激励尽职调查的结果决定了企业可以采用的股权激励模式以及股权激励的激励对象范围等股权激励计划的重要内容，因此，尽职调查的调查者应将尽职调查的结果以及对股权激励计划的影响如实告知企业，由企业参考决定如何实施股权激励计划。

第三节　企业实施股权激励计划的内部制度完善

股权激励机制，作为解决公司股东与管理层之间"委托—代理"矛盾，建立现代企业制度的一种激励工具，其能否顺利实施在一定程度上取决于公司内部制度的完善程度。其中，最重要的是公司法律治理机制的完善程度，因为如果没有完善的公司治理机制，就无法建立管理层与控股股东之间的信任关系，也就无法建立有效的股权激励制度。另外，企业为了顺利实施股权激励计划，还应修改公司章程，完善人事薪酬、劳资关系等人力资源管理制度，以及财务审计制度等，本节内容将就企业实施股权激励计划的内部制度完善作一简述。

一、完善公司治理机制

公司治理是以"保护股东合法利益"为核心理念。在坚持此核心理念的基础上，规范股东、董事、经理、监事、职工、债权人等公司参与各方的权利和义务，使公司股东（大）会、董事会、监事会和经理层之间职责明确，各个公司机构各负其责、协调运转、有效制衡。有效的公司治理机制能够平衡公司参与各方的利益，在各参与方均有获益的基础上实现股东的长期投资价值。

如果拟实施股权激励的公司没有完善的法人治理机构，则在实施股权激励计划的过程中，很可能出现管理层故意扩大激励额度和激励对象范围；行权业绩条件设定门槛很低；对激励对象绩效考核不严格；监事不履行监督职责；管理层虚报或者隐瞒利润等滥权自肥、损害股东利益的情形。因此，拟实施股权激励的公司须进行公司法人治理结构的完善工作，以确保公司的股权激励方案能够顺利实施。

公司治理应达到以下九点基本要求：

1. 明确股东、董事、经理和监事的权利与责任，公平地对待所有股东，强化董事与股东之间的有效沟通机制。

2. 公司控股股东行为较为规范，依法行使出资人权利，杜绝同业竞争，建立控股股东行为约束的长效机制。

3. 公司股东大会职责清晰，有明确的议事规则并得到切实执行。

4. 公司董事会职责清晰，有明确的议事规则并得到切实执行，全体董事（包括独立董事）切实履行职责；完善董事会的结构与决策程序，保持董事会应有的独立性，确保董事会对公司的战略性指导和对管理人员的有效监督，并确保董事会对公司和股东负责，使董事会的决策和运作真正符合全体股东的根本利益，避免内部人控制或大股东操纵。

5. 根据企业实际需要设计董事会下属各专业委员会（包括为实行股权激励计划所需的薪酬与考核委员会），积极引进具有独立性的外部董事并明确其职责。

6. 公司经理及其他高级管理人员职责清晰并正确履行职责。

7. 公司董事会下属的各专业委员会职责清晰，有明确的议事规则并得到切实执行，各专业委员会成员切实履行职责；强化对管理层、职工的业绩和行为的监督与考核机制，有效运用薪酬设计激发个人潜能，促进企业长远发展。

8. 公司建立了完善的内部控制制度，财务管理制度、重大投资决策、关联交易决策和其他内部工作程序严格、规范，定期对内部控制制度进行检查和评估。

9. 公司建立了完善的内部约束机制和责任追究机制，各个事项有明确的责任人，杜绝越权决策或不履行内部决策程序的事项。

公司治理的考察涉及方方面面，企业如果想审查自己企业的公司治理情况，以及需要完善的公司治理问题，可以参照下表进行。

公司治理问题自我"诊断"表

公司治理方面		具体的公司治理问题	公司治理现状
公司的基本情况和股权结构		公司是否依法设立并合法存续，经营资质是否有效	
		公司现有股东人员和各股东持股比例	
		有无分期出资的股东，如有，其承诺出资是否已经全部注入公司	
公司权力机构规范运作情况	股东会议	股东会的召集、召开程序是否符合公司章程	
		股东会提案审议是否符合程序，是否能够确保中小股东的话语权	
		股东会会议记录是否完整、保存是否安全	
		公司是否有重大事项绕过股东会的情况，是否有先实施后审议的情况，如有，请说明原因	
公司执行机构规范运作情况	董事会	公司是否制定有《董事会议事规则》《独立董事制度》等相关内部规则	
		公司董事会成员的构成与来源情况	
		董事长的简历及其主要职责，是否存在兼职情况，是否存在缺乏制约监督的情形	
		各董事的勤勉尽责情况，包括参加董事会会议以及其他履行职责情况	
		兼职董事的数量及比例，董事的兼职及对公司运作的影响，董事与公司是否存在利益冲突	
		董事会的召集、召开程序是否符合相关规定	
		董事会是否设立了下属委员会，如提名委员会、薪酬委员会、审计委员会、投资战略委员会等专门委员会，各委员会职责分工及运作情况	
		董事会会议记录是否完整、保存是否安全	
		股东会是否对董事会有授权投资权限，该授权是否合理合法，是否得到有效监督	

公司治理方面		具体的公司治理问题	公司治理现状
公司监督机构规范运作情况	监事会（选设）	公司是否制定有《监事会议事规则》或类似制度	
		监事会的构成与来源，职工监事是否符合有关规定	
		监事会的召集、召开程序是否符合相关规定	
		监事会会议记录是否完整、保存是否安全	
		在日常工作中，监事会是否勤勉尽责，如何行使其监督职责	
公司日常管理机构规范运作情况	经理层	公司是否制定有《经理议事规则》或类似制度	
		经理层特别是总经理人选的产生、招聘，是否通过竞争方式选出，是否形成合理的选聘机制	
		经理层是否能够对公司日常生产经营实施有效控制	
		经理层在任期内是否能保持稳定性	
		经理层是否有任期经营目标责任制，在最近任期内其目标完成情况如何，是否有一定的奖惩措施	
		经理层是否有越权行使职权的行为，董事会与监事会是否能对公司经理层实施有效的监督和制约，是否存在"内部人控制"倾向	
		经理层是否建立内部问责机制，管理人员的责权是否明确	
公司独立性情况		公司会计核算体系是否按照有关规定建立健全	
		公司财务管理是否符合有关规定，授权、签章等内部控制环节是否有效执行	
		公司公章、印鉴管理制度是否完善，以及执行情况	
		公司是否存在注册地、主要资产地和办公地不在同一地区的情况，对公司经营有何影响	
		公司如何实现对分支机构，特别是异地分子公司有效管理和控制，是否存在失控风险	
		公司是否建立有效的风险防范机制，是否能抵御突发性风险	
		公司是否设立审计部门，内部稽核、内控体制是否完备、有效	
		公司是否设立专职法律事务部门，所有合同是否经过内部法律审查，对保障公司合法经营发挥效用如何	
		公司董事长、经理、副经理、董事会秘书、财务负责人等人员在股东及其关联企业中有无兼职	
		公司是否能够自主招聘经营管理人员和职工	
		公司的生产经营管理部门、采购销售部门、人事等机构是否具有独立性，是否存在与控股股东人员任职重叠的情形	

续表

公司治理 方面	具体的公司治理问题	公司治理 现状
公司独立 性情况	公司发起人投入公司的资产的权属是否明确，是否存在资产未过户的 情况	
	公司主要生产经营场所及土地使用权情况如何，是否独立于股东资产	
	公司商标注册与使用情况如何，工业产权、非专利技术等无形资产是 否独立于股东	
	公司财务会计部门、公司财务核算的独立性如何	
	公司采购和销售的独立性如何	
	公司对控股股东或其他关联单位是否存在某种依赖性，对公司生产经 营的独立性影响如何	
	公司业务是否存在对主要交易对象即重大经营伙伴的依赖，公司如何 防范其风险	
	公司内部各项决策是否独立于控股股东	

二、完善公司章程中关于股权激励计划的条款

股权激励计划，实质上是现有股东为了长期利益而将自己的股份权利部分让与核心员工以换取其超额努力的一种系统性的制度。为了保护现有股东的利益，防止让与额度过大而损害现有股东的利益，同时为了保护激励对象的利益，以便于其得到的激励标的能有效地履行实现，有必要在股权激励计划实施之初，将股权激励计划这一重要制度的设计与实施的相关授权问题合法化。这就要求将相关股权激励制度的重要事项规定在公司章程中。

公司章程，是指公司依法制定的，规定公司股东会、董事会、监事会的权限以及经营管理制度等重大事项的基本文件。公司章程备案于公司注册所属的市场监督管理局，是公司组织和活动的基本准则，是公司的宪章。

在设立公司之初，投资者往往是通过代理工商注册公司进行的公司注册，对如何设置公司章程的条款了解不多。这些工商注册公司为了节省注册时间，往往直接采用所属市场监督管理局提供的公司章程范本进行注册，没有对重要的条款进行设计，因此在实施股权激励计划之前有必要对公司章程进行相应的修改，以便使股权激励计划"师出有名"，取得合法

的权源。

1. 确定股权激励计划的合法权源和授权基础

因为股权激励计划直接关系股东现有股权的稀释问题，所以股权激励不像一般管理工具。例如，360 度反馈绩效考核法的实施只需要董事会授权实施就行了，其实施必须得到股东会的表决批准。对于股东会表决通过所需比例，因为关系各个股东的切身利益，笔者认为应该通过代表 2/3 以上表决权的股东表决通过方可实施。

（1）笔者建议公司在公司章程关于股东会的权限条款中增加以下内容：

公司股东会是股权激励计划的最高决策机构，应履行以下职责：

① 审批由公司董事会提交的股权激励计划；

② 审批公司股权激励计划的重大修改、中止和终止；

③ 对董事会办理有关股权激励计划相关事宜的授权；

④ 其他应由股东会决定的与股东权益相关的事项。

（2）笔者建议，关于股东会会议决议通过的相关条款可以修改为以下内容：

股东会会议应对所议事项作出决议，决议应由代表_____分之_____以上表决权的股东表决通过。但股东会对公司增加或者减少注册资本、分立、合并、解散或者变更公司形式、修改公司章程、股权激励计划所作出的决议，应由代表 2/3 以上表决权的股东表决通过。股东会应当对所议事项的决定作出会议记录，出席会议的股东应当在会议记录上签名。

2. 确定股权激励计划的执行机构

因为股权激励计划本身就是激励经理层以及骨干员工的计划，所以不可能让经理成为股权激励计划的执行机构。股权激励计划正确的执行机构应该是公司董事会。同理，既然由于股权激励计划在起草和实施过程中有很多细节的事项需要处理而成立股权激励工作小组或者股权激励工作委员会，那么因此而设立的处理股权激励具体事项的股权激励工作小组或者股权激励工作委员会自然应该对董事会负责，而不能对总经理负责。

因此，笔者建议在公司章程关于董事会的权限的条款中增加如下内容：

公司董事会是股权激励计划的执行机构，在获得股东会授权后，由董事会履行被授予的相关权利。董事会应履行以下职责：

① 负责起草、修改或者审议下属机构起草、修改的股权激励计划，报股东会审批；

② 审议拟订的股权激励计划实施方案，内容包括但不限于分配方案、计划参与人资格、授权日、行权时间、授予价格等；

③ 审议股权激励计划相关配套规章制度；

④ 股东会授权董事会办理的有关股权激励计划相关事宜；

⑤ 其他应由董事会决定与股权激励计划相关的事项。

3. 关于激励对象的持股利益——年度分红的规定

对于非上市公司而言，激励对象通过股权激励计划而得到公司的股份，但是，因为非上市公司的股份转让本身非常困难，在公司长期无法上市的情况下，对激励对象进行年度分红非常重要，否则激励对象就会感到所持有的股份没有实际价值，因此股权激励计划也就达不到预期的激励效果。关于利润分配的规定，实际上公司章程的范本上一般只规定依法分配，但是实际上法律并没有规定公司的利润是否要分配以及如何分配，因此，在实践中导致公司的控股股东对每年的利润有很大的随意性，有时数年对利润也不进行分配。既然实行了股权激励计划，也就意味着股东应当具有利润分享的意识。

因此，笔者建议将每年度分配利润写进公司章程以保持股权激励计划的严肃性，保护激励对象股东的受益权。笔者建议把公司章程中关于利润分配的条款修改为："公司每年至少将可供股东分配的利润金额的百分之_____按照各股东的持股比例进行分配，如《公司法》及法律、法规、国务院财政主管部门对公司利润分配有强制性规定的，按照相关规定进行分配。"

三、完善人事薪酬、劳资关系等人力资源管理制度

股权激励计划，也是作为公司员工的激励对象从公司获得收入的一种方式，从这个方面来说，股权激励计划也是骨干员工薪酬收入的一部分，是一种长期的激励收入。股权激励计划提供的长期股权激励收入，加上年度奖金的中期收入和作为工资的月薪收入，员工的"薪酬包"就达到了短期、中期、长期的有机组合，可以使骨干员工在经营过程中兼顾公司的短期、中期和长远的利益。

从股权激励计划作为人力资源管理的一部分来说，如果要使股权激励计划有效地发挥作用，就需要公司的整个人力资源管理能够达到规范的基本要求。如果公司的整个人力资源管理不规范，甚至比较混乱，那么股权激励计划就很难得到有效实施。因此，公司应建立起规范的人力资源管理制度。如果公司没有规范的人力资源管理制度，应及时地予以规范。

规范、完整的人力资源管理制度包括以下六大内容。

（一）人力资源规划

人力资源规划是一项系统的战略工程，它以企业战略目标为指导，通过核查企业现有人力资源情况、分析企业内外部环境条件，来预测企业对人员的未来需求以及策划为满足人员需求而准备采取的策略。

人力资源规划分为战略计划和战术计划两个方面。人力资源的战略计划主要是根据企业内部的经营方向和经营目标，以及企业外部的社会和法律环境对人力资源的影响，来制订出一套长期的规划。企业人力资源的战术计划是根据企业未来面临的外部人力资源供求的预测，以及企业的发展对人力资源的需求量的预测，制订的具体方案，包括招聘、配置、辞退、晋升、培训、工资福利政策等。

（二）员工招聘与配置

员工招聘与配置包括两个方面，分别是员工招聘活动的实施和员工的合理配置。

员工招聘活动的实施包括：

1. 选择招聘渠道，招聘渠道包括外部招聘和内部招聘两种。其中，外部招聘渠道包括发布广告、借助中介、校园招聘、网络招聘；内部招聘渠道包括员工推荐熟人、内部布告、员工信息档案等。

2. 对应聘者进行初步筛选，其内容包括：笔试、筛选个人简历、筛选应聘申请表。

3. 对应聘者进行最后筛选，包括面试和正式录取。

员工的合理配置应坚持以下三点原则：

（1）正确识别原则。正确识别员工的才干是人员合理配置的前提。

（2）能位对应原则。大材大用，小材小用，能位相对应才能各尽其能，人尽其才，提高效率。

（3）才能互补原则。优化组合，取长补短，才能形成整体优势，实现公司目标的最优化。

对员工进行合理配置有三种基本方法：

（1）以人员为标准进行配置。公开、公平、公正地让每个员工凭自己的能力竞争上岗。

（2）以岗位为标准进行配置。在配备各个岗位的生产（工作）人员时，应采取老、中、青三代结合的方式，充分发挥"传、帮、带"的作用。让每个岗位的年龄结构、知识结构、体能结构都符合优化配置原则。

（3）以人与事的总量相应为标准配置。在合理配置员工的过程中，要考虑人与事的数量关系是否对应，即有多少事要用多少人去做。不要产生人浮于事或者事浮于人的后果。

（三）员工培训与开发

新进员工到岗，尽快地融入团队并达到所在岗位要求的关键，是做好新进员工培训工作。对于在岗的员工来说，为了适应市场形势的变化带来的公司战略的调整，需要不断调整和提高自己的技能。基于这两个方面，组织有效培训，最大限度开发员工的潜能变得非常必要。就内容而言，培训工作有企业文化培训、规章制度培训、岗位技能培训以及管理技能开发培训。就培训的员工类型而言，包括新进人才培训计划、专业人才培训计划、部门主管培训计划以及一般人员培训计划等。

如何做好员工培训？培训工作必须做到具有针对性，要考虑不同受训者群体的具体需求。要有明确培训的流程，制订详细的培训计划并认真实施。

（四）薪酬与福利

在市场经济中，激励的形式最多的是物质激励。尽管精神激励仍然需要，但在当今社会条件下，物质激励更为有效和普遍。薪酬集中体现了公司对员工的物质激励，而且是公司用来吸引、留住、激励公司所需要的人力资源的最重要的手段。一个有效的薪资福利体系必须达到对外部具有竞争力，与竞争对手相比待遇不低的水平；对内部应保证岗位公平，保证员工感到得到了公平待遇，但是，岗位公平同时需要体现同岗位员工胜任能力的不同所导致的收入的差距。

福利是薪酬体系的重要组成部分。高薪只是短期内人才资源市场供求关系的体现，而福利则反映了公司对员工的长期承诺，许多追求长期发展的员工，更认同福利待遇而非仅仅是高薪。福利分为两种：一种是法定福利；另一种是企业在法定福利的基础上提供的补充福利。法定福利待遇主要指"五险一金"。"五险"指的是五种保险，包括养老保险、医疗保险、失业保险、工伤保险和生育保险；"一金"指的是住房公积金。其中养老保险、医疗保险和失业保险，这三种保险是由企业和个人共同缴纳保险费。工伤保险和生育保险费完全是由企业承担的，个人不需要缴纳。因为"五险一金"是公司的法定义务，企业为了留住核心员工，需要提供在"五险一金"之外的补充福利。

（五）绩效管理

绩效考核是企业为了实现生产经营目的，运用特定的标准和指标，采取科学的方法，对承担生产经营过程及结果的各级管理人员完成指定任务的工作实绩和由此带来的诸多效果作出价值判断的过程。

一个有效的绩效管理体系主要包括以下六个方面：根据绩效目标制订绩效计划；制定科学的考核指标、合理的考核标准；被考核者按照考核目标进行工作的过程管理；各级考核者观察并记录被考核者的工作表现及对其完成的工作业绩进行绩效考核；告知被考核者考核结果，对被考核者的优点与不足之处进行分析的绩效反馈；按照绩效考核结果对员工进行相对应的薪资福利支付或者采取奖惩措施。

绩效考核的应用关键在于与薪酬的结合上。员工考核成绩应作为其薪资调整、奖金发放、职务晋升或降职或辞退、人员培训等的重要依据。薪酬与绩效是两个密不可分的环节。良好的薪酬设计可以使员工提高绩效，公司一般将薪酬分解为固定工资和绩效工资两种，员工为了获得绩效工资必须达到绩效标准。同理，对员工进行绩效考核结果必须要表现在薪酬上，对员工进行奖赏或者惩罚，否则，绩效考核就会流于形式，毫无用处。

（六）劳动关系管理

劳动关系是指劳动者与用人单位为实现劳动目的而发生的劳动力与生产资料相结合的社会关系。劳动关系的当事人一方为劳动者（劳动力的所有者和支出者），另一方为用人单位。劳动者加入某一用人单位，成为该单位的员工，按照单位的指示参加劳动，并遵守单位内部的劳动规章制度，接受用人单位的管理；而用人单位则必须按照劳动合同的约定给付其报酬，并提供法定和约定的福利待遇。

劳动关系管理包括劳动合同管理、劳动就业管理、公司内部规章制度管理、职工民主管理及工作时间和休息休假管理、劳动安全卫生和劳动保护管理、工资管理、劳动争议管理等内容。

劳动关系管理的基本原则是公司必须以国家劳动法律法规、双方签订的劳动合同以及公司规章制度这三个方面的规定为依据处理劳动关系。劳动关系管理在劳动关系开始之初，能够明确劳动者和用人单位的权利和义务。在劳动合同履行期内，能够按照劳动合同约定处理劳动者与用人单位之间的权利和义务关系。在劳动关系结束之时，能够按照劳动合同的约定解除劳动合同并支付给员工补偿金。在劳动关系出现矛盾或者出现争议之时，能够依法谈判，达成和解。

劳动关系管理的目的在于明确双方的权利和义务，为企业业务的开展提供稳定和谐的环境，并通过公司战略目标的达成最终实现企业和员工的共赢。

为了给股权激励的实施提供人力资源方面的内部管理支持环境，拟实施股权激励计划的企业应该按照上述六个方面的内容来完善企业的人力资源管理制度。

四、完善企业的财务审计管理制度

在员工只有固定的工资薪酬和福利的情况下，员工虽然了解规范的财务管理制度很重要，但是，除非是财务部门的员工，大部分员工对财务管理制度还是不太关心的，因为其收入是固定的、可预期的，与公司财务关系不大。但是在企业引入股权激励计划之后，情况就发生变化了，因为激励对象员工今后可能得到的股权激励金额和企业的财务数据包括并不限于净利润数额、净资产数额等直接相关。

实际上，在有些家族企业中或者个人控股的企业中，财务管理极为混乱，以至很难分清哪些是股东的财产哪些是公司的财产，股东从公司支取款项和从自己钱包里掏钱一样没有任何手续。在这种企业的财务环境下，很难建立起股权激励计划制度，因为员工对公司的财务管理没有信心，并会在私下抱怨其即使很努力工作，即使公司实际利润额很高，股东也不会将利润如实地反映在财务报表上以使员工得益。在这种极端的情况下，股东的首要任务是建立起员工对公司财务制度的信心，并应明确表明股东个人财产与公司的法人财产是严格分开的。

可见，财务管理制度对于股权激励计划的实施而言，是重要的企业内部制度前提，激励对象的合法利益如欲得到很好的保护，合理预期如欲得到如期的实现，企业必须建立规范的、健全的财务管理制度，对于企业财务管理制度上存在的问题，必须及时予以完善。

除了上述股东财产与公司财产混同的极端情形外，由于种种原因，有些企业财务管理制度职能不断弱化，存在以下需要解决的问题。

1. 财务管理的规章制度没有得到正确执行。财务人员处理财会问题不讲程序、流程、手续，财务纪律松弛，造成了违规违纪现象。

2. 日常操作不规范。企业任意简化会计手续，滥用会计科目，账目不清，信息失真；不定期盘点财产物资和库存现金，不经常核对银行存款和债权债务，造成账簿记录与实物、款项不符。

3. 企业内部审计部门独立性较差，人员素质不高。这影响了内部审计的严肃性和规范性，往往使企业的审计流于形式，没有发挥应有的监督作用。

为了解决财务管理中出现的问题，企业有必要按照以下要求对财务管理制度予以健全和完善。

1. 完善财务管理制度的规章文件。在制定企业内部财务管理制度时，应先考虑企业管理中现存的薄弱环节和可能发生风险的现实问题。企业应根据自身特点制定和完善适合企业内部管理需要的制度文件。

2. 完善企业财务制度的预算和授权批准控制制度。编制企业年度收支总预算，可以使企业在经营业务中明确数字目标。在企业经营中处理每项经济业务，都必须有相应的授权批准程序，并按照有关规定的权限和程序执行，以保证每项经济业务授权的合法性。

3. 完善企业的内部审计制度。企业内部审计是企业内部控制系统中的一个重要环节，它通过对企业内部经济活动的监督与评价，帮助企业堵塞漏洞，增收节支，加强管理。完善内部审计制度要做到两个方面的内容：一是加强审计部门的独立性和权威性，可以将内部审计部门由股东会直接领导或者股东会授权专门委员会领导，这样可以避免董事会、经理层对审计部门的干涉。二是要提高内部审计部门人员的素质，确保审计结果的客观性和有效性。

第三章　股权激励计划的方案设计指南

第一节　股权激励计划方案设计的八大模块概述

一、股权激励方案设计的基本要求

一份能够达到激励目的的股权激励计划方案的成功，需要结合企业的战略规划、尽职调查的结果、企业的具体情况进行精心设计。在股权激励方案设计的过程中，虽然股权激励计划方案设计的具体条款可以比较灵活，但是，如果使股权激励方案合法有效，股权激励方案设计应达到以下几点基本要求。

1. 股权激励的激励标的股份（股票）的来源应合法

一般而言，公司的股东拥有公司的股权，公司本身并不拥有公司的股权（在国外有些法律规定公司为了实行股权激励计划，可以预留一定的股份）。但是，与经理人签订劳动合同的是公司，而不是公司的股东。因此，如果实行"现股"股权激励，公司首先需要取得"股权"，方可以将之用于股权激励，在中国，对上市公司而言，法律允许的方式是"增发新股"和"向股东回购股份"。对非上市公司而言，主要方式是公司股东的转让或者公司进行增资扩股。

2. 股权激励应约束与激励并存

不能只激励，不约束。在实施股权激励的同时，必须加强约束机制。一方面要进行严格的财务审计，另一方面要通过薪酬委员会等代表股东利益的机构大力加强监督。

3. 股权激励设计的条款应合法、科学、合理

股权激励首要的问题就是进行合法性审查，虽然理论上这种设计具有无限的可能性，但最基本的是要合乎现行国内法律的规定。否则可能造成设计出来的股权激励方案因违法而无效，或者造成股权激励纠纷。除设计

应合法外，具体条款应尽可能的科学、合理。在激励目标上，不能片面追求以股价考量的业绩标准，而应更侧重于净资产收益率或股东收益率等标准，防止业绩目标的短期化。在激励时间上，应该倾向于长期激励，避免期限过短导致的逆向选择和道德风险。在激励方式上，对股票来源、行权价格、行权期限、行权比例等条款采取比较灵活的设计。

4. 建立包括股权激励在内的多层次激励机制

公司应当把基于业绩的薪酬机制、基于权利的股权机制和基于长期价值的期权机制结合起来，以达到公司短期、中期和长期激励相互配合，赋予激励对象所有者意识，激发其做强做大公司的动力。

二、股权激励计划方案八大模块的内容

股权激励方案应当根据公司要求和尽职调查所得的详尽情况，按照公司股东的长远利益最大化原则进行设计。股权激励方案设计的思路等的不同，会导致方案内容的不同以及激励效果的不同。但是，无论是哪一种设计方案，都会涉及八大模块的内容。

1. 激励模式的选择（定模式）

股权激励的模式多达十余种，哪种股权激励模式最适合自己公司，是股权激励的核心问题，它直接决定了股权激励的效果。应当根据公司的实际情况与公司未来的战略安排等来确定公司激励模式的选择。

2. 激励对象的确定（定对象）

股权激励的目的是对激励对象予以激励，达到长期业绩目标与短期业绩目标的平衡，与工资薪金的短期激励效果相比，股权激励更侧重于企业长期战略目标的实现。因此，在激励对象的选择上，应选择对企业长期战略目标最有价值的关键员工。

激励对象的选择应坚持公平、公正、公开的原则，不能因为个人好恶而漏选或者多选激励对象，这将导致公司的内部员工情绪对立，不利于公司的经营。

3. 股票股份的来源或者购股资金的来源（定来源）

股权激励计划是一种需要激励成本的计划，激励成本体现在两个方面：一个是需要授予激励对象股份或者股票；另一个是公司或者激励对象需要为授予的股份或者股票支付购股资金。

股权激励计划的股份或者股票的来源包括向激励对象定向增发股票、

增资扩股、购买公司股票、原有公司的公司转让股份等。

激励对象的购股资金来源包括自筹资金、银行借款、公司借款、年薪转化或者股东借款等。在股权激励方案设计需要激励对象实际出资购股的情况下，激励对象的购股资金来源成为一大问题，也是在进行股权激励方案设计时需要慎重考虑的问题，要避免激励对象的支付不能问题。

4. 股权激励涉及的股份总量以及单个激励对象可获上限（定激励额度）

一般来说，上市公司全部股权激励计划所涉及的标的股票总数累计不得超过总股本的10%。而对于国有控股上市公司，还特别规定了首次实施股权激励计划授予的股权数量原则上应控制在总股本的1%以内。对上市公司而言，非经股东会特别决议批准，对任何一名激励对象授予的股权数量累计不得超过总股本的1%。总股本指最近一次实施股权激励计划时公司已发行的总股本。

对于非上市公司，股权激励涉及的股份总量没有限制性的规定，从理论上说，原有股东可以为了实行股权激励计划而出让任意数量的股权激励份额，但是，对于股权激励模式而言，股东最高可以转让的股权应该以不失去自己对公司的控制权为限，如果失去了控制权，则类似于管理层收购模式。对于非上市公司的激励对象而言，一般其累计获得的股份总量最高不应超过公司总股本的10%。

5. 行权条件及绩效考核指标设计（定约束条件）

在股权激励方案中，行权条件的设计非常重要，其直接关系股权激励的效果，也是公司避免股权激励可能存在的种种弊端的手段。关于等待期的约定、每次变现比例的约定、行权期间的约定、行权价格的确定、绩效考核指标的确定等都非常重要。其中，对激励对象的考核一定要与业绩挂钩，一个是企业的整体业绩指标，一个是激励对象个人岗位的业绩考核指标，两者要有机地统一起来。

公司股权激励方案绩效考核指标的设置须考虑公司的业绩情况，原则上实行股权激励后的业绩指标（如每股收益、加权净资产收益率和净利润增长率等）不应低于历史水平。

公司股权激励方案的绩效考核指标设置应包含财务指标和非财务指标。绩效考核指标如涉及会计利润，应采用新会计准则计算、扣除非经常性损益后的净利润。同时，期权成本应在经常性损益中列支。

6. 股权激励标的价格的确定（定价格）

在需要激励对象出资购买股份或者股票时，股权激励计划方案应该对激励标的的价格予以巧妙设计。一般而言，一方面激励对象的购股成本应当低于社会公众或者非股东第三人的购股成本，以体现股权激励计划的激励性质；另一方面，对于上市公司的股权激励计划而言，激励对象的购股成本也不能太低，以免侵害社会公众股东的利益。

7. 股权激励计划方案中时限的确定（定时间）

股权激励计划作为对激励对象的激励手段，其与公司给予激励对象的月份工资或者年薪相比，最大的特点就是其长期性，因此，股权激励计划方案中对时间的设置也是至关重要的。股权激励计划的时间设置一方面要达到长期激励的目的，激励对象能够行权的等待期一般不低于 1 年；另一方面，股权激励计划的时间设置也不能太长，否则激励对象将感到激励遥不可及，这样就会丧失股权激励的激励作用。一般而言，股权激励计划的有效期不应超过 7 年。

8. 设计股权激励计划的调整与修改、变更及终止机制（定机制）

股权激励计划方案并非从设计到实施一成不变，在实践中，因为实行股权激励计划的公司需要采取进一步融资或者配股分红等行为，这样股权激励计划中约定授予激励对象的股权激励标的的数量应相应地进行修改，以保持实质上的公平。另外，在实施股权激励计划的过程中，如果激励对象发生辞职，被公司开除或者调离岗位等特殊情形，则其股权激励的资格以及获受的数量均应相应改变。对于这些情形，股权激励计划应当予以事先规定，以避免因上述特殊情形而产生股权激励纠纷。

综上，一份完整的股权激励计划方案，一般应包括上述八大模块的内容，其中每一个模块均需要巧妙的设计，关于如何设置八大模块，请见本章以下各节内容。

第二节　模块一：选择合适的股权激励模式

根据选用的股权激励模式的不同，股权激励方案的内容、可能达到的激励效果、公司的激励成本支出也存在较大的区别。因此，股权激励方案设计的第一大模块就是要选择合适的股权激励模式。

在选择合适的股权激励模式之前，应当对股权激励的各种模式的内容，以及各种模式股权激励的优缺点非常熟悉，这样才能有相应的知识储备去选择合适的股权激励模式。

在选择适合于拟实行股权激励计划企业的股权激励模式时，设计者应重点考虑以下因素。

一、拟实施股权激励公司的类型：企业是上市公司，还是非上市公司

在上市公司中，存在一般上市公司和国有控股上市公司的区分；在非上市公司中，存在有限责任公司与股份有限公司的区分。

1. 上市公司的股权激励模式的选择

上市公司与非上市公司相比，可选择的股权激励模式比较少，而非上市公司股权激励模式的可选择性就比较多，股权激励设计的灵活性也比较大。当然，上市公司也可以实施一些仅股东会表决通过即可以实施的一些变通的模式，但是考虑到中国政策变化的突然性以及相关的法律风险，笔者还是建议上市公司实施股权激励计划时，仅从《上市公司股权激励管理办法》中规定的模式中选择。

在已经实施股权激励的上市公司中，有大约70%的上市公司采用的是股票期权的模式，有大约25%的上市公司采用了限制性股票的股权激励模式，只有极少数的公司采取了股票增值权的股权激励模式。

上市公司实施股权激励计划存在一些特例：有的公司已经先后实施过两种模式的股权激励模式，例如，房地产企业万科公司在2006年实施了限制性股票模式的股权激励计划，在2010年又实施了股票期权模式的股权激励计划。有些上市公司在实施一次股权激励计划中，针对不同的激励对象，同时采用了两种股权激励模型，例如，正泰电器在其实施的股权激励计划中，同时采用了股票期权股权激励模式和股票增值权股权激励模式。

上市公司究竟采取哪种股权激励模式，取决于以下因素：

（1）上市公司的财务现状。对于业绩奖励型限制性股票激励模式，上市公司需要每年提取奖励基金购买上市公司的股票以用于奖励激励对象，在这种模式下，上市公司应当有相当的现金储备与未来可预期的充足的现金流，否则，实施业绩奖励型限制性股票股权激励模式将会给上市公司带来较大的现金支出压力从而影响公司的运行。而采用公司定向增发取得激励标的的股票期权模式和折扣购股型股票期权模式则会由于激励对象需要

支付一定现金购买公司股票而带来上市公司资本金的增加，对公司的实际现金流量基本没有什么影响。

（2）激励对象的范围。激励对象的不同，可供选择的股权激励的类型也不尽相同。在中外合资的上市公司以及一些跨国经营的上市公司中，具有外国国籍的高管不在少数，为了达到激励的公平性，这些具有外国国籍的高管也必须纳入股权激励计划的范围之内。但是，因为在中国的证券市场上，具有外国国籍的人员还不允许开设证券账户以持有上市公司的股票，所以无法采取股票期权的模式或者限制性股票的模式，因为这两种股权激励模式的实施都要求激励对象实际持有上市公司的股票，所以在这种情形下，上市公司应当采取股票增值权的上市公司股权激励模式，因为股票增值权的模式不需要激励对象实际持有上市公司的股票。

（3）股权激励计划奖惩的力度考虑。上市公司实施股权激励计划，尤其是第一次实施股权激励计划，有很大一部分的考虑是奖励上市公司的创业元老，在这种情形下，上市公司适合实施股票期权计划，因为在实施股票期权计划之初，激励对象并不需要任何现金支出。在行权期限内，如果公司股票价格低于行权价格，激励对象可以放弃行权而不会带给激励对象任何损失，所以，股票期权的模式可以说是一种有奖无罚的激励模式；如果上市公司为了增加对激励对象的惩罚力度，可以采用折扣购股型限制性股票激励模式，在这种情形下，如果在解锁期内上市公司的股票价格低于激励对象以折扣价购买的股票价格，那么就会给持有限制性股票的激励对象带来实际的经济损失，在这种情形下，激励计划对激励对象的经济惩罚作用比较明显。

（4）上市公司的公共形象。上市公司的公共形象往往也会对选择哪种形式的股权激励模式有影响。在上市公司已经有负面新闻的情况下，一定要慎用折扣购股型限制性股票的股权激励模式，因为在这种激励模式下，激励对象一般是在现有股票价格折扣50%的情形下购买的，而广大投资者是现价购买的公司股票，因而容易使投资者产生股权激励计划不公平，是一种利益输送的恶劣印象，尤其是当股权激励计划的解锁条件规定不严格的情况下，公司可以考虑采取股票期权模式的股权激励计划，在股票期权的模式下，激励对象的行权价格与股票现价相差无几，激励对象的收入来自未来股价与现在股价之间的价差，对广大投资者而言，股价上涨其也会跟着受益，这是可以接受的，不会对公司负面的公共形象雪上加霜。

2. 非上市公司的股权激励模式的选择

非上市公司的股权激励因为没有专门的法律法规予以规定，因此其设计和实施比较灵活，原则上只要不违反《公司法》《民法典》《劳动合同法》等相关法律法规而且能达到企业的战略目的都可以实施。

在实践中，可供非上市公司选择的股权激励计划模式主要有以下几种。

（1）认股权激励模式

认股权激励模式下，非上市公司授予激励对象认购股份的权利，这是一种长期的激励形式，公司授予激励对象认购股份的权利并不是立即认购，而是在未来一定期限内以预先确定的价格和绩效考核条件购买一定数量的公司股份的权利。

（2）利润分红型虚拟股权激励

非上市公司的虚拟记账股份股权激励方式是指公司为了激励核心员工，同时不引起实际持股比例的变更，通过在公司内部记账的方式，而不是在工商局变更股份的方式，授予公司核心员工一定数量的股份，虚拟股份的持有者可以按照持有虚拟股份的数量，享有一定比例的公司税后利润的分配的权利（利润分红权），但是不享有表决权等其他实际持股股东享有的权利的股权激励方式。

（3）账面增值（每股净资产增值型股权激励）型虚拟股权激励

非上市公司的虚拟记账股份股权激励方式是指公司为了激励核心员工，同时不引起实际持股比例的变更，通过在公司内部记账的方式，而不是在工商局变更股份的方式，授予公司核心员工一定数量的股份，虚拟股份的持有者可以按照持有虚拟股份的数量，取得相对应的公司净资产增值的权利。

（4）期股模式

这种特殊的模式是由公司授予一定数量公司的期股，锁定在激励对象的个人账户中。在锁定期内，经营者不能变现，但拥有这些股份的分红权，并可用这部分红利来支付购股费用。同时，只有受益人在达到预期经营业绩并在达到公司规定时间以后，才可将这些股本逐步变现。

（5）岗位分红权模式

岗位分红权是指根据岗位设置不同数量的股份和考核目标，达到者即可获得该股份对应的分红，但是岗随人走。

非上市公司在选择股权激励模式时，应主要考虑以下几个因素：

（1）激励对象的人数。对于有限责任公司类型的非上市公司来说，如果预计的激励对象超过 50 人，那么因为公司法对有限责任公司有股东人数不超过 50 人的规定，公司则不适合采用认股权类型或者其他需要激励对象实际持有公司股份的股权激励计划，而应当采用利润分红型虚拟股权激励或者账面价值增值权型虚拟股权激励或者其他类型的虚拟股权激励。

对于股份有限公司类型的非上市公司来说，如果其预计的股权激励对象的人数超过 200 人，那么同样是因为公司法对股份有限公司股东人数不得超过 200 人的规定，此种情况下股份有限公司则可以采用各种类型的激励对象不需实际持股的虚拟股权激励，而不便采用实股性质的股权激励计划模式。

（2）对现有股东的控制权的影响。如果非上市公司现有多个股东，而且各个股东之间的股权安排比较微妙，引入新的股权激励对象股东会导致原有股东之间股权设置的平衡，而且各股东不愿打破这种设置，那么，这种情况下，也需要采用虚拟股权性质的股权激励计划，而不是实股性质的股权激励计划。例如，某一有限责任公司，现有股东有甲、乙、丙三人，其中甲持有公司 67% 的出资额，乙、丙合计持有公司 33% 的出资额，在这种情况下，即使是股东甲因为实施股权激励计划而出让了 1% 的股份，也会导致其失去对公司的绝对控股权，所以，在这种情况下，如果控股股东不想失去其对公司的控股权，最好是实施虚拟股权激励。

（3）公司现有的经营状况和财务状况。如果企业本身财务困难，而且企业处于亏损状态，在这种情形下，员工往往对现有的工资和福利待遇更为看重，而不太指望未来的股份收益，因此，企业应实施具有福利补充性质的股权激励计划，例如岗位分红权，即在员工获得岗位分红股份的情形下不需要员工支付现金，这样在员工原来收入的基础上增加了其每年可得岗位股份分红收入，易于为员工所接受。在公司经营亏损的情况下不适合实施需要员工出资购买的股权激励计划，因为员工对公司前景有担忧，所以很难接受这种股权激励计划。如果企业的经济效益较好，发展很有前景，在这种情况下，即使实施需要员工出资购买的股权激励计划，以此增加公司的资本金，员工也很容易接受。

二、拟实施股权激励公司所处的发展阶段

一般而言，企业的发展分为初创期、发展期、成熟期和衰退期四个阶段。每一阶段企业的战略规划不一样，也会影响股权激励模式的选择以及股权激励计划激励对象的选择和范围。

1. 初创阶段企业股权激励模式的选择

企业在初创时期，往往是资金紧、人员少、缺人才。企业的经营和管理很可能因不具备有效的制度、规范和流程，而显得杂乱无序。在这种情况下，实施一个设计得比较复杂的股权激励计划显然不太合适，为了留住关键人才，可以考虑实施一个不需要激励对象出资，但是又比较有吸引力的股权激励计划，例如奖励股份、赠与股份或者技术入股等模式的股权激励。

2. 发展阶段企业股权激励模式的选择

当企业进入发展期后，通常销售增长迅速，公司营收迅速增加。这时企业的首要目的是要能够长期的持续迅速发展，因此，为了达到持续的迅速发展，企业要开始建立健全企业内部管理制度。企业在这一阶段实施股权激励计划，往往能得到激励对象的拥护和支持，在选择股权激励模式上，可以选择力度较大的股权激励模式，例如认股权模式的股权激励以及账面价值增值权虚拟股权激励。同时，在实施股权激励计划时，最好扩大激励对象的范围，将对公司的发展有重要作用的员工予以加大力度的激励，这样可以极大地激励现有管理人员和骨干员工，实现企业的持续快速发展。

3. 成熟阶段企业股权激励模式的选择

企业迈入成熟期后，有了稳定的客户群和营收，但是市场增长缓慢，竞争日趋激烈，生产能力过剩，价格战成为主要的竞争手段，降低成本成为企业的重点工作。在这种情况下，企业实施股权激励首先要达到的目标是稳定企业的现有管理人员和骨干人员，此时实施股权激励还要考虑到不能给企业带来太大的资金成本负担。为了达到上述目的，企业适合采用认股权的股权激励模式、限制性期股以及延期支付性质的股权激励。这几种模式都有利于企业将奖励性质的薪酬予以延期支付，可以使股权激励计划达到"金手铐"留住人才的效果。

4. 衰退时期企业股权激励模式的选择

当企业进入衰退期后，销售明显下降，生产能力严重过剩，利润大幅

度下降甚至持续亏损。在这种险恶的环境下，不论绩效好坏都面临着人员流失的局面。在这种情形下，企业应考虑到今后可能进行的裁员问题，但是企业要保留在关键岗位的关键人员，因此，企业适合实施岗位分红权的股权激励模式。

三、拟实施股权激励公司的所有制性质

企业是国有企业，还是民营企业，在股权激励模式的选择上也是需要考虑的问题。民营企业可以根据企业的战略目标灵活地选择各种股权激励模式。但国有企业选择股权激励模式的基本原则是采用增量分配的模式，而不是存量分配的模式，这样才能减少公众对采用股权激励方式会导致企业国有资产流失的担忧。

对大多数国有企业而言，国有企业尽管连年亏损，其高层管理人员表面的直接收入所得并不高，然而他们获取的隐性收入、灰色收入却很高。在这种经理层灰色收入的基础上欲设计股权激励计划方案，有相当的难度。同时，在国有企业中工作的一般员工的收入比较低，基本也没有什么奖金。在这种情形下，实施股权激励，一方面不仅要完善管理制度，约束经理人的"灰色收入"；另一方面，在实施股权激励时激励力度不能太大，否则在高管与普通员工之间的薪酬差距过大，会增加企业内部的不稳定因素。在这种情形下，国有企业适合选择股票期权、认股权等股权激励模式，而不适合采取看似直接奖励给高管的股权激励模式，虽然高管要实际获得完全处分权还需要满足一系列的条件，例如业绩股票的模式。

根据对上述因素的考量，结合企业的发展需要，企业应首先考虑几个可供选择的股权激励模式，再由企业根据自身战略规划和发展的需要，根据专业人士的建议，确定采取的股权激励模式。

第三节　模块二：确定股权激励的激励对象

在确定要选择的股权激励模式之后，按照股权激励八大模块的要求，下一步就是要确定股权激励的激励对象。确定股权激励计划的激励对象包括两方面的内容：一个是股权激励的激励对象有哪些（即股权激励对象的范围）；另一个是股权激励对象的确定依据。

一、股权激励计划的激励对象有哪些（即股权激励对象的范围）

股权激励计划的目的是授予公司的核心人员以公司股权，以保证这些公司的核心人员与公司的长期发展利益相一致。之所以授予公司的核心人员股权激励，是因为公司的核心人员在公司的发展中起着关键作用。所以，股权激励的激励对象范围就是对公司的发展起关键作用的人员范围。

1. 非上市公司股权激励的激励对象范围。在股权激励的激励对象范围的选择上，对于非上市公司而言，股权激励的激励对象范围的确定可以采用管理岗位上的经理层加上关键岗位上的工作人员再加上董事会的主观认定的方式。因为非上市公司对激励对象的选择不受法律政策的限制，所以董事会在确定股权激励的范围方面有相当的灵活性。

在非上市公司中，从激励对象所处的岗位来看，激励对象可以包括以下人员：

（1）公司董事、总裁、副总裁、财务负责人；（2）中高层管理人员、部分副经理级以上核心业务骨干；（3）核心技术人员；（4）优秀的销售骨干人员；（5）其他公司董事会认为对公司长远发展有重要作用的人员。从激励对象在公司的工作年限来看，一般应要求激励对象在公司连续工作2年以上，对于有特殊贡献的人员或者公司需要专门引进的人员，经公司董事会审批可以适当放宽"司龄"要求。

2. 上市公司股权激励的激励对象的范围。对上市公司而言，股权激励的激励对象范围的确定要依照《上市公司实施股权激励管理办法》等相关法规的规定予以确定。

一般而言，激励对象可以包括上市公司的董事、高级管理人员、核心技术人员或者核心业务人员，以及公司认为应当激励的对公司经营业绩和未来发展有直接影响的其他员工，但不应当包括独立董事和监事。外籍员工任职上市公司董事、高级管理人员、核心技术人员或者核心业务人员的，可以成为激励对象。

根据上市公司股权激励相关监管法规的规定，单独或合计持有上市公司5%以上股份的股东或实际控制人及其配偶、父母、子女，不得成为激励对象。下列人员也不得成为激励对象：

（1）最近12个月内被证券交易所认定为不适当人选；

（2）最近 12 个月内被中国证监会及其派出机构认定为不适当人选；

（3）最近 12 个月内因重大违法违规行为被中国证监会及其派出机构行政处罚或者采取市场禁入措施；

（4）具有《公司法》规定的不得担任公司董事、高级管理人员情形的；

（5）法律法规规定不得参与上市公司股权激励的；

（6）中国证监会认定的其他情形。

二、股权激励计划的激励对象的确定依据

1. 激励对象确定的法律依据

激励对象确定的法律依据为：《公司法》《证券法》《上市公司股权激励管理办法》等有关法律、法规、规范性文件以及公司章程的有关规定。

2. 激励对象确定的考核依据

股权激励计划涉及的激励对象，公司应当设立相应的考核办法，只有考核合格的激励对象才可以取得激励股份的获授资格或者行权资格。

3. 激励对象确定的原则

（1）公平公正的选择原则

成为股权激励计划的激励对象，意味着今后可能获得一笔可观的收益，因此大多数公司员工无疑是希望成为股权激励计划的激励对象的。但是，为了发挥股权激励计划应有的作用，董事会在确定股权激励对象时，一定要坚持公平公正的原则。一般而言，在同等岗位上的员工，应该给予同样的待遇，如果纳入股权激励计划，应该是该同等岗位上的员工全部纳入股权激励计划，原则上应一视同仁，不能厚此薄彼，而且也没有给出区别对待的充足理由。在这种情况下，很容易导致公司内部员工之间对立情绪的产生，更不利于公司的经营管理。当然，公平公正要求的是实质性的公平公正，如果一员工所在岗位的其他员工并没有被纳入股权激励计划，但因其为公司作出了重要贡献，这种情况下可以由董事会考虑其贡献后将其纳入激励计划。

（2）不可替代性原则

由于股权激励计划毕竟是一种只能由公司少数人参与的激励计划，而且授予的股份也比较有限，因此，如何让有限的股份有效地发挥作用，必须限制股权激励计划的参与人数。在确定某一员工与其他员工对比谁应该成为激励对象时，最重要的一个原则是不可替代性原则。如果一个员工的

工作是其他员工不可替代的，在现有人才市场上是很难招募到的，或者虽然很容易招募但是培养成本很高，这种情况下应该授予该员工股权激励，因为该员工的不可替代性。

（3）未来贡献的原则

股权激励计划不是公司发奖金。在公司发奖金的情况下，往往是对已经为企业作出重要贡献的员工，侧重于员工已经取得的成就，但是就股权激励计划而言，其侧重于员工对未来企业发展的贡献。因此，在选择股权激励对象时，要考虑到主要激励对企业未来发展有可能作出重要贡献的员工。

三、确定股权激励的激励对象的几个问题

1. 关于股权激励计划的激励对象范围有无限制的问题

股权激励计划的激励对象范围是有限制的，在确定股权激励对象时，要避免两种倾向：一种是把股权激励当作人人都可以参与的福利；另一种倾向是只把股权激励授予极少数人，往往不超过 10 人，例如有的地方搞期股激励，但是激励对象只有公司董事 1 人。

在上述两种情况下，股权激励计划都达不到预期的效果。在人人享有股权激励福利的情况下，因为股份的限制，激励力度会比较小，同时，因为人人都享有，导致没有按照业绩贡献，没有体现奖优罚劣的原则，是一种实质上的不公平，所以股权激励计划的效果会比较差；在另一种情况下，只把股权激励授予极少数人，这种情况下只会表现出高层管理者没有分享的精神，会导致中层管理者及骨干员工的不满，因此也达不到应有的激励效果。

2. 关于销售人员是否纳入股权激励范围的问题

实际上，针对销售人员实施股权激励，对公司具有特别重要的意义。现有的销售人员提成制度，把激励与其销售业绩直接联系起来，过于注重眼前的利益，这种情况下销售人员很少会考虑到公司的长远发展、整体利益与名誉维护。把销售人员纳入股权激励的激励对象范围，把其销售提成以延期支付的方式支付给销售人员，使其在公司服满约定的工作期限才予以支付，这样可以避免销售人员的短期行为，促使其关心企业的长期发展，因为公司只有长期发展其才能得到延期支付的提成收入。

第四节　模块三：确定股权激励额度
（总额度和单个激励对象激励额度）

在企业选择了股票期权的股权激励模式以及股权激励的对象以后，企业需要考虑的就是要确定股权激励的激励额度以及激励对象的可得额度问题。

一、企业在确定股权激励的总额度时应着重考虑的因素

1. 法律的强制性规定

在法律有强制性规定的情况下，总额度的确定应遵守法律的强制性规定。一般而言，法律法规政策对于实施股权激励总量的下限没有规定，但是会对股权激励的上限予以规定，对于上市公司而言，公司授予激励对象的股权激励股份的总额度不得超过公司总股本的10%。对于非上市公司而言，法律没有强制性规定股权激励的总的激励额度，因此公司可以酌情决定股权激励的总额度。

2. 企业的整体薪酬及福利安排

激励对象的股票期权收益是激励对象整体薪酬的一部分，在考虑股权激励额度时要考虑到企业现有的年薪制以及相关的福利安排情况。一般而言，如果企业的工资和福利待遇比较好，则激励总量可以少一些，如果企业的工资和福利待遇较差，则激励总量可以多一些。

3. 企业设定的业绩目标情况

企业业绩目标设定得越高，则业绩目标实现后原有股东获益越大。如果行权条件设置的业绩目标比较高，则可以在激励额度方面予以加大，因为股权激励对象如果实现了行权目标，公司会获得巨大的利益。

4. 市场环境和企业竞争对手的激励情况

对于稀缺和优秀人才的挽留，要针对竞争对手的激励情况设计有竞争力的激励计划，这样才能达到股权激励的目的。如果激励力度太小，优秀人才同样会流失到竞争对手的企业中去。

5. 企业股东的让与意愿

股权激励的实质是企业原有股东在企业股权方面的一种让与，即使是通过增量的方式解决标的股票的来源，也是对企业原有股东股权的一种稀释。所以企业股东的让与意愿也是非常重要的。

6. 企业的规模与净资产

一般而言，企业规模越小，则股权激励的总额度可以越大，一些中小规模的企业可以拿出30%的股份用于股权激励；企业规模越大，则股权激励的总额度可以越小，大企业可以拿出15%的股份用于股权激励。

另外，在确定股权激励总额时还要看公司净资产的情况，在同等规模的企业中实施股权激励，净资产多的公司，其股权激励总额可以小一些；而净资产少的公司，则其股权激励总额可以大一些。

7. 企业拟激励的激励对象的人数

一般而言，为了保持一定的激励力度，如果拟激励的激励对象比较多，则可以扩大股权激励的激励总额；如果拟激励的激励对象比较少，则可以减少股权激励的激励总额。

二、企业在确定单个激励对象的激励额度时应考虑的因素

1. 法规的强制性规定

对于上市公司实施股权激励的激励对象个人的授予额度，中国证监会规定：非经股东会特别决议批准，任何一名激励对象通过全部有效的股权激励计划获授的本公司股票累计不得超过公司股本总额的1%。对于非上市公司，法律并没有规定对实施股权激励的激励对象个人的授予额度限制，因此公司董事会可以灵活地决定。

2. 兼顾公平和效率

激励计划的公平公正除了体现在将应该纳入股权激励的员工纳入股权激励范围之内外，还体现在激励对象之间对股权激励总额度的具体份额的分配上。在公司的董事和高级管理人员所占份额与其他中层管理人员和核心技术（业务）骨干所占份额的比例应该能体现公平公正，高管所占比例不能过高，这样会使其他激励对象产生不公平感，从而损害了股权激励的效果。股权激励计划在具体激励对象的授予额度上也要体现出效率的原则，也就是说，各激励对象具体可获得的激励额度，应该按照其对公司的贡献和重要性来确定，要体现出一定的区别。

3. 激励对象个人在实行股权激励计划之前的薪酬情况

一般而言，激励对象所领取的薪酬能够体现出其在公司内部的重要性，因此，激励对象所获个人额度一般应该与其之前的薪酬情况相适应。一般不应出现薪酬水平低的激励对象所获的激励份额反而超过了薪酬水平

高的激励对象所获的激励份额的情况。

4. 激励对象的不可替代性

激励对象的不可替代性越强，则应对该激励对象赋予越多的股权激励份额，反之亦然。

5. 激励对象的职位

激励对象的职位越高，授予的股权激励份额越多，反之亦然，根据职位的高低确定授予股权激励的份额，有一定的合理性。

6. 激励对象的业绩表现

激励对象的业绩表现越好，则授予的股权激励份额越多。

7. 激励对象的工作年限

激励对象在公司工作年限的长度也是确定授予股权激励份额多少的一个考量因素。

三、如何确定单个激励对象的具体授予额度

1. 确定股权激励计划的激励总额度

企业应根据自身情况和需要，结合法律的强制性规定、企业的整体薪酬及福利安排、业绩目标情况、经营规模与净资产、拟激励的激励对象的人数、企业股东的让与意愿以及市场环境和企业竞争对手的激励情况等因素来确定股权激励计划的激励总额度。

2. 确定股权激励计划的激励对象范围、激励对象总数以及分配到各岗位的激励对象数以及岗位总额度

股权激励计划的岗位总额度，一般是由董事会根据各个岗位拟授予的激励对象人数及其重要性予以确定的。有时也可以不根据工作岗位分配激励额度，而是根据员工的层级予以确定，可以将员工层级分为高级管理层、中级管理层、核心技术人员层、核心营销骨干层四个层级，根据各层级的重要性确定各层级的股权激励总额度。

3. 确定各岗位上的激励对象的具体授予额度

计算公式：单个激励对象的激励额度＝该岗位分配的激励总额度×个人分配系数÷岗位总分配系数

个人分配系数＝个人工资系数×40%＋个人不可替代性系数×60%

个人分配系数的计算元素构成除了工资、不可替代性外，还可以是在公司的工作年限、利润贡献等，笔者为了易于读者看懂，仅将计算元素设

计为工资和不可替代性，在实践中，各公司应该根据自身的实际情况予以设计。

（1）获得激励对象个人工资系数

将该岗位的所有员工的平均月工资额设为工资系数1。如设平均月工资5000元为工资系数1，如某员工月工资为2500元，则其个人工资系数为员工月工资÷平均月工资＝2500÷5000＝0.5，如某员工的月工资为10000，则该员工的个人工资系数为该员工月工资÷平均月工资＝10000÷5000＝2。

（2）获得激励对象个人不可替代性系数

不可替代性是指在实现企业业绩目标的过程中，一个员工难以被别人所取代的程度。具体来讲，就是指该员工在多大程度上具有其他员工不具有的专门技术知识、专门技能、专门管理才能、素养及其他企业所需要的能力或品质等。员工的不可替代性系数越高，说明该员工越是不可替代。

将该岗位的员工的不可替代性的平均水平设为不可替代性系数1。如果一员工具有普通员工之外的技能或者特长，则酌情加分，反之则酌情扣分，不可替代性系数的取值范围在0.1—2之间。

（3）获得岗位总分配系数

岗位总分配系数为该岗位每个员工的个人分配系数相加后的总额。

（4）获得单个激励对象的激励额度

公式：单个激励对象的激励额度＝该岗位分配的激励总额度×个人分配系数÷岗位总分配系数

假如一企业客户服务岗位分配的总激励额度为6万股，共有3名员工，甲为其中的一名员工，如果设平均月工资5000元为工资系数1，其工资为7500元，则其个人工资分配系数为1.5，据考察，其不可替代系数为1.5；员工乙的月工资为5000元，则其个人工资分配系数为1，据考察，其不可替代系数为1；员工丙的月工资为2500元，则其个人工资分配系数为0.5，据考察，其不可替代系数为0.5。

可得：

甲的个人分配系数＝1.5×40％＋1.5×60％＝1.5

乙的个人分配系数＝1×40％＋1×60％＝1

丙的个人分配系数＝0.5×40％＋0.5×60％＝0.5

该岗位总的分配系数＝1.5＋1＋0.5＝3

因此，甲的激励额度＝60000×1.5÷3＝30000股

乙的激励额度 = 60000×1÷3 = 20000 股

丙的激励额度 = 60000×0.5÷3 = 10000 股

通过这种方式计算出来的员工具体分配的激励额度，与董事会仅仅根据主观认定随意确定各激励对象的激励额度相比，是比较科学、公平合理的，能够使激励对象认为这是一个公平的股权激励计划。

第五节　模块四：确定股权激励的激励标的价格

股权激励的激励标的的价格，是指激励对象为了获得每份激励标的而需要支付的对价，对于激励对象来说，激励标的的价格越低对其越有利，因为其为取得激励标的而需要支付的成本也就越低。但是，激励标的的价格并不是越低越好，确定激励标的的价格还应考虑到保护现有股东的合法利益，不能因为太低的股权激励标的价格而损害股东的利益。

一、上市公司股权激励标的的价格

（一）2006 年实施《上市公司股权激励管理办法（试行）》关于股权激励的价格进行了强制性规定

1. 根据《上市公司股权激励管理办法（试行）》，上市公司实施股票期权股权激励模式的行权价格有以下规定：

上市公司在授予激励对象股票期权时，应当确定行权价格或行权价格的确定方法。行权价格不应低于下列价格较高者：

（1）股权激励计划草案摘要公布前一个交易日的公司标的股票收盘价；

（2）股权激励计划草案摘要公布前 30 个交易日内的公司标的股票平均收盘价。

2. 上市公司实施限制性股票股权激励模式的授予价格

根据《上市公司股权激励管理办法（试行）》的规定，上市公司以股票市价为基准确定限制性股票授予价格的，在下列期间内不得向激励对象授予股票：

（1）定期报告公布前 30 日；

（2）重大交易或重大事项决定过程中至该事项公告后 2 个交易日；

（3）其他可能影响股价的重大事件发生之日起至公告后 2 个交易日。

从上述规定可以看出，《上市公司股权激励管理办法（试行）》并没有规定限制性股票的最低授予价格。在此后不久，监管层认识到了这个问题，为了明确限制性股票的最低授予价格，《股权激励有关事项备忘录 1 号》规定，如果标的股票的来源是增量，即通过定向增发方式取得股票，其实质属于定向发行，则参照现行《上市公司证券发行管理办法》中有关定向增发的定价原则和锁定期要求确定价格和锁定期，同时考虑股权激励的激励效应。（1）发行价格不低于定价基准日前 20 个交易日公司股票均价的 50%；（2）自股票授予日起 12 个月内不得转让，激励对象为控股股东、实际控制人的，自股票授予日起 36 个月内不得转让。若低于上述标准，则需由公司在股权激励草案中充分分析和披露其对股东权益的摊薄影响，我部提交重组审核委员会讨论决定。

一般而言，如果限制性股票股权激励的标的股票是增量的，也就是说如果采取折价购股型限制性股票股权激励模式，其最低授予价格应不低于定价基准日前 20 个交易日公司股票均价的 50%。

（二）2018 年《上市公司股权激励管理办法》对股权激励行权价格进行了新的规定

1. 关于上市公司实施限制性股票股权激励模式的授予价格

《上市公司股权激励管理办法》第 23 条规定，上市公司在授予激励对象限制性股票时，应当确定授予价格或授予价格的确定方法。授予价格不得低于股票票面金额，且原则上不得低于下列价格较高者：（1）股权激励计划草案公布前 1 个交易日的公司股票交易均价的 50%；（2）股权激励计划草案公布前 20 个交易日、60 个交易日或者 120 个交易日的公司股票交易均价之一的 50%。上市公司采用其他方法确定限制性股票授予价格的，应当在股权激励计划中对定价依据及定价方式作出说明。

2. 上市公司实施股票期权股权激励模式的授予价格

《上市公司股权激励管理办法》第 29 条规定，上市公司在授予激励对象股票期权时，应当确定行权价格或者行权价格的确定方法。行权价格不得低于股票票面金额，且原则上不得低于下列价格较高者：（1）股权激励计划草案公布前 1 个交易日的公司股票交易均价；（2）股权激励计划草案公布前 20 个交易日、60 个交易日或者 120 个交易日的公司股票交易均价之一。上市公司采用其他方法确定行权价格的，应当在股权激励计划中对定价依据及定价方式作出说明。

可见，《上市公司股权激励管理办法》对授予价格、行权价格并未作强制性规定，仅作原则性的要求，鼓励公司从本身价值出发灵活选取定价方式，给予公司更多的灵活空间。

二、非上市公司股权激励标的的价格

一般而言，非上市公司股权激励标的的价格设定可以参考以下四种方法。

1. 以注册资本金为标准的行权价格

这种情况下的企业一般是注册资本金与企业的净资产相差不大，每份股权激励标的的行权价格可以直接设定为 1 元。

2. 以评估的净资产的价格为标准的行权价格

在这种情况下的企业往往是企业的净资产与注册资本金相差较大，每份股权激励标的的行权价格设定为公司授予股权激励时经过评估的每股净资产值。

3. 以注册资本金或者净资产为基础进行一定的折扣作为行权价格

在这种情况下的企业根据实际的经营状况，以注册资本或者每股净资产为基础，进行适当的折扣来确定行权价格。

4. 以市场评估为基础确定行权价格

对于高科技企业，可以采用市场评价的方法也就是以同行业同类型上市公司的市场价格为参考进行一定的折扣后作为股权激励标的行权价格。

由于企业价值的计算方式是各种各样的，因此，非上市公司的股权激励标的行权价格的确定也有多种方法，企业应根据公司的实际情况和战略需要确定。

第六节　模块五：确定股权激励的来源
（激励标的的来源和购股资金的来源）

一、股权激励标的的来源

（一）上市公司股权激励标的的来源

关于股权激励标的的来源，《上市公司股权激励管理办法》第 12 条规

定："拟实行股权激励的上市公司，可以下列方式作为标的股票来源：（一）向激励对象发行股份；（二）回购本公司股份；（三）法律、行政法规允许的其他方式。"

在目前的上市公司实行股票期权的股权激励实践中，较多使用的方法是向激励对象定向增发股份，这种方式不需要增加公司的现金支出压力，而且行权后公司的资本金还会有一定程度的增加，这是上市公司采取此种方式解决标的股票来源的主要原因。

上市公司如无特殊原因，原则上不得预留股份。确有需要预留股份的，预留比例不得超过本次股权激励计划拟授予权益数量的20%。

（二）非上市公司股权激励标的的来源

对于非上市有限责任公司而言，其不能通过回购公司的股份来用于股权激励。因此只能有两种途径取得股权：一种途径是原有股东转让部分股权作为股权激励的股权来源。在存在多人股东的情况下，以此种方式获得股权来源涉及所有原有股东按持股比例转让还是只由控股股东转让的问题，对此，各公司应根据自己公司的实际情况予以确定。另一种途径是公司经过股东大会2/3以上持股股东决议同意后，采用增资扩股的方式进行股权激励，行权后公司进行注册资本的变更，这种方式可以扩大注册资本金的规模，是较好地解决股权激励标的来源的方式。

对于非上市股份有限公司而言，其除了可以采用原有股东转让以及增资扩股取得股权激励的标的股份之外，其还可以通过回购本公司股份的方式取得奖励给本公司职工的激励股份。需要注意的是，根据《公司法》第162条规定，公司因为要进行员工股权激励而收购本公司股份的，应当按照公司章程或者股东会的授权，经2/3以上董事出席的董事会会议决议，公司回购的股份数不得超过本公司已发行股份总额的10%，并应当在3年内转让或者注销。

二、购买激励标的的资金来源

（一）上市公司的激励对象购买股权激励标的的资金来源

根据《上市公司股权激励管理办法》第21条的规定，激励对象参与股权激励计划的资金来源应当合法合规，不得违反法律、行政法规及中国证监会的相关规定。上市公司不得为激励对象依股权激励计划获取有关权益提供贷款以及其他任何形式的财务资助，包括为其贷款提供担保。

（二）非上市公司的激励对象购买股权激励标的的资金来源

非上市公司激励对象取得股权激励标的因没有法律的强制性规定，所以其资金来源有多种途径，一般而言，激励对象购买股权激励标的的资金来源有以下几种。

1. 激励对象自筹资金

在非上市公司按注册资本金或者每股净资产的一定优惠折扣授予激励对象激励标的的股份时，一般要求激励对象自筹资金购买公司股份，因为公司已经在授予其激励标的的股份时已经进行了一定的折让。

2. 从激励对象的工资或者奖金中扣除

在很多情形下，激励对象不愿掏腰包购股，公司可以考虑从其工资或者奖金中扣除一部分，作为购买股权激励标的的资金，当然，在公司采用这种方式实施股权激励计划时，要取得激励对象的同意。

3. 公司或者股东借款给激励对象或者为激励对象的借款提供担保

在非上市公司中，法律并不限制公司或者股东借款给激励对象或者为激励对象的借款提供担保以便于激励对象购买股份，所以也可以采取这种方式作为激励对象筹集资金的方式。

第七节　模块六：设计股权激励计划的时限

股权激励计划作为一种由不同的时间点组成的长期的员工激励制度，要使得股权激励计划达到很好的效果，股权激励计划中设置的时间点必须要经过巧妙的设计，既要达到企业长期激励的目的，又要使员工不会感觉到遥不可及，确保员工的努力能够得到激励的回报。

一般而言，股权激励计划中会涉及以下时间点：股权激励计划的有效期、授予日、授权日、等待期、解锁期、行权日、行权窗口期和禁售期等。

一、股权激励计划的有效期

股权激励计划的有效期是指股权激励计划从经过股东会或者中国证监会审批生效直至该激励计划涉及的最后一批激励标的的股份（股票）行权或

者解锁完毕、股权激励计划终止的期间。

在企业设置股权激励计划的有效期时，要考虑以下因素：

1. 股权激励计划的有效期设置应当与企业阶段性项目或者阶段性目标完成所需要的时限相一致

如果企业设计的阶段性战略目标计划的年限是 5 年，那么，股权激励计划的有效期可以设置为 5 年或者 6 年，这种设置可以使公司判断激励对象的努力是否达到了阶段战略目标要求，这个股权激励计划也就更与公司的发展策略紧密相关。假如股权激励计划的有效期为 4 年或者 3 年，那么，企业就会在不知激励对象能否最终完成阶段性战略目标的前提下把股权激励标的行权完毕，这显然不利于企业阶段性战略目标计划的完成。

2. 股权激励计划的有效期设置应当遵守法律的强制性规定

上市公司股权激励计划的有效期，目前法律规定最短不得超过 1 年，从授权日开始计算不得超过 10 年。对于非上市公司而言，法律没有对其有效期进行强制性规定，因此股权激励计划的有效期应根据企业的实际情况确定，一般会在 3 年至 8 年。

3. 股权激励计划的有效期设置应当不超过激励对象劳动合同的有效期

股权激励计划得以有效实施的前提是激励对象应当为企业所聘任的员工，而劳动合同一般都是有有效期的，股权激励计划的有效期应该不超过大多数激励对象的劳动合同的有效期，以避免激励对象劳动合同期限已满，而仍处于激励计划的有效期内的情形。对于少数激励对象的劳动合同期限剩余有效期太短的，企业应及时地根据股权激励计划的有效期设置对其予以延长。

二、股权激励计划的授权日（授予日）

股权激励计划的授权日是激励对象实际获得授权（股票期权、限制性股票或者虚拟股权）的日期，是股权激励的实施方履行股权激励计划而为激励对象所接受的重要时点，在决定等待期、行权期以及股权激励计划的失效期时，一般是以股权激励计划的授权日为起算点，而不是以股权激励计划的生效日为起算点。

股权激励计划的生效日一般是指非上市公司股东会审议通过之日，或者上市公司股东会审议通过之日。而授权日是在股东会通过后再召开董事会由企业董事会制定的一个具体日期，可见，授权日应当在生效日之后。

对上市公司而言，自公司股东会审议通过股权激励计划之日起 60 日内，公司应该按相关规定召开董事会对激励对象进行授权，并完成登记、公告等相关程序。因此，授权日应在生效日之后的 60 日内确定。

对于上市公司而言，授权日必须是交易日，对于非上市公司而言，不存在交易日与非交易日的区别，在分批集中对股权激励对象集中授权的前提下，授权日的确定应考虑以下因素：

1. 授权日应当是工作日，在非工作日授权会引起不必要的麻烦。

2. 授权日与企业考核日期相适应，最好在考核日期之后或者之前。

3. 授权日与企业战略目标的起始日相一致，这样会使企业的战略目标与股权激励计划在时间的安排上相对应。

在对具体激励对象滚动性地授予股权激励标的的前提下，可以防止激励对象到期一次性套现获利出局，同时又可以使得股权激励对象不时地获得股权激励的收益，从而形成有效的股权激励机制。在此种激励模式下，具体授权日的确定可以参考以下日期：

1. 激励对象受聘日

当激励对象被聘为公司的董事、高管和核心技术人员时，董事会如果认为有必要向受聘人授予股权激励的，受聘日即可以作为授权日，从一开始就将新聘员工纳入股权激励计划。

2. 激励对象确定晋升之日

激励对象的晋升，说明了激励对象对公司的不可或缺性，在激励对象确定晋升之日即将激励对象纳入激励范围，予以股权激励标的。这是给予激励对象的一种长期激励，也使得激励对象的命运与公司的命运更紧密地联系到了一起。

3. 在激励对象的业绩评定日

每年的绩效考核评定之后，对于表现特别优异的人员，即使不属于董事会事先拟订的股权激励的岗位范围，也可以单独授予股权激励标的予以鼓励。

4. 激励对象取得技术成果之日

激励对象取得职务技术成果之日也可以作为股权激励计划的授权日。

5. 激励对象负责或者接管公司重要项目之日

激励对象被委派负责或者接管公司重要项目之日，可以作为授予激励对象以激励标的，以利于激励对象尽力将项目完成而不是中途离职。

三、股权激励计划的等待期

股权激励计划的等待期是指激励对象获得股权激励标的之后，需要等待一段时间，达到一系列事前约定的约束条件，才可以实际获得对激励股份或者激励标的的完全处分权。这一段等待的时限就叫作股权激励计划的等待期。

股权激励计划需要确定的等待期限分为两个方面：一个是等待期限的类型；另一个是等待期限的长度。

股权激励计划等待期限的类型有两种：

1. 一次性等待期限

如果股权激励计划授予激励对象在一次性的等待期满后，可以行使全部权利，那么就是一次性等待期限。例如，某一股票期权计划约定激励对象有权在股票期权授予日起 3 年后一次性就其获得的股权激励总额全部行权。可见，在一次性等待期限的前提下，激励对象可以就激励标的一次性地全部行权。

2. 分次等待期限

如果股权激励计划授予激励对象分批行权、分次获得激励标的的完全处分权，那么在这种情况下设置的股权激励计划的等待期限就是分次等待期限。例如，某一股票期权计划约定激励对象在满足行权条件时分四批行权，每次的行权比例为激励标的总额的 25%，等待期限分别为 1 年、2 年、3 年和 4 年。

关于等待期的时间长度，其实也可以分为两种：一种是股权激励计划约定的该股权激励计划全部行权所需要的最长等待期限；另一种是该股权激励计划在分批行权的前提下每一次行权所需要的等待期限。

股权激励计划的等待期的时间长度并不是随意设定的，也不是单纯的耗费时间的延期支付，而是要求激励对象在这段时间内达到约定的业绩目标。因此，股权激励计划等待期的长短实际上与激励对象为完成业绩目标所需要的时间是密切相关的。一般而言，最长等待期限一般应该和公司阶段性战略目标的完成时间相一致，而最短的和分批行权所间隔的股权激励计划的等待期，一般不低于 1 年。

对于上市公司股权激励计划的等待期而言，股票期权激励计划的等待期是指股票期权授权日与首次可以行权日之间的间隔，等待期不得短于

1 年。

等待期的起算一般是以股权激励计划的授权日为起算点，例如，苏宁电器在其 2010 年股票期权股权激励计划中对等待期有下述规定：

第一个行权期可行权股票期权的等待期为授权日起的 12 个月；

第二个行权期可行权股票期权的等待期为授权日起的 24 个月；

第三个行权期可行权股票期权的等待期为授权日起的 36 个月；

第四个行权期可行权股票期权的等待期为授权日起的 48 个月。

四、股权激励计划的可行权日与行权窗口期

股权激励计划的可行权日是指等待期满次日起至股权激励计划有效期满当日止的可以行权的期间。

对于上市公司而言，可行权日是等待期满次日起至股权激励计划有效期满当日止的期间之日，从理论上说，非上市公司可行权日也是指等待期满次日起至股权激励计划有效期满当日止的可以行权的期间内的所有日期，但是鉴于非上市公司的激励对象获得股权均需到工商登记部门予以注册，如果激励对象不能在一段时间集中行权则会导致办理工商股权登记特别烦琐。公司可以在可行权日期内专门设立一小段时间为每年的行权窗口期，例如每年 12 月为行权窗口期，激励对象获得行权权利后应该在行权窗口期内统一行权，以避免不必要的麻烦。

一般而言，激励兑现必须在股权激励计划有效期内行权完毕。有效期过后，已授出但尚未行权的激励标的不得行权，未行权的该部分激励标的由公司按规定注销或者予以回购。

五、股权激励计划的禁售期

禁售期又称强制持有期，是指激励对象在行权后必须在一定时期内持有该激励标的，不得转让、出售。禁售期主要是为了防止激励对象以损害公司利益为代价抛售激励标的进行短期套利行为。

在设计股权激励计划方案的禁售期时，一般应考虑以下因素：

1. 禁售期的规定应该符合法律法规对激励对象禁售的相关规定

激励对象转让其持有的激励标的，应当符合《公司法》、《证券法》以及证券交易所股票上市规则等法律法规和规范性文件的规定。

2. 公司战略目标实现的需要

如果公司的战略目标的实现需要较长的时间，例如 8 年到 10 年，那么，对激励对象的禁售期可以予以延长，以免激励对象进行套利出售后离开公司。在这种情况下，对于激励对象延长禁售期的具体规定应该体现在四个文件中：一是《股权激励计划方案》；二是《激励对象的承诺书》；三是《公司章程》；四是《员工的劳动合同》。

3. 禁售期限的合理性

激励对象的禁售期如果得到了合法的延长，这种延长应当尊重员工的意见，注重其内在合理性，以避免激励对象对计划的不予认可或者认为不公平。因为禁售期后的绩效如出现较大的波动，可能会损害激励对象的利益，使员工原本可以实现的利益落空。

第八节　模块七：设计股权激励计划的约束条件（授予条件和行权条件）

如果没有一定的约束条件，股权激励计划就成了单纯的奖励计划，显然是不现实的。股权激励计划的约束条件实际上是规定了奖励的对价，也就是说为了取得这种长期的而且可能是巨额的报酬所需要达到的足以让公司及原股东满意的一种业绩标准。

股权激励计划的约束条件分为两个方面：一方面是股权激励计划的授予条件；另一方面是股权激励计划的行权条件。而每一约束条件都分为两类：一类是针对公司的约束条件；另一类是针对激励对象的约束条件。其中，股权激励计划的行权条件是其最重要的条款。

一、股权激励计划的授予条件

（一）上市公司实施股权激励计划的授予条件

1. 根据《上市公司股权激励管理办法》第 7 条的规定，公司未发生下列任一情形即符合实施股权激励计划的法定主体资格要求：

（1）最近一个会计年度财务会计报告被注册会计师出具否定意见或者无法表示意见的审计报告；

（2）最近一个会计年度财务报告内部控制被注册会计师出具否定意见

或无法表示意见的审计报告；

（3）上市后最近 36 个月内出现过未按法律法规、公司章程、公开承诺进行利润分配的情形；

（4）法律法规规定不得实行股权激励的；

（5）中国证监会认定的其他情形。

2. 根据《上市公司股权激励管理办法》第 8 条规定，激励对象未发生下列任一情形即符合实施股权激励计划的法定获受条件：

（1）最近 12 个月内被证券交易所认定为不适当人选；

（2）最近 12 个月内被中国证监会及其派出机构认定为不适当人选；

（3）最近 12 个月内因重大违法违规行为被中国证监会及其派出机构行政处罚或者采取市场禁入措施；

（4）具有《公司法》规定的不得担任公司董事、高级管理人员情形的；

（5）法律法规规定不得参与上市公司股权激励的；

（6）中国证监会认定的其他情形。

除此之外，根据《上市公司股权激励管理办法》之规定，单独或合计持有上市公司 5% 以上股份的股东或实际控制人及其配偶、父母、子女，亦不得成为激励对象。

（二）非上市公司实施股权激励计划的授予条件

非上市公司实施股权激励计划并没有法定的授予条件，所以公司可以灵活地决定是否要设置股权激励计划的授予条件。一般而言，不用对非上市公司设置授予资格主体条件，因为对于非上市公司而言，如果公司根本就不符合股权激励计划的授予条件那么又如何实施股权激励计划？非上市公司虽然可以不设置对激励对象的授予条件，但是为了确保股权激励计划的公平性，在说明激励对象的范围内的同一岗位为什么有的员工获得了激励计划授予资格，而有的员工却没有获得激励计划授予资格时可以规定明确的授予条件，这样可以避免员工内部的猜忌。同样，虽然上市公司对激励对象的获受资格有法定的约束条件，但是这些法定条件只是资格性的条件，无法说明为何此员工获得股权激励资格而彼员工没有获得股权激励资格。所以，公司需要制定比法定的约束条件更加严格的约束条件，以缩小股权激励计划的激励对象范围。

二、股权激励计划的行权条件（绩效考核条件）

股权激励计划的行权条件实际上是对股权激励计划所要达到的绩效的考核条件，这种绩效考核分为两类：一类是对激励对象的绩效考核；另一类是对公司的经营业绩考核。股权激励计划的行权条件，体现了公司股东即投资人的意志，是公司股东对授予股权激励标的后的预期回报要求；是所谓的股权激励的触发门槛；是因管理层的超凡努力为股东获得超额回报的标准。

（一）上市公司股权激励计划的行权条件

对于上市公司而言，上市公司股权激励计划的行权条件中最基本的一条是激励对象和实施股权激励计划的上市公司在行权条件达成时，仍需要符合激励对象和实施股权激励计划的上市公司各自的获授条件。

激励对象要达到行权条件，除了要符合激励对象的获授条件外，公司一般会要求激励对象在行权的上一年度根据《公司股权激励计划实施考核办法》绩效考核合格或者良好。上市公司实施股权激励计划的行权条件（考核业绩条件），根据《上市公司股权激励管理办法》的规定，上市公司根据自身情况，可设定适合于本公司的绩效考核指标。绩效考核指标应包含财务指标和非财务指标。绩效考核指标如涉及会计利润，应采用新会计准则计算、扣除非经常性损益后的净利润。同时，股权激励成本应在经常性损益中列支。

（二）非上市公司股权激励计划的行权条件

非上市公司股权激励计划的行权条件的规定比上市公司的规定更加灵活，但是其基本内容是一致的。例如，对激励对象行权条件的要求，一般也是要求激励对象在行权的上一年度根据《公司股权激励计划实施考核办法》绩效考核合格或者良好；对公司业绩考核条件，公司也应该根据自身情况，设定适合本公司的绩效考核指标。

企业具体选取什么样的业绩考核指标取决于企业所处行业的特点、战略规划和达标难度等各方面的情况。一般而言，企业可以在下列三类业绩指标中选取适合自己公司情况的考核指标：（1）反映股东回报和公司价值创造等综合性指标，如净资产收益率（ROE）、经济增加值（EVA）、每股收益等；（2）反映公司营利能力及市场价值等成长性指标，如净利润增长率、主营业务收入增长率、公司总市值增长率等；（3）反映企业收益质量的指标，如主营业务利润占利润总额比重、现金营运指数等。

关于企业对于激励对象以及公司业绩具体如何设计绩效考核标准的问题，本书下一章有较详细的内容可供参考，本节就不再详述。

（三）激励计划的行权条件、等待期与行权期

在股权激励计划需要分年度分批行权的情况下，每一批可行权的股权激励标的均涉及以下几个因素：（1）等待期；（2）行权期；（3）行权条件。

一般而言，批次愈是在先的可行权激励标的的实现所需要的等待期限愈短，批次愈是在后的可行权激励标的的实现所需要的等待期限愈长。每一批可行权激励标的如需实现所需要达到的行权条件也是不同的，愈是在后批次的可行权激励标的的行权条件愈是严格。下面以苏宁电器 2010 年股票期权计划所涉及的等待期、行权期、行权条件为例说明上述问题。

1. 苏宁电器股票期权激励计划的等待期

第一个行权期可行权股票期权的等待期为授权日起的 12 个月；

第二个行权期可行权股票期权的等待期为授权日起的 24 个月；

第三个行权期可行权股票期权的等待期为授权日起的 36 个月；

第四个行权期可行权股票期权的等待期为授权日起的 48 个月。

2. 苏宁电器股票期权激励计划的行权条件

第一个行权期的行权条件为：苏宁电器 2010 年度销售收入较 2009 年增长率不低于 20%，且归属于上市公司股东的净利润较 2009 年度增长率不低于 25%；

第二个行权期的行权条件为：苏宁电器 2011 年度销售收入较 2009 年复合增长率不低于 20%，且归属于上市公司股东的净利润较 2009 年度复合增长率不低于 25%；

第三个行权期的行权条件为：苏宁电器 2012 年度销售收入较 2009 年复合增长率不低于 20%，且归属于上市公司股东的净利润较 2009 年度复合增长率不低于 25%；

第四个行权期的行权条件为：苏宁电器 2013 年度销售收入较 2009 年复合增长率不低于 20%，且归属于上市公司股东的净利润较 2009 年度复合增长率不低于 25%。

3. 苏宁电器股票期权激励计划的行权期

苏宁电器授予的股票期权自授权日起满 12 个月后，按以下安排行权：

第一个行权期：激励对象自授权日起 12 个月后的首个交易日起至授权日起 24 个月内的最后一个交易日当日止，可行权额度上限为获授股票期权总额的 25%；

第二个行权期：激励对象自授权日起 24 个月后的首个交易日起至授权日起 36 个月内的最后一个交易日当日止，可行权额度上限为获授股票期权总额的 25%；

第三个行权期：激励对象自授权日起 36 个月后的首个交易日起至授权日起 48 个月内的最后一个交易日当日止，可行权额度上限为获授股票期权总额的 25%；

第四个行权期：激励对象自授权日起 48 个月后的首个交易日起至授权日起 60 个月内的最后一个交易日当日止，可行权额度上限为获授股票期权总额的 25%。

（四）激励对象达不到行权条件或者未及时行权的处理办法

一般而言，若激励对象或者公司业绩未能满足行权条件，则当期的股权激励标的不得行权，该部分股权激励标的由公司注销或者按照原授予的价格予以回购。若激励对象符合行权条件的同时公司业绩也达到了行权条件，但激励对象未在行权期内全部行权的，则未行权的该部分股权激励标的应由公司予以注销或者按照原授予的价格予以回购。

现在一般的实践是，即使激励对象达不到行权目标，公司一般也不愿给激励对象造成损失。在限制性股票的前提下，一般公司会约定激励对象不能行权或者放弃行权的，公司会以激励对象支付的成本价以及相应的利息予以回购。这种做法主要是为了使股权激励计划能够顺利地实施而不至于导致拟激励对象的反对，因为激励对象一般不愿参加有可能给自己带来经济损失的股权激励计划。

第九节　模块八：设计股权激励计划的调整与修改、变更及终止机制

一、股权激励计划中的激励标的数量及价格的调整与修改

股权激励计划的调整，是指在公司授予激励对象股权激励标的之后至

激励对象行权之日当日止的期间内，公司因为发生资本公积金转增股本、派送股票红利、股票拆细或缩股、配股等事项时，为维持激励对象的预期利益和保证股权激励计划的公平性，公司对激励对象获授的股权激励标的数量以及价格进行相应调整的行为。经过调整，激励对象实际可以获得的股权激励标的数量以及价格为调整后的股权激励标的数量以及价格。

（一）股权激励标的的数量的调整方法

1. 如公司进行资本公积金转增股本、派送股票红利、股票拆细事项，则：调整后的股权激励标的数量＝调整前的股权激励标的数量×（1+每股的资本公积金转增股本、派送股票红利、股票拆细的比率）。

其中，每股的资本公积金转增股本、派送股票红利、股票拆细的比率即为每股股票经转增、送股或拆细后增加的股票数量。

2. 如公司进行缩股事项，则：调整后的股权激励标的数量＝调整前的股权激励标的数量×缩股比例（原1股公司股票缩为多少股公司股票）。

3. 如公司进行配股事项，则：调整后的股权激励标的数量＝调整前的股权激励标的数量×配股股权登记日当日收盘价×（1+配股比例）÷（配股股权登记日当日收盘价+配股价格×配股比例）。

其中配股比例即为配股的股数与配股前公司总股本的比例。

（二）股权激励标的的行权价格的调整方法

1. 如公司进行资本公积金转增股本、派送股票红利、股票拆细事项，则：调整后的股权激励标的的行权价格＝调整前的行权价格÷（1+每股的资本公积金转增股本、派送股票红利、股票拆细的比率）。

2. 如公司进行缩股事项，则：调整后的股权激励标的的行权价格＝调整前的行权价格÷缩股比例。

3. 如公司进行派息事项，则：调整后的股权激励标的的行权价格＝调整前的行权价格-每股的派息额。

4. 如公司进行配股事项，则：调整后的股权激励标的的行权价格＝调整前的行权价格×（股权登记日当天收盘价+配股价格×配股比例）÷〔股权登记日当天收盘价×（1+配股比例）〕。

（三）股票期权激励计划调整的程序

一般而言，公司股东会授权公司董事会依据股权激励计划所列明的上述资本公积金转增股本、派送股票红利、股票拆细或缩股、配股、派息等事项原因调整股权激励标的的数量和行权价格。因为这些事项所进行的调整以及调整的方法一般在股权激励计划草案中是事先设计好的，所以，遇到调整时一般公司只要通知激励对象即可。对上市公司而言，董事会调整股票期权数量和行权价格后，还应按照有关法规或主管机关的要求进行审批或备案并及时公告。

（四）股票期权激励计划的修改

除了公司资本公积金转增股本、派送股票红利、股票拆细或缩股、配股、派息等原因调整股权激励标的的数量和行权价格外，因其他原因需要调整股权激励标的数量、行权价格或其他条款的，也应该认为是一种对原股权激励计划的修改。这种修改会严重影响激励对象以及股东的预期利益，所以在这种情况下的修改应该征得激励对象的同意，由公司董事会作出决议并经股东会审议批准。

经常存在的对股权激励计划的修改有以下情形：

1. 改变股权激励标的的行权价格；
2. 改变激励对象的授予资格规定；
3. 延长股权激励计划的有效期、行权有效期限；
4. 改变股权激励计划的考核标准；
5. 其他董事会认为需要修改的事项。

二、股权激励计划的变更

（一）公司控制权发生变化时股权激励计划的变更

一般而言，若公司发生控制权变更、合并、分立，所有已授出的股权激励标的不作变更，股权激励计划不作改变，激励对象不能加速行权。但若公司因控制权变更、合并、分立导致股权激励计划涉及的股权激励标的发生变化，则应对激励标的进行调整，以保证激励对象的预期收益不变。

（二）激励对象发生变化时股权激励计划的变更

1. 正常职务变更

激励对象职务发生正常变更，但仍担任公司行政职务的董事、其他高级管理人员。

2. 职务降职

激励对象因不能胜任工作岗位、考核不合格、触犯法律、泄露公司机密、失职或渎职等行为严重损害公司利益或声誉而导致的职务降职，经公司董事会薪酬与考核委员会批准并报公司董事会备案，可以取消激励对象尚未行权的股权激励标的。

3. 不符合资格

若激励对象成为独立董事、监事或其他不能持有公司股票或其他股权激励标的的人员，一般应取消其所有尚未行权的股权激励标的。

4. 解聘离职

激励对象因触犯法律、泄露公司机密、失职或渎职等行为严重损害公司利益或声誉而被公司解聘的，一般自离职之日起所有未行权的股权激励标的即被取消。

5. 其他离职

激励对象自解除与公司的雇佣关系正常离职之日起所有未行权的股票期权即被取消。激励对象因达到国家和公司规定的退休年龄退休而离职的，其所获授的股权激励标的不作变更，仍可按规定行权。

6. 死亡

激励对象死亡的，自死亡之日起所有未行权的股权激励标的即被取消。但激励对象因执行职务死亡的，公司有权视情况根据激励对象被取消的股权激励标的价值对激励对象进行合理补偿，由其继承人继承。

7. 丧失劳动能力

激励对象因执行职务负伤而导致丧失劳动能力的，其所获授的股权激励标的不作变更，仍可按规定行权。

三、股权激励计划的终止

（一）因公司不够实施股权激励计划资格而终止

公司发生下列情形之一，应当终止实施股权激励计划，激励对象根据激励计划已获授权但尚未行使的股权激励标的应当终止行使，由公司收回后予以注销：

（1）最近一个会计年度财务会计报告被注册会计师出具否定意见或者无法表示意见的审计报告；

（2）最近一个会计年度财务报告内部控制被注册会计师出具否定意见或无法表示意见的审计报告；

（3）上市后最近 36 个月内出现过未按法律法规、公司章程、公开承诺进行利润分配的情形；

（4）法律法规规定不得实行股权激励的；

（5）中国证监会认定的其他情形。

（二）因激励对象不够获得股权激励标的资格而终止

在激励计划实施过程中，激励对象出现下列情形之一的，其已获授但尚未行使的股权激励标的应当终止行使，公司收回并注销其已被授予但尚未行权的全部股权激励标的的：

（1）最近 12 个月内被证券交易所认定为不适当人选；

（2）最近 12 个月内被中国证监会及其派出机构认定为不适当人选；

（3）最近 12 个月内因重大违法违规行为被中国证监会及其派出机构行政处罚或者采取市场禁入措施；

（4）具有《公司法》规定的不得担任公司董事、高级管理人员情形的；

（5）法律法规规定不得参与上市公司股权激励的；

（6）中国证监会认定的其他情形。

（三）因为其他原因而终止股权激励计划

董事会认为有必要时，可提请股东会决议终止实施激励计划。股东会决议通过之日起，激励对象已获准行权但尚未行权的股权激励标的终止行权并被注销，未获准行权的股权激励标的予以作废。

在实践中，公司董事会会因为股权激励计划无法实施的前景而主动撤销股权激励计划，予以终止，以便在合适的时机进行新一轮的股权激励计划。例如，上市公司中能电气于 2011 年 4 月公告撤销股权激励计划，对于撤销的原因，中能电气给予了以下解释：随着募投项目逐步实施、达产，还须不断引进一些高层次复合型的管理人才；同时公司的超募资金尚未使用完毕，公司还将继续寻求进行产业链的上下游整合及并购的机会。如能实施，未来新纳入企业的核心业务骨干也将成为公司迫切需要激励的对象。因此，在目前或不远的将来，激励的范围已经或即将发生巨大的变化，而现股权激励计划激励范围覆盖面较小，已不能满足企业迅速扩张对人才激励的需求，所以予以撤销。实际上最主要的原因很可能是中能电气现股价与等待期间的年度利润太低，激励对象无法行权，现在主动撤销激励计划后等股价低时再实施股权激励计划，按股价较低时确定股票期权的价格，激励对象才容易达到，才能存在股权激励的行权价与市场价的较大差额，激励对象才容易行权得利。

第四章 股权激励计划的考核制度设计指南

第一节 股权激励计划的考核制度概述

股权激励计划是一种长期激励计划，目的是使公司管理层、骨干不仅要关注公司的短期营收，更要关心企业的长期利益。股权激励的超额收益使公司的管理层在自己付出超凡努力的情况下能够得到丰厚的回报，这个本身是公平的；如果管理层、骨干本身并没有付出超凡努力或者付出努力却没有达到预期的目标，则不应获得股权激励的超额收益，这也是合理的。

但是，管理层、骨干是不是付出超凡的努力本身是无法衡量的，无法通过表面的现象来确定激励对象是不是真的付出了努力，应不应该受到激励。因此，需要有一套客观的标准，来衡量激励对象的努力程度以及公司绩效是否达到。

拟实施股权激励的公司的考核分为两种：一种是对人（激励对象）的考核；另一种是对公司业绩的考核。对于公司业绩的考核，体现了公司股东即投资人的意志，是公司股东的预期回报要求，也就是所谓的股权激励的触发门槛，是因管理层的超凡努力为股东获得超额回报的标准。因此，股权激励的业绩考核标准，最重要的是看投资人的投资回报预期，这一经济指标是高是低，是否合理，应看股东的意志，看能否通过股东会的表决。相关监管机构应侧重于审查股权激励方案程序的合法性，以及方案的公平性的问题，而不应关注股权激励的考核的经济指标。

关于股权激励计划对人（激励对象）的考核，主要是为了防止相关股权激励对象"搭便车"的行为，即激励对象本身不努力工作，却因为同事的努力工作而获得了激励，这显然是不公平的。对激励对象的考核指标，应该根据其岗位要求分别制定，在满足岗位要求的情况下即可以具有行权资格。有的公司对激励对象的行权额度进行了进一步的细分，例如，规定岗位考核达到及格可以行权其全部额度的 60%；岗位考核为良好，可以行权其全部额度的 80%；岗位考核为优秀，可以行权其全部额度的 100%。每个公司的人力资源部门对公司的管理层及员工都有一套考核标准，但是这种考核标准并不全部适合于股权激励，应该根据实施股权激励计划的需要而对原有的考核标准做进一步完善。

从现有的实践来看，股权激励计划中对公司业绩考核标准包括以下几类方法：

第一类是反映公司营利能力及市场价值等成长性指标，如净利润增长率和主营业务净利润增长率、主营业务收入增长率、公司总市值增长率等。其中，净利润增长率和主营业务净利润增长率是最经常使用的指标，例如华胜天成公司、华海药业公司、东方园林、合康变频、卧龙地产等众多公司都是使用这一指标。

第二类是反映股东回报和公司价值创造等综合性指标，如净资产收益率、加权平均净资产收益率（ROE）、经济增加值（EVA）、每股收益等。其中，净资产收益率和加权平均净资产收益率（ROE）是经常使用的指标，隆平高科、宝钢股份都采用了这一指标。经济增加值（EVA）是最近比较流行的指标，也是监管层现在提倡的一个指标。

第三类是反映企业收益质量的指标，如主营业务利润占利润总额比重、现金营运指数等。

第四类是与上述绝对性质的指标对应的相对性指标。其主要是考虑到企业的市场竞争地位，在公司授予激励对象股权以及激励对象行权的前提条件下，对比同行业的境内外对标企业在同一时期的业绩表现。因为对标企业的业绩表现不是预先确定的数量指标，会因为市场环境的变化而变化，因此这种指标是一种相对性的指标。运用这一指标能看出在市场环境不利或者有利的情形下公司在市场上的竞争地位。在市场环境有利的情形下，公司业绩虽然比去年略有增长，但是，如果对标公司的业绩有了大幅增长，则说明公司没有竞争优势；在市场环境不利的情形下，公司业绩虽然略有下滑，但是对标公司的业绩是急剧下滑，则说明公司有明显的竞争优势。

股权激励计划中对激励对象的绩效考核标准从现有的实践来看包括：评估报告法、评级量表法、目标管理法、360 度反馈法以及平衡计分表法等，具体内容见本章第三节。

第二节　对公司业绩考核的常用指标及范例

一、公司业绩考核的常用指标

(一) 净利润增长率

净利润是指利润总额减所得税后的余额，是当年实现的可供股东分配的净收益，也称为税后利润。净利润的多寡取决于两个因素：一是利润总额；二是所得税。企业所得税等于当期应纳税所得额乘以企业所得税税率。我国现行的企业所得税税率为25%，符合国家政策规定条件的企业可享受企业所得税优惠，如高科技企业所得税率为15%。

净利润的计算公式为：

净利润＝利润总额（1－所得税率）

净利润增长率＝（当期净利润÷基期净利润）×100%－100%或者＝净利润增长率（本年净利润增长额÷上年净利润）×100%

因为净利润是企业经营成果的最明显的指标，所以上市公司的股权激励方案一般都会单独选择净利润增长率或者把净利润增长率与其他财务指标一起作为激励对象业绩考核的指标。

(二) 净资产收益率

净资产收益率又称股东权益收益率或者净值报酬率，是衡量上市公司盈利能力的重要指标；是净利润与平均股东权益的百分比；是公司税后利润除以净资产得到的百分比率。

净资产收益率指标有两种计算方法：一种是全面摊薄净资产收益率；另一种是加权平均净资产收益率。

公司全面摊薄净资产收益率的计算公式为：

全面摊薄净资产收益率＝报告期净利润÷期末净资产

公司加权平均净资产收益率的计算公式为：

加权平均净资产收益率＝净利润÷平均净资产×100%

其中，平均净资产＝（年初净资产+年末净资产）÷2

净资产收益率指标反映了股东权益的收益水平，是用以衡量公司运用净资产的效率。净资产收益率指标值越高，说明投资带来的收益越高；反之，说明投资带来的效益较低。

由于股权激励的目标就是要提高股东权益的收益水平，因此，净资产收益率是股权激励计划的合适的业绩考核指标，在已经实行股权激励的上市公司中，净资产收益率被采用作为股权激励业绩考核指标的次数仅次于净利润增长率。

（三）经济增加值（EVA）

经济增加值（Economic Value Added，简称 EVA）是由美国学者 Stewart 提出，并由美国著名的思腾思特咨询公司（Stern Stewart & Co.）实施的一套以经济增加值概念为基础的财务管理与决策以及经理人激励报酬与绩效考核管理制度。

经济增加值是公司取得的超过全部资本成本的投资回报，即公司经营收益扣除所占用的全部资本的成本之后的数额，是对公司股东而言真正的利润。全部资本成本包括债务资本的成本和股本资本的成本。经济增加值是表示净营运利润与投资者股东用同样资本投资其他风险相近的有价证券的最低回报相比，超出或低于后者的数额。

经济增加值计算公式为：$EVA = NOPAT - WACC \times TC$。其中，NOPAT 为经过调整后的税后营业净利润；WACC 为企业资本结构中资本各个组成部分的以其市场价值为权重的加权平均资本成本；TC 为企业资本投入，包括股东投入的股本总额、所有的计息负债及其他长期负债的总和。

全部资本成本是经济增加值概念最突出、最重要的一个方面。在传统的会计条件下，收入、利润、投资收益率和净资产收益率等指标均忽视了权益资本的成本，不能体现出公司的全部资本成本，进而不能反映企业的真实营利状况，不能得出公司股东实际财富的增减，是有严重缺陷的。对有些公司而言，即使会计报表显示为盈利，但是实际上是在损害股东利益，因为所得利润是小于全部资本成本的。例如，一些业绩不好的公司盲目投资，其目的是使账面上的会计利润显示为盈利，但实际上这些投资得到的回报低于公司的全部资本成本，实际是损害了股东的利益。

从股东的角度看，会计上的净利润并非都是新创造的价值，净利润扣除财务资本所有者必要资本回报后的剩余额即经济增加值才是真正的新增财富。这部分剩余额才是扣除了经营者人力资本必要回报（固定工资）和股东财务资本所有者必要回报（资本必要报酬）后可供管理者和股东共同分配的收益来源。公司给予管理者的报酬如果超过了企业的经济增加值，就会损害股东的利益。

EVA 真实地反映了企业为股东创造的新增价值，因此是衡量业绩、确定经理人报酬的正确标准。以 EVA 作为经营者的业绩评价指标并与薪酬挂钩，将 EVA 的一部分回报给经营者，可以使经营者与企业所有者的利益统一起来。在 EVA 奖励制度之下，管理人员为自身谋取更多利益的唯一途径就是为股东创造更大的财富。这种奖励没有上限，管理人员创造 EVA 越多，就可得到越多的奖励。同理，在 EVA 奖励制度下，管理人员得到的奖励越多，股东所得的财富也越多。

二、关于股权激励的公司业绩考核指标案例

（一）净利润增长率为业绩考核指标的案例

1. 华胜天成（600410）

华胜天成在其实施的限制性股票期权计划中，把净利润增长率作为业绩考核的指标，根据其公告的股权激励方案规定，对于首次授予的限制性股票，激励对象每一次申请标的股票解锁的公司业绩条件为：

（1）以 2009 年净利润为固定基数，公司解锁日上一年度经审计的净利润较 2009 年度的净利润年复合增长率达到或超过 10%，具体数额如下：

年度	达到或者超过净利润数额（单位：元）	各年度较 2009 年度的净利润增长率	各年度较上一年度的净利润增长率
2009	180，647，694.49	—	10%
2010	198，712，463.94	10%	10%
2011	218，583，710.34	21%	10%
2012	240，442，081.37	33%	10%
2013	264，486，289.51	46%	10%
2014	290，934，918.46	61%	10%
2015	320，028，410.30	77%	10%

（2）解锁日上一年度归属于上市公司股东的扣除非经常性损益的净利润均不得低于授予日前最近 3 个会计年度的平均水平且不得为负。

（3）解锁日上一年度扣除非经常性损益的加权平均净资产收益率不低于 10%。

2. 东方园林（002310）

东方园林在其实施的股票期权计划中，把净利润增长率作为业绩考核的指标，根据其公告的股权激励方案规定，激励对象的行权条件为：

行权期	绩效考核目标
第一个行权期	以本公司 2010 年度净利润为基数，公司 2011 年度净利润增长率达到 30%，扣除非经常性损益后的加权平均净资产收益率不低于 12%
第二个行权期	以本公司 2010 年度净利润为基数，公司 2012 年度净利润增长率达到 80%，扣除非经常性损益后的加权平均净资产收益率不低于 13%
第三个行权期	以本公司 2010 年度净利润为基数，公司 2013 年度净利润增长率达到 140%，扣除非经常性损益后的加权平均净资产收益率不低于 14%
第四个行权期	以本公司 2010 年度净利润为基数，公司 2014 年度净利润增长率达到 230%，扣除非经常性损益后的加权平均净资产收益率不低于 15%

3. 新华都（002264）

新华都在其实施的股票期权计划中，把净利润增长率作为业绩考核的指标，根据其公告的股权激励方案的规定，其股票期权计划的行权条件是：计划的行权日所在的会计年度中，对公司财务业绩指标进行考核，以达到公司财务业绩考核目标作为激励对象当年度的行权条件。财务业绩考核的指标包括：复合主营业务收入增长率、复合净利润增长率。股票期权成本应计入公司管理费用，并在经常性损益中列支。

各年度财务业绩考核具体目标如下：

行权期	业绩指标
第一个行权期	以 2008 年经审计的主营业务收入为固定基数，公司 2011 年度经审计主营业务收入较 2008 年度的年复合增长率达到或超过 31.6%；以 2008 年经审计的净利润为固定基数，公司 2011 年度经审计净利润较 2008 年度的年复合增长率达到或超过 28%
第二个行权期	以 2008 年经审计的主营业务收入为固定基数，公司 2012 年度经审计主营业务收入较 2008 年度的年复合增长率达到或超过 31.6%；以 2008 年经审计的净利润为固定基数，公司 2012 年度经审计净利润较 2008 年度的年复合增长率达到或超过 28%
第三个行权期	以 2008 年经审计的主营业务收入为固定基数，公司 2013 年度经审计主营业务收入较 2008 年度的年复合增长率达到或超过 31.6%；以 2008 年经审计的净利润为固定基数，公司 2013 年度经审计净利润较 2008 年度的年复合增长率达到或超过 28%

在各行权期内，如当期对应的行权条件实现，则该行权期对应的股票期权可以在该行权期内行权，若在对应的行权期内未全部行权的，则未行权的该部分期权由公司注销；如当期的行权条件未能实现且不是最后一期，则该行权期对应的全部股票期权转入下一期，在下一期对应的行权条件实现时行权；如当期的行权条件未能实现且为最后一期，则该行权期对应的全部股票期权由公司注销。

（二）净利润增长率与净资产收益率共同作为业绩考核指标的案例

1. 南天信息（000948）

南天信息在其实施的股票期权计划中，把净利润增长率与净资产收益率共同作为业绩考核的指标，根据其公告的股权激励方案规定，其股票期权计划行权的业绩条件是：公司董事会薪酬与考核委员会在每个会计年度对公司财务业绩指标进行考核，以达到公司财务业绩指标作为激励对象行权的必要条件。

行权期	财务业绩指标
第一个行权期	该行权期上一年度较 2007 年度的净利润增长率不低于 80%；净资产收益率不低于 5.5%；主营业务利润占利润总额的比重不低于 60%
第二个行权期	该行权期上一年度较 2007 年度的净利润增长率不低于 100%；净资产收益率不低于 6%；主营业务利润占利润总额的比重不低于 60%
第三个行权期	该行权期上一年度较 2007 年度的净利润增长率不低于 120%；净资产收益率不低于 6.5%；主营业务利润占利润总额的比重不低于 60%

净资产收益率、净利润指标均以扣除非经常性损益的净利润与不扣除非经常性损益的净利润二者孰低作为计算依据。

股票期权成本应计入公司管理费用中，并在经常性损益中列支。

若公司财务业绩指标达不到上述行权条件或激励对象在行权有效期内放弃行权，则该部分股票期权由公司注销。

在股权激励计划有效期内，高级管理人员个人股权激励预期收益水平，应控制在其薪酬总水平的 40% 以内。收益超过薪酬总水平的 40% 时，不得行权。

公司股票期权等待期内，各年度归属于公司股东的净利润及归属于公司股东的扣除非经常性损益的净利润均不得低于授予日前最近 3 个会计年度的平均水平，且不得为负。

2. 杭萧钢构（600477）

杭萧钢构在其实施的股票期权计划中，把净利润增长率与净资产收益率共同作为业绩考核的指标，根据其公告的股权激励方案规定，杭萧钢构激励对象获授的股票期权的行权条件为：

行权期	行权条件
第一个行权期	公司 2010 年度净利润不低于 1.15 亿元且净资产收益率不低于 11%，则激励对象获授股票期权总额的 30%可以行权
第二个行权期	公司 2011 年度净利润不低于 1.30 亿元且净资产收益率不低于 12%，则激励对象获授股票期权总额的 30%可以行权
第三个行权期	公司 2012 年度净利润不低于 1.50 亿元且净资产收益率不低于 12%，则激励对象获授股票期权总额的 40%可以行权

净利润和净资产数额均以扣除或不扣除非经常性损益后较低者为准。如果公司发生向社会公众、原有股东、特定股东等各种增发股份事宜，或发生重大资产购并、换股、引进战略投资者、配售转债或股票衍生品种等引起净资产大幅变动等事项时，则用于计算当年的净利润及净资产收益率中"净利润"应扣除因此事宜所对应的净利润数额，在计算净资产收益率的"净资产"中应扣除因此事宜所对应的净资产数额。

3. 青岛海尔（600690）

青岛海尔在其实施的股票期权计划中，把净利润增长率与净资产收益率共同作为业绩考核的指标，根据其公告的股权激励方案规定，青岛海尔获授的股票期权的行权条件为：

行权期	绩效考核目标
第一个行权期	前一年度加权平均净资产收益率不低于 10%；以 2008 年经审计的净利润为固定基数，公司 2009 年度经审计净利润较 2008 年度增长率达到或超过 18%
第二个行权期	前一年度加权平均净资产收益率不低于 10%；以 2008 年末净利润为固定基数，公司 2010 年度经审计净利润较 2008 年度的年复合增长率达到或超过 18%
第三个行权期	前一年度加权平均净资产收益率不低于 10%；以 2008 年末净利润为固定基数，公司 2011 年度经审计净利润较 2008 年度的年复合增长率达到或超过 18%
第四个行权期	前一年度加权平均净资产收益率不低于 10%；以 2008 年末净利润为固定基数，公司 2012 年度经审计净利润较 2008 年度的年复合增长率达到或超过 18%

（三）关于经济增加值（EVA）指标的案例

1. 山东东阿阿胶股份有限公司

山东东阿阿胶股份有限公司在其《中长期激励实施办法》中引进了 EVA 的衡量指标。规定了激励基金提取应依据公司经注册会计师审计的年度报告，若本年度净资产收益率达不到 10%，则不提取激励基金；若本年度净资产收益率达到 10% 及以上时，则由薪酬与考核委员会基于劳动力市场对标、经济增加值（EVA）测算等因素进行审核，确定提取比例，计算应提取的激励基金总额，报董事会批准，但提取额的增长率不超过净利润增长率。激励基金在本年度成本中列支。

2. 湖北省国资委出资企业

2011 年初，湖北省国资委印发《湖北省国资委出资企业经济增加值（EVA）年度考核试行办法》，该办法共分 17 条，涵盖经济增加值（EVA）考核的方方面面。该办法要求企业负责人的年度经营业绩实行经济增加值考核，规定经济增加值（EVA）年度经营业绩考核指标为经济增加值（EVA）总额和资本回报率，凡经济增加值（EVA）总额年终考核为负值的，考核结果不能定为 A 级。

第三节　对股权激励对象的绩效考核办法及范例

一、对激励对象的绩效考核的常用办法

（一）员工绩效考核概述

没有考核就没有管理。一个好的绩效考核方法，就是一个好的企业管理方法。考核工作做好了，管理工作就完成了一半；考核没有做好，管理也就无法做好。

企业的绩效是所有员工绩效的总和。绩效是员工对企业的承诺。一个人进入组织，必须对组织所要求的绩效作出承诺，这是进入组织的前提条件。绩效与薪酬是员工和组织之间的对等承诺关系，绩效是员工对组织的承诺，而薪酬是组织对员工所作出的承诺。当员工完成了他对组织的承诺的时候，组织就应实现其对员工的承诺。这种对等承诺关系的本质，体现了等价交换的原则。

绩效考核在本质上就是考核组织成员对组织的贡献，或者对组织成员

的价值进行评价。对公司股东而言，考核的目的是满足知人、用人、留人和激励人的需要，最直接的原因是核定工资、发放奖金、授予股票期权激励的需要。对于员工而言，其需要对自己的工作有一个公正、公平、客观、准确、全面的考核评价，并可以此获得与自己业绩相应的工资、奖金、晋升和股权激励。

既然绩效考核是如此重要，那么在绩效考核的过程中，要做到能够给予被考核员工公正、准确、全面的评价，应注意以下几点。

1. 给予被考核员工本人参与其绩效考核的权利，以保证绩效考核工作的透明性；同时也要给予被考核员工对绩效考核结果评价申诉的权利。

2. 让被考核员工的上司在绩效考核中，主要发挥审核作用，避免单纯用主观评价来代替客观的绩效考核。

3. 避免用被考核员工的同事和下属的民主投票评价代替绩效考核，他们最多只是起到监督作用。

4. 被考核员工的客户对其提供的产品或服务的质量的评价是员工绩效考核的重要依据。

5. 绩效考核周期要保持相对稳定。

6. 绩效考核要遵循公正、公平、客观、准确、全面的原则。

7. 对于绩效考核的结果，无论是奖是惩，均要严格兑现。

（二）几种主要的员工考核办法

1. 评估报告法

评估报告法是考核者以书面的形式对被考核者作出全面、客观、具体的评估报告。报告的主要内容是：被考核者的主要优、缺点；考核期的主要业绩；被考核者的未来发展潜能；能够表现为被考核者能力、素质的一些重要事件、成绩、失误、改进意见和培养方法等方面。

这种方法操作起来灵活简便，具有较强的针对性。但是它只是从总体上进行考核，没有具体的考核标准和量化指标。因此，难以进行相互对比并且考核人员的主观性所带来的偏差也比较大。

这种方式主要适合规模较小的非上市公司，对于上市公司的股权激励的激励对象的考核，不宜使用这种办法对其进行考核。

2. 评级量表法

评级量表法是最常用的考核方法之一。评级量表法主要是借助事先根据考核的目的和需要设计的等级量表来对员工进行评分考核。评级量表法的特点是客观、明确、经济、容易完成和易于对比。其缺点是过于宽大的或中庸的考核者，容易把每个人的每个项目很快地评为高分或平均分。

经过精心设计的等级量表能够有效地反映员工的工作绩效情况，因此评级量表法经常作为实施股权激励的公司对激励对象绩效考核的办法。

评级量表法示例

考核项目	考核要素	考核要点	评定				
基本能力	岗位胜任度		A	B	C	D	E
			10	8	6	4	2
业务能力	执行力		A	B	C	D	E
			10	8	6	4	2
	判断力		A	B	C	D	E
			10	8	6	4	2
	创造力		A	B	C	D	E
			10	8	6	4	2
工作态度	纪律性		A	B	C	D	E
			10	8	6	4	2
	积极性		A	B	C	D	E
			10	8	6	4	2
评定标准： A—非常优秀 B—优秀 C—合格 D—不合格	分数换算 A—48 分以上 B—24—47 分 C—23 分以下		合计分				
			评语				

3. 目标管理法

目标管理的概念是管理学家彼得·德鲁克于 1954 年在其名著《管理实践》中最先提出的，其后他又提出"目标管理和自我控制"的主张。德鲁克认为，并不是有了工作才有目标，而是有了目标才能确定每个人的工作。因此，管理者应该通过目标对下级进行管理。

目标管理法的目的是将组织的整体目标逐级转化为下属单位和个人的子目标，形成一个完整的目标考评体系，以此来提高组织绩效。目标管理法的核心在于调动员工的主动性，让员工自己来制定可能实现的绩效目标，管理人员应提供指导而不是命令。

目标管理法的基本程序为：第一，公司确定考核期内公司的整体目标；第二，管理者和员工联合制定考核期内员工要实现的工作目标和需要达到的绩效水平（公司整体目标分解后的个人目标）；第三，在考核期间，管理者和员工根据业务或环境的变化修改或调整目标；第四，管理者和员工共同决定目标是否实现，并讨论失败的原因；第五，管理者和员工共同制定下一考核期的工作目标和绩效目标。

凭目标管理法获得成功的企业有很多，通用汽车、IBM、惠普都是其中的代表，在中国，海尔公司根据目标管理法的精神和原则，创造了 OEC 管理法（Overall Every Control and Clear），简称为：日事日毕，日清日高。即每天的工作每天完成，每天的工作要清理并每天有所提高。具体内容为：（1）O—Overall（全方位）；（2）E—Everyone（每人）、Everyday（每天）、Everything（每件事）；（3）C—Control（控制）、Clear（清理）。

"OEC" 管理法由三个体系构成：目标体系→ 日清体系→激励机制。首先，确立目标；其次，日清是完成目标的基础工作；最后，日清的结果必须与正负激励挂钩才有效。

目标管理法不仅包含激励和考核机制，更是作为一整套管理体系。因此，实行股权激励的公司可以把绩效考核与公司的目标管理制度紧密地联系起来，使股权激励作为实现公司经营目标的有力工具。

4. 360 度绩效考核法

360 度绩效考核法又称全方位考核法，其最早是由英特尔提出并加以实施的。360 度绩效考核法打破了由上级考核下属的传统考核制度，可以避免传统考核中考核者极容易发生的"光环效应"、"居中趋势"、"偏紧或偏松"、"个人偏见" 和"考核盲点" 等现象。

360 度绩效考核法是由员工自己、上司、下属、同事、客户等全方位各个角度来了解个人的工作绩效。这种考核办法更加客观、真实，让被考核者心悦诚服，因此这种绩效考核办法被公司越来越广泛地采用。本节苏州新海宜公司使用 360 度评分考核法作为股权激励计划的业绩考核办法的示例，可以作为参考。

5. 平衡计分卡法

平衡计分卡（Balanced Score Card，简称 BSC）被《哈佛商业评论》评为 75 年来最具影响力的管理工具之一。它打破了传统的单一使用财务指标衡量业绩的方法，而且在财务指标的基础上加入了未来驱动因素，即客户因素、内部经营管理过程和员工的学习成长，以使公司的策略能够转变为行动。

平衡计分卡主要是通过图、卡、表来实现战略的规划。一份结构严谨的平衡计分卡应当包含一系列相互联系的目标和指标，这些指标不仅前后一致，而且互相强化。平衡计分卡通过因果关系提供了把战略转化为可操作内容的一个框架。根据因果关系，对企业的战略目标进行划分，可以分解为实现企业战略目标的几个子目标，这些子目标是各个部门的目标，同样，各中级目标或评价指标可以根据因果关系继续细分直至最终形成可以指导个人行动的绩效指标和目标。

平衡计分卡延伸到企业的战略管理系统之后，开始得到全球企业界的广泛接受与认同，越来越多的企业在平衡计分卡的实践项目中受益。以美国为例，有关统计数字显示，到 1997 年，美国财富 500 强企业已有 60%实施了绩效管理，而在银行、保险公司等所谓财务服务行业，这一比例则更高。

我国的很多公司也采用了平衡计分卡作为绩效考核和企业管理的手段，本节富安娜公司使用平衡计分卡法作为股票期权激励计划的考核办法示例，可以作为参考。

二、股权激励计划中对激励对象的绩效考核示例

1. 新海宜使用 360 度评分考核法作为股权激励计划的业绩考核办法示例

苏州工业园区新海宜电信发展股份有限公司
首期股票期权激励计划实施考核办法

苏州工业园区新海宜电信发展股份有限公司（002089）（以下简称新海宜或公司）为了进一步完善公司治理结构，健全公司激励机制，确保公司发展目标的实现，保护投资者利益，制订了《苏州工业园区新海宜电信发展股份有限公司首期股票期权激励计划》，拟授予激励对象 340 万份股票期权。为配合该计划的实施，现根据我国《公司法》、《公司章程》及其他有关法律、法规规定，结合公司实际情况，特制定本办法。

一、考核目的、原则

本办法通过对公司董事、监事、高级管理人员和核心技术（业务）人员态度、能力、业绩等工作绩效的正确评价，进而积极地利用股权激励机

制，提高管理绩效，实现公司和全体股东利益最大化。

考核评价必须坚持公正、公平、公开的原则，严格按照本办法和考核对象的工作绩效进行评价，实现股票期权激励与本人工作业绩、能力、态度紧密结合。

二、考核组织职责权限

1. 董事会下设的薪酬与考核委员会（以下简称薪酬与考核委员会）负责组织和审核考核工作。

2. 由薪酬与考核委员会工作小组负责具体实施考核工作。

3. 公司人力资源部、公司财务部等相关部门负责相关考核数据的收集和提供，并对数据的真实性和可靠性负责。

4. 公司董事会负责本办法的审批。

三、考核对象

1. 公司监事会成员（不包括外部监事）；

2. 公司高级管理人员（不包括已经持有公司有限售条件流通股的高级管理人员）；

3. 公司核心技术（业务）人员。

以上高级管理人员必须经公司董事会聘任，核心业务（技术）人员已与公司签署劳动合同。

四、考核方法、内容及期间

1. 考核依据

被考核人员所在岗位的《岗位说明书》、公司年度经营计划。

2. 考核方法

采用 360 度评分考核法，由被考核对象的直接上级、下级以及同级相关人员进行评分，分值比例分别按直接上级 60%、直接下级 20%、同级相关人员 20% 的权重进行计算。

3. 考核内容

项目	工作成果	工作能力	工作态度
权重	70%	15%	15%

4. 具体考核项目

（1）工作成果

在岗位说明书中列出的，对本岗位工作有重要意义的关键业绩指标群，如销售额、费用率、存货周转率、产品合格率、采购及时率、投诉处理及时率等。

（2）工作能力

按不同类别的岗位所确定的、在岗位说明书中描述的、在不同的职务上完成工作所需要的能力标准，包括计划与决策能力、协调与组织能力、领导能力、创新能力、学习和引进新知识新技术的程度和能力等。

（3）工作态度

工作主动性、责任感、团队精神和纪律性。

（4）工作创新及额外工作加分

考核期间有效果明显的工作创新或完成工作量较大的额外工作，经薪酬与考核委员会确认，获得额外加分，数值一般不超过5分。

（5）重大失误和违纪减分

工作期间本人或下属发生重大差错或失误给公司造成经济损失数额较大或重大违纪行为应予减分，数值一般不超过10分。

5. 绩效考核期间：2008—2011年四个会计年度。

6. 考核次数：2009年、2010年、2011年每年一次。

五、考核程序

1. 薪酬与考核委员会工作小组对考核对象的身份、信息进行确认，并经监事会核实。薪酬与考核委员会工作小组负责具体考核操作，统一制作表格，参与评分，考核结果保存，所有被考核对象的绩效考核报告须经薪酬与考核委员会确认。

2. 年初，薪酬与考核委员会工作小组根据岗位说明书、公司年度经营计划，通过与被考核对象的互动，确定被考核人员当年的关键业绩指标群。年终，根据年初确定的关键业绩指标群等进行考核。

3. 考核结果等级标准

相应等级	评分
优	90分以上
良	75—89分
合格	60—74分
不合格	59分以下（完全不能满足要求）

4. 考核申诉

如被考核对象对考核结果或考核等级有异议，可在考核结果反馈表发放之日起 5 个工作日内向工作小组提出申诉，工作小组可根据实际情况对其考核结果进行复核，如确存在不合理，可向薪酬与考核委员会提出异议，由薪酬与考核委员会确定最终考核结果或等级。

六、考核结果反馈及应用

1. 考核结果反馈

每次考核结束后，由薪酬与考核委员会工作小组统一制作反馈表一式二份，一份备案，另一份反馈至被考核对象本人。

2. 考核结果作为股票期权授予和行权依据。

七、绩效考核记录

1. 薪酬与考核委员会工作小组应保留绩效考核所有考核记录。

2. 为保证绩效记录的有效性，绩效记录上不允许涂改，若要重新修改或重新记录，须由当事人签字。

3. 记录保存期 10 年，对于超过保存期限的文件与记录，由薪酬与考核委员会工作小组人员统一销毁。

4. 绩效管理相关人员责任

（1）考核人没有对被考核人进行客观评价的，予以警告，情节严重的，取消其考核人资格。

（2）各系统负责人负责本系统绩效考核，如出现漏考，将由各责任人负责。

本办法由董事会薪酬与考核委员会负责解释。

苏州工业园区新海宜电信发展股份有限公司董事会
二〇〇八年二月二十六日

2. 富安娜公司使用平衡计分卡法作为股票期权激励计划的考核办法示例

深圳市富安娜家居用品股份有限公司
首期股票期权激励计划实施考核办法

深圳市富安娜家居用品股份有限公司（以下简称富安娜或公司）为了进一步完善公司治理结构，健全公司激励机制，确保公司发展目标的实现，保护投资者利益，制订了《深圳市富安娜家居用品股份有限公司首期股票期权激励计划》，拟授予激励对象 300 万份股票期权。为配合该计划的实施，现根据我国《公司法》、《公司章程》及其他有关法律、法规规定，结合公司实际情况，特制定本办法。

一、考核目的、原则

本办法通过对公司高级管理人员、中层管理人员和核心技术（业务）人员态度、能力、业绩等工作绩效的正确评价，进而积极地利用股权激励机制，提高管理绩效，实现公司和全体股东利益最大化。

考核评价必须坚持公正、公平、公开的原则，严格按照本办法和考核对象的工作绩效进行评价，实现股票期权激励与本人工作业绩、能力、态度紧密结合。

二、考核组织职责权限

1. 由董事会下设的薪酬与考核委员会（以下简称薪酬与考核委员会）负责组织和审核考核工作。

2. 由公司薪酬与考核委员会工作小组负责具体实施考核工作，负责相关考核数据的搜集和提供，并对数据的真实性和准确性负责。

3. 公司董事会负责本办法的审批。

三、考核对象

1. 公司高级管理人员（不包括已经持有公司有限售条件流通股的高级管理人员）；

2. 公司核心技术（业务）人员；

3. 公司中层管理人员。

以上高级管理人员必须经公司董事会聘任，中层管理人员、核心业务（技术）人员已与公司签署劳动合同。

四、考核项目（指标）、考核方法及考核期间

1. 考核项目（指标）

运用平衡计分卡（BSC）的概念，针对股权激励对象中的高级管理人员，从财务、客户、内部流程与学习成长四个维度考虑应关注的关键增值领域，将关键增值领域转化为可衡量的关键绩效指标，其中：

（1）财务维度考核项目主要包括以下指标：销售额／回款额及其增长率、净利润额等；

（2）客户维度考核项目主要包括以下指标：客户满意度；

（3）内部流程维度考核项目主要包括以下指标：营运管理、"四化"

（即标准化、程序化、数据化和 IT 化）建设；

（4）学习与成长维度考核项目主要包括以下指标：组织能力建设、人才培养。

对于股权激励对象中的其他核心技术（业务）人员，绩效指标主要来自两个方面：部门绩效指标的分解和本人所从事岗位工作职责的相关性指标。各岗位考核指标的目标值和权重由其上级领导会同薪酬与考核委员会确定。

激励对象在考核期内发生岗位变动的，考核指标跟随岗位变动（如因个人原因被撤职、降职、处分者等），年终统计时，前后岗位按照时间段确定权重汇总计算绩效等级（调动到新岗位有过渡期，过渡期按前岗位考核指标考核）。

各岗位考核指标参照公司相关体系年度考核方案制订。主要包括工作业绩、工作能力、工作态度几个方面。

（a）工作业绩（占 70%权重）

在岗位说明书中列出的，对本岗位工作有重要意义的关键业绩指标群，如销售额、毛利率、费用率、存货周转率、一次性交货合格率、采购及时率、投诉处理及时率等。

（b）工作能力（占 20%权重）

按不同类别的岗位所具备本岗位要求的知识与业务技能标准，包括计划与决策能力、协调与组织能力、领导能力、创新能力、学习和引进新知识新技术的程度和能力等。

（c）工作态度（占 10%权重）

工作主动性、责任感、团队精神和纪律性。忠诚于公司，认同公司企业文化理念与发展目标。

重大失误（差错）和重大违纪：工作期间本人或下属发生重大差错或失误给公司造成经济损失数额超过人民币 10 万元（含）和重大违纪应予减分 10 分以上。

2. 考核方法

股票期权激励对象根据设定的考核指标实际达成情况进行考核，由被考核对象的直接上级、下级以及同级相关人员收集考核数据进行考核评分（在公司受薪的董事、监事及高管由董事会考核）；每个激励对象均设定对应的详细考核指标。

3. 绩效考核期间：2011—2013 年三个会计年度（激励对象行权前一

会计年度）。

4. 考核次数：2011 年、2012 年、2013 年每年一次。

五、考核程序

1. 公司绩效考核体系包括年度、季度考核，与股权激励计划挂钩的绩效考核结果指的是年度业绩考核结果，即对员工年度工作完成情况进行的评定。

2. 每一考核年度由公司制定被激励对象年度考核指标目标，通过与被考核对象的互动，确定被考核人员当年的关键业绩指标群，并与被考核个人签订《年度岗位目标考核责任书》。其中，高级管理人员的业绩目标责任书须报公司董事会薪酬与考核委员会备案。

3. 年度考核由公司薪酬与考核委员会工作小组负责具体考核操作，根据年度工作业绩目标的实际完成情况，跟踪汇总考核数据，公司薪酬与考核委员会工作小组根据考核数据对被考核人进行绩效评价，并最终形成被评价人的年度绩效考核结果。其中，高级管理人员的年度考核结果须报公司董事会薪酬与考核委员会形成年度考核结果。

4. 年度考核结束后由薪酬与考核委员会工作组负责统一制作考核汇总表，报薪酬与考核委员会最终审核通过。

5. 考核申诉。

如被考核对象对考核结果或考核等级有异议，可在考核结果反馈表发放之日起 5 个工作日内向工作小组提出申诉，工作小组可根据实际情况对其考核结果进行复核，如确实存在不合理，可向薪酬与考核委员会提出异议，由薪酬与考核委员会确定最终考核结果或等级。

六、考核结果等级及行权条件

1. 考核结果等级标准

被激励对象员工的绩效考核结果分为优、良、合格、不合格四档，按正态分布原则确定各档次的人数，具体如下：

相应等级	绩效考核成绩得分	所占比例
优	95 分及以上	不超过 10%
良	85—94 分	80%—90%
合格	75—84 分	
不合格	75 分及以下	不少于 10%
说明	绩效考核结果为优以上员工总数如果超过 10%，不合格及以下员工总数不足 10%，则加权平均强制分布	

2. 行权条件

若激励对象的年度考核结果为合格及以上，则其当年绩效表现达到行权条件，可以申请当年标的股票的行权；若激励对象的年度绩效考核结果为不合格，则其当年未达到行权条件，取消其当年标的股票的行权资格。

七、考核结果反馈及应用

1. 考核结果反馈

每次考核结束后，由薪酬与考核委员会工作小组统一制作反馈表一式二份，一份备案，另一份反馈至被考核对象本人。

2. 考核指标和结果的修正

考核期内如遇到重大不可抗力因素或特殊原因影响被考核人工作业绩的，公司董事会薪酬与考核委员会可以对偏差较大的激励对象考核指标和考核结果进行修正。

3. 考核结果作为股票期权授予和行权依据。

八、绩效考核记录

1. 考核结束后，薪酬与考核委员会工作小组应保留绩效考核所有考核记录。考核结果作为保密资料归档保存。

2. 为保证绩效记录的有效性，绩效记录上不允许涂改，若要重新修改或重新记录，须由当事人签字。

3. 绩效考核记录保存期5年，对于超过保存期限的文件与记录，经薪酬与考核委员会批准后由薪酬与考核委员会工作小组人员统一销毁。

4. 绩效管理相关人员责任

考核人没有对被考核人进行客观评价的，予以警告，情节严重的，取消其考核人资格。

九、附则

本办法由董事会负责制定、解释及修订。

本办法自公司董事会审议通过之日起开始实施。

深圳市富安娜家居用品股份有限公司
二〇一〇年七月二十二日

第五章　股权激励计划的实施指南

从理论上说，企业实行股权激励计划，可以分为三部分：一是对管理层及骨干激励方案的设计，解决如何激励管理层及骨干的问题；二是对管理层及骨干约束方案的设计，解决如何约束管理层及骨干的问题；三是股权激励计划的具体实施步骤问题，解决如何将股权激励计划方案具体落实的问题。

一家企业如果要实行股权激励计划，从具体实施的时间顺序上说，在公司董事会诊断公司经营的问题（见本书下篇第二章第一节企业股权激励计划的需求诊断），决定实施股权激励计划后，一般按照时间顺序需分为以下几个步骤予以实施：

第一步，组建股权激励计划管理团队并进行具体职责分配；

第二步，专门的股权激励顾问机构的选聘；

第三步，股权激励计划草案等文件、配套制度的起草；

第四步，股权激励计划文件的提交与审议；

第五步，股权激励计划的授予与行权程序。

本章将上述股权激励计划实施的五个步骤分为以下五节内容予以具体论述。

第一节　股权激励管理团队的组建及职责分配

股权激励计划管理机构的组建，如同公司内部任何一个管理机构的组建，要遵守最基本的两个原则：一个原则是要和公司的管理现状相适应；另一个原则是要遵守公司法等相关法律法规的规定。

股权激励计划的管理机构分为四个部分：第一部分是股权激励计划的最高权力机构——股东会；第二部分是股权激励计划的执行机构——董事会；第三部分是股权激励计划的监督机构——监事会；第四部分是董事会下属专门实施股权激励计划的管理机构。

一、股东会

股东会是由全体股东组成的公司最高权力机构，也是实施股权激励计划的最高权力机构。归纳起来，股东会应履行以下职责：

1. 授权董事会组织股权激励计划的制订与实施；

2. 直接聘任或解聘股权激励专门委员会委员，也可以授权董事会聘任或解聘股权激励专门委员会委员；

3. 审议董事会通过的股权激励专门委员会提交的股权激励计划方案，提出通过或否定意见；

4. 审议董事会办理有关股权激励计划相关事宜的授权的方案；

5. 审议监事会关于股权激励计划实施情况的报告；

6. 审议独立董事提交的关于股权激励计划的独立意见报告。

股权激励计划直接关系股东现有股权的稀释问题，关系各个股东的切身利益，其实施必须得到股东会的表决批准，只有通过代表 2/3 以上表决权的股东表决通过方可实施。在公司存在控股股东与非控股股东的前提下，控股股东单独表决通过的股权激励计划不得侵害非控股股东的利益。

二、董事会

股权激励计划本身就是激励经理层的计划，因此不可能让经理办公室成为股权激励计划的执行机构。股权激励计划正确的执行机构应该是公司董事会。同理，因为股权激励计划在起草和实施过程中有很多细节需要处理，所以成立股权激励工作小组或者股权激励工作委员会，他们直接对董事会负责，而不能对总经理负责。

公司董事会是股权激励计划的执行机构，在获得股东会授权后，履行被授予的有关股权激励计划的相关权利。一般而言，董事会应履行以下职责：

1. 负责起草、修改或者审批下属机构起草、修改的股权激励计划，报股东会审批；

2. 在由董事会下属机构起草股权激励计划的情形下，董事会负责筹建该下属机构，负责聘请或解聘下属机构组成人员，无论该下属机构是否为薪酬与考核委员会、股权激励委员会或者股权激励计划小组；

3. 审议、批准股权激励计划相关配套规章制度；

4. 提出修改或终止股权激励计划的意见，报股东会审议；

5. 股东会授权董事会办理的有关股权激励计划相关事宜；

6. 审议专业股权激励顾问的聘请事宜；

7. 其他应由董事会决定的有关股权激励计划相关的事项。

董事会的组成人员——董事是由股东会选举产生的，受股东的委托行使经营管理权的机构。董事可以是股东，也可以不是股东。法律规定，董事会对股东会负责，在实践中许多董事会演变成董事会对控股股东或大股东负责。在这种情况下，董事会的独立法律地位根本无法保证。董事会的法定职权很难公平行使，中、小股东的权益无法保证。因此，要在董事会中引入独立董事，以便公司董事会能公正地确定股权激励对象的范围以及授予的股权激励标的数量等重要问题。

三、监事会

公司监事会是公司治理的监督机构，也是股权激励计划的监督机构，负责对股权激励计划的实施情况进行监督。监督包括董事会及下属专门的股权激励管理机构的管理工作、员工的绩效考核、股权激励标的的授予、股权激励计划执行的执行程序等，并向股东会报告监督情况。公司监事会在股权激励计划的监督方面，应当履行以下职责：

1. 审议由董事会或者董事会下属专门的股权激励管理机构起草的股权激励计划方案；

2. 对股权激励计划的激励对象名单进行核实，确定激励对象的主体资格是否合法、有效；

3. 审查股权激励计划的实际执行情况；

4. 其他应由监事会决定的有关股权激励计划的相关事项。

四、董事会下属实施股权激励计划专门委员会的管理机构

根据各个公司的具体情况不同，董事会下属专门实施股权激励计划的管理机构，可以称为薪酬与考核委员会，还可以称为股权激励专门委员会，也可以称为员工持股专门委员会等。虽然名称不同，但其共同点就是要向董事会负责，而不是向总经理负责。董事会下属专门实施股权激励计划的管理机构的组成，应该考虑到其独立性，可以约定其组成人员的一半以上为独立董事或者外部董事。

董事会下属专门实施股权激励计划的管理机构应履行以下职责：

1. 起草、修改股权激励计划草案，包括激励标的的授予数量、授予条件、授予对象、授予日期、行权时间、行权方式、行权程序和转让限制等；

2. 委托中介机构起草、修改股权激励计划草案及所有相关文件；

3. 起草、修改股权激励计划的管理制度；

4. 起草、修改股权激励计划的绩效考核办法和其他配套制度；

5. 负责具体实施股权激励计划及适用相关绩效考核结果；

6. 执行董事会有关股权激励计划的决议；

7. 其他应该由股权激励计划专门机构履行的职责。

第二节　股权激励顾问机构的选聘

股权激励作为一种用专业设计的合法合规的激励计划方案，是以解决公司持续发展过程中股东与管理层之间"委托—代理"矛盾为目标的长期激励的手段或者说方案制度设计。这种方案设计（或者说制度设计）有效地解决了公司股东、所有者的权益与经理层利益不一致的矛盾，使经理层的长期利益与股东的长期利益有机地结合起来，减少了代理的风险。股权激励这一重要的制度创新方案设计作为一种复杂的权利义务安排，如果想要达到股权激励的激励和约束的效果，需要专业机构的介入。目前，为股权激励计划的方案设计的主要顾问机构有律师事务所和管理咨询公司两种。以下为这两种机构的优缺点及可提供的服务的简要介绍，以便企业在实施股权激励计划选聘顾问机构时作为参考。

一、律师事务所作为专门的股权激励顾问机构

（一）律师事务所作为专门的股权激励顾问机构的特点

1. 股权激励从形式上看涉及公司未来利润分配的财务问题、管理层薪酬的人力资源问题、股东对员工士气激励的心理问题。但是，从实际情形来看，股权激励方案的设计和实施的每一个环节都涉及法律关系的调整与变更，涉及《公司法》《证券法》中关于公司治理结构的法律规定、股权激励的相关法律规定。因此，股权激励实质上是一个法律问题，需要法律

专业人士的介入。

2. 从国际惯例以及股权激励制度的产生、发展轨迹、相关法规的制定和完善来看，律师都发挥了极其重要的作用。股权激励这一制度创新最初是由美国的律师路易斯·凯尔索发明、设计并创建的。20 世纪 60 年代初期，美国律师路易斯·凯尔索针对社会日益严重的贫富差距和企业中的动力真空问题，创建了雇员持股计划即 ESOP（广义股权激励计划的一种），这一制度很快在美国众多的企业中得到了实施，并达到了很好的实施效果，随后这一制度流行到了世界其他发达国家，在世界范围内得到了认可。

在股权激励制度的发展过程中，凯尔索律师与其他发达国家的律师、法律人士一起推动了关于股权激励制度相关的立法和税收优惠政策，为股权激励的实施创造了良好的社会法规政策环境。

3. 律师从事股权激励法律服务是股权激励计划规范化、合规化发展的要求。股权激励的规范性和合规性的要求包括三点：一是股权激励制定和实施的程序要合法和规范，尤其对于上市公司，股权激励方案的制订主体、方案的申报、审批、表决、实施等程序均要合法和规范；二是股权激励方案的文本和配套制度需要合法和规范，这就要求股权激励方案文本、股权授予协议、行权申请书、考核制度、劳动合同等均要合法和规范；三是股权激励涉及的公司治理机构的运作要求合法和规范，这包括股东会、董事会、监事会的合规运作和权限的规范界定。

律师是制定法律性文件、安排公司内部治理、实施法定程序的行家里手。律师的介入能使股权激励的工作合法和规范地进行。股权激励工作合法和规范，反过来可以减少监管部门的修改，避免走不必要的弯路，从而使股权激励工作高效有序进行。

4. 律师有能力提供股权激励的专业法律服务。中国大陆上的第一个股权激励计划，就是在 20 世纪 90 年代万科公司聘请香港律师事务所制订实施的。时至今日，律师的业务范围已不限于以前社会公众印象中律师只是会打官司的讼师的活动范围了，非诉讼业务包括企业并购、改制、证券发行与融资等已经成为律师熟悉的业务类型，律师通过持续学习，懂经济、懂管理、懂法律的复合型人才不断增加，律师完全有能力担当股权激励的设计者，提供其他相关的股权激励法律服务。

（二）律师事务所专业律师股权激励专项法律服务的范围

1. 起草、拟订股权激励计划草案及相关法律文书

专业律师是制定各种规范性文件的专家，专业律师制定的文件一般来说词语的定义比较明晰，用词比较准确，不会产生歧义，同时文件结构的逻辑性比较强，不会产生逻辑混乱的问题。因此，由专业律师来起草、拟订股权激励计划草案及相关法律文书具有天然的专业优势。

专业律师起草、拟订股权激励计划草案及相关法律文书除了具有上述的专业优势外，还具有另一优势，就是精通股权激励相关的法规政策，能够确保股权激励方案的文本和配套法律文书（包括股权授予协议、行权申请书、考核制度、劳动合同）的合规性。随着股权激励计划被更多的公司所实施，股权激励的相关法规和政策性规定也越来越多、越来越复杂，股权激励计划的合规性也就愈加重要。

2. 出具实施股权激励计划必需的法律意见书

（1）根据《上市公司股权激励管理办法》的规定：董事会审议通过股权激励计划后，上市公司应将有关材料报中国证监会备案，同时抄报证券交易所及公司所在地证监局。上市公司股权激励计划备案材料应当包括以下文件：一是董事会决议；二是股权激励计划；三是法律意见书；四是聘请独立财务顾问的，独立财务顾问报告；五是上市公司实行股权激励计划依照规定需要取得有关部门批准的，有关批复文件；六是中国证监会要求报送的其他文件。

上市公司聘请的律师对股权激励计划出具的法律意见书，至少对以下事项发表专业意见：一是股权激励计划是否符合本办法的规定；二是股权激励计划是否已经履行了法定程序；三是上市公司是否已经履行了信息披露义务；四是股权激励计划是否存在明显损害上市公司及全体股东利益和违反有关法律、行政法规的情形；五是其他应当说明的事项。

（2）上市公司因标的股票除权、除息或其他原因需要调整行权价格或股票期权数量的，可以按照股票期权计划规定的原则和方式进行调整。上市公司依据前款调整行权价格或股票期权数量的，应当由董事会作出决议并经股东会审议批准，或者由股东会授权董事会决定。律师应当就上述调整是否符合公司章程和股票期权计划的规定向董事会出具专业意见。

（3）在实践中，股权激励的授予、行权、其他相关事项的决议，也需

要律师的法律意见书作为董事会或者股东会作出决议的法律依据。

（4）在非上市公司实施股权激励计划时，如果该非上市公司的股东较多，而且对如何实施股权激励计划意见不一，这时也需要律师出具股权激励计划的法律意见书，以保证股权激励计划不损害相关股东的合法利益。

3. 处理激励对象与公司之间相关股权激励纠纷、员工薪酬纠纷和劳动合同纠纷

股权激励计划实施过程中以及实施之后，激励对象和公司之间、激励对象与送股股东之间可能会产生经济纠纷，甚至引起仲裁或诉讼。这一类的纠纷往往涉及关于董事、经理的信托责任的《公司法》问题；员工与公司之间的劳动合同法律问题；以及相关股权激励方案和授予协议的合同法问题。因此，对于此种类型的股权激励纠纷，如果没有妥善处理，很可能影响公司的股权激励效果，甚至给公司造成较大的经济损失，所以律师的介入是至关重要的。

4. 作为外部董事或者独立董事参与股权激励计划

股票期权、限制性股票以及其他股权激励方案，有时是由公司的薪酬与考核委员会设计和提起的，为了保证股权激励方案的公平、公正，一般要求考核委员会有外部董事或者独立董事的参与。而专业律师因为熟悉股权激励法律法规、财经和劳动等相关法律知识，所以是企业薪酬与考核委员会独立或者外部董事的合适人选。律师可以通过成为薪酬与考核委员会的独立或者外部董事而参与企业股权激励计划的制订和实施过程。

总之，律师提供的专业法律服务可以贯穿股权激励方案的制订、申报、实施的全过程。律师的专业法律服务对于保证股权激励计划有效、稳妥、顺利、高效地实施可以起到重要的作用。

二、管理咨询公司作为专门的股权激励顾问机构的特点

1. 股权激励咨询业务属于管理咨询公司的业务范围。根据百度百科的介绍，管理咨询公司是帮助企业和企业家，通过解决管理和经营问题，鉴别和抓住新机会，强化学习和实施变革以实现企业目标的一种独立的、专业性咨询服务机构。它是由具有丰富经营管理知识和经验的专家组成，深入企业现场，与企业管理人员密切配合，运用各种科学方法，找出经营管理上存在的主要问题，进行定量及定性分析，查明产生问题的原因，提出切实可行的改善方案并指导实施，以谋求企业坚实发展的一种改善企业经

营管理的服务公司。

其任务主要有三个：一是帮助企业发现生产经营管理上的主要问题，找出原因，制订切实可行的改善方案；二是指导改善方案的实施；三是传授经营管理的理论与科学方法，培训企业各级管理干部，从根本上提高企业的素质。

目前，全国有 4 万多家咨询公司，大都是小作坊的经营模式，并且操作不规范。唯一的办法就是强强联合，修炼内功，培养科学的、严谨的、规范的能力，这就是本土咨询公司的出路。

由此可知，管理咨询公司主要是用来解决管理和经营问题的专业服务机构。而对员工的激励问题也是企业管理中的重要问题。因此，股权激励业务也是管理咨询公司的业务范围。

2. 管理咨询公司在设计股权激励计划方案时，会侧重于把股权激励作为企业的一种管理手段。因而在设计股权激励计划方案的同时，可以给公司管理层提供管理咨询建议，帮助企业管理层提高管理能力。

3. 咨询公司有些咨询顾问对某些咨询项目有着丰富的行业咨询经验，其对客户行业的宏观特点和细节问题比较了解，因此在设计股权激励计划方案时可以结合客户所在行业的特点设计出具有针对性的方案。

4. 管理咨询顾问一般没有受过正规法律教育，往往是 MBA 出身，在设计牵涉多方权利义务关系的股权激励计划方案和合同时，可能会出现语言不太严谨以及权利义务不清晰的问题。这是管理咨询顾问需要加强的方面，管理咨询公司可以通过聘请法律专业人士参与设计方案的方式解决这个问题。

第三节　股权激励计划方案、配套制度等文件的起草

股权激励计划的设计最终需要体现在股权激励计划方案等具体的文件、文本上。因此，股权激励计划方案、相关配套制度文件的起草在企业实施股权激励计划过程中起着重要作用，企业实施股权激励计划的思路要落实在文件中。文件起草完成，股权激励计划方案经审议生效后，即会影响股东、公司与激励对象的利益关系，股权激励计划开始实施，而具体如何实施、激励对象如何考核，能否行权、何时行权、如何行权等都需要按照事前起草好的各种文件进行。

　　具体到各个企业中，企业应对自己公司的实际情况进行全面分析，考虑本企业规模大小、部门人员结构、业务发展现状及预期等因素，设计相应的股权激励方案。股权激励计划方案的书面文件一般由董事会下属的股权激励专门委员会或者董事会聘请的股权激励顾问起草，具体而言，一套完整的股权激励计划方案及其配套制度主要包括以下文件：

1. 《公司股权激励计划方案》；
2. 《公司股权激励计划绩效考核办法》；
3. 《公司股权激励计划管理制度》；
4. 《股权激励授予协议书》；
5. 《激励对象承诺书》；
6. 《股权激励计划法律意见书》；
7. 《激励对象绩效考核结果报告书》；
8. 《激励对象行权或者解锁申请书》；
9. 《激励对象行权或者解锁批准书》；
10. 《股权激励证明范本》；
11. 《股权激励相关时间安排》；
12. 《股权激励股东会决议》；
13. 《股权激励董事会决议》；
14. 《公司章程修改建议书》；
15. 《公司治理结构调查问卷》；
16. 《公司治理结构完善建议书》；
17. 《激励对象劳动合同完善建议书》；
18. 《激励对象同业竞争限制协议书》；
19. 《公司薪酬制度完善建议书》；
20. 《股权激励计划法律意见书》；
21. 《股权激励计划独立财务顾问意见书》。

　　如果把股权激励计划方案的全部文件的范本放在同一章内会导致本章内容过多。因此，本章仅就上述中最主要的《公司股权激励计划方案》、《公司股权激励计划绩效考核办法》、《公司股权激励计划管理制度》、《股权激励授予协议书》、《激励对象承诺书》以及《股权激励计划法律意见书》如何起草提供简要的建议，把上述一套完整的股权激励计划涉及的范本放到本书的附录中，以供读者参考。

一、《公司股权激励计划方案》的起草

《公司股权激励计划方案》是股权激励计划的核心，也是本书的主要内容，因为各种类型公司采用的股权激励计划各不相同，且本书其他章节中已经就股权激励计划方案如何起草做了详细的论述，并给出多个范本，为此在本章中笔者不再论述和提供范本。

二、《公司股权激励计划绩效考核办法》的起草

《公司股权激励计划绩效考核办法》是决定激励对象有无资格获授股权激励标的或者是否具有行权资格的判断标准。《公司股权激励计划绩效考核办法》的起草应由董事会下属的股权激励专门委员会会同公司的人力资源部共同负责。如果公司已经有了比较成熟、科学的绩效考核办法，股权激励专门委员会应充分利用现有的绩效考核办法和考核惯例，稍微加以改造就可以作为股权激励计划的绩效考核办法。关于股权激励计划的绩效考核的内容本篇第四章已经有详细论述，此处亦不再论述。

关于《公司股权激励计划绩效考核办法》的范本在本篇第四章第三节中有两篇，一篇是新海宜公司使用360度评分考核法作为股权激励计划的业绩考核办法，另一篇是富安娜公司使用平衡计分卡法作为股票期权激励计划实施考核办法。360度评分考核法和平衡计分卡法为目前实践中企业常用的两种绩效考核办法。

三、《公司股权激励计划管理制度》的起草

《公司股权激励计划管理制度》是公司董事会实施股权激励管理的依据，是公司董事会下属股权激励专门委员会行使职权，具体实施股权激励计划的依据，也是监事会实施监督的依据，因此这份公司内部的股权激励计划管理文件是必不可少的。《公司股权激励计划管理制度》的主要内容包括以下方面：（1）股权激励计划的管理机构设置，其目的是明确股东会、董事会、监事会以及股权激励专门机构在实施股权激励计划中的具体权限、职责划分；（2）股权激励计划的基本模式与运作流程，此处内容主要是对股权激励计划进行的简要介绍；（3）具体到每个年度的股权激励计划实施问题；（4）股权激励计划实施细则的制定，股权激励计划的实施细则应该包括股权激励计划实施过程中的众多细节问题，在股权激励计划的

管理制度中，一般只需概括出实施细则的主要内容即可；（5）如拟实施股权激励计划的公司为上市公司，在公司股权激励计划管理制度中还应对股权激励计划的信息披露问题予以明确规定。

四、《股权激励授予协议书》的起草

《股权激励授予协议书》与《公司股权激励计划方案》不同，《公司股权激励计划方案》的效力主要是面向公司全体职工、公司股东、独立第三方，具有对外公示的效力，而《股权激励授予协议书》的效力一般限于协议各方，是协议各方权利义务的具体约定。《股权激励授予协议书》是激励对象取得股权激励标的的法律依据，是对激励对象有可能获得未来股权激励收益的书面约定。

《股权激励授予协议书》的内容，一般应包括以下方面：

1. 协议主体

一般而言，《股权激励授予协议书》在公司与激励对象之间签订，协议主体是公司与激励对象。在非上市公司股东出让激励股份的情况下，股权激励授予协议为公司股东与激励对象之间签署，此时的协议主体为公司股东与激励对象。

2. 激励对象的获授资格

激励对象之所以可以签署股权激励授予协议是因为激励对象具有股权激励计划的获授资格，此条款一般应指明激励对象取得获授资格的考核依据以及岗位依据等。

3. 股权激励标的的授予

此条款应明确公司根据股权激励计划方案授予激励对象的股权激励标的的具体数量以及相应的授予凭证等内容。激励对象即是根据本条款取得了股权激励标的，并享有未来行权权利的。

4. 股权激励标的权利的实现及其程序

股权激励计划存在各种不同的类型，因此股权激励标的也各不相同，股权激励标的的实现及其程序的内容也各不相同。例如，在公司实施业绩奖励型股权激励计划时，公司需要按照方案提取奖励基金总额，然后把奖励基金分配给具体激励对象予以购买股票并持有一定期限；在公司实施认股权模式的股权激励时，激励对象获得的是认购一定公司股份的权利，需要在达到约定条件后在行权期内按时行权。

5. 股权激励授予协议与劳动合同之间的关系

股权激励计划中，虽然股权激励标的的行权与实现期间较长，但是激励对象不得因此认为公司承诺了在股权激励计划有效期间为其聘用期限，激励对象的聘用期限应按照激励对象与公司之间签订的劳动合同确定。

6. 公司及激励对象的承诺

此条款实际上是以承诺的形式明确了双方关于股权激励的权利，重点在于激励对象的承诺。激励对象一般要作出关于申报资料真实、遵守公司规章制度、服务年限以及依法纳税等承诺。公司主要是承诺不得随意变更股权激励协议的内容以及要履行依法给付的义务等。

7. 协议的终止、违约责任以及争议解决

协议的终止情形、违约责任的承担以及争议解决办法为协议中的必备条款，在股权激励授予协议中，应结合股权激励计划草案的相关内容起草本条款。一般而言，关于股权激励协议所产生的争议不属于劳动争议，所以争议解决机构不能选择劳动仲裁委员会，而应当从有管辖权的法院或者商业仲裁机构中选择。

五、《激励对象承诺书》的起草

为了股权激励计划能够得到顺利实施，企业一般会要求激励对象签署承诺书，《激励对象承诺书》一般包括以下内容：（1）遵守国家法律、法规的要求；（2）遵从股权激励计划的规则以及制定的各项规章制度；（3）接受董事会及其薪酬委员会下达的绩效考核指标和绩效考核办法；（4）接受董事会及其薪酬委员会按照考核办法对激励对象进行考核并接受考核结果；（5）接受根据绩效考核结果确定的激励对象有权实现的股权激励标的数量；（6）按照股权激励计划方案确定的行权方式、行权时间行权；（7）承诺在公司的服务年限。

六、《股权激励计划法律意见书》的起草

《股权激励计划法律意见书》是上市公司实施股权激励计划时必备的一份法律文件。对于非上市公司，如果其股东人数比较多，制订的股权激励计划方案一般也需要律师出具法律意见书，以便确定股权激励计划方案的合法有效性以及股权激励计划不损害股东的合法利益。

《股权激励计划法律意见书》的组织结构在形式上与其他专项法律意

见书一致，一般由首部、主文和结尾组成。

首部包括标题和文件编号，标题一般采用"×× 律师事务所关于×× 公司之股权激励事项的法律意见书"的形式，编号可以采用其律师事务所编号规则。

主文是股权激励计划法律意见书的核心部分，应当根据法律法规对股权激励方案的要求以及律师业务常规确定其主要内容。必要时，应委托人的要求，律师可以出具股权激励计划法律意见书的补充说明或者补充法律意见书，作为法律意见书的有效组成部分。股权激励计划法律意见书的主文部分一般应包括引言、正文。

结尾供股权激励计划法律意见书的签署之用，应当说明法律意见书的文本份数，加盖律师事务所公章，由律师事务所负责人与经办律师签字（一般采用打印律师姓名加律师签字的形式），并注明出具日期。

另外，专业律师起草《股权激励计划法律意见书》时应注意以下六个问题：

1. 专业律师首先应对拟实施股权激励的企业进行法律尽职调查和核实、查证股权激励方案内容，然后才能对股权激励方案的书面内容出具法律意见书。

2. 专业律师对股权激励方案出具法律意见的，应当依法对相关法律问题发表明确的结论性意见。如对于企业的特殊问题专业律师虽已勤勉尽责，但仍然不能作出明确判断，或者已经明确向企业表示不同观点的，应当发表保留意见。

3. 专业律师对股权激励方案出具的法律意见书应当符合法律、法规的规定和要求。出具法律意见书时，应当注意适用法律、法规的准确性，正确处理法律和法规的效力和冲突问题，使用司法解释或法理以及规范性政策文件作为依据时应当作出适当说明。

4. 专业律师应当在法律意见书中声明：非经律师事务所及签字律师同意，不得将法律意见书用于股权激励事项以外的其他目的或用途。

5. 上市公司聘请的专业律师对股权激励计划出具法律意见书，至少对以下事项发表专业意见：

（1）上市公司是否符合本办法规定的实行股权激励的条件；

（2）股权激励计划的内容是否符合本办法的规定；

（3）股权激励计划的拟订、审议、公示等程序是否符合本办法的规定；

（4）股权激励对象的确定是否符合本办法及相关法律法规的规定；

（5）上市公司是否已按照中国证监会的相关要求履行信息披露义务；

（6）上市公司是否为激励对象提供财务资助；

（7）股权激励计划是否存在明显损害上市公司及全体股东利益和违反有关法律、行政法规的情形；

（8）拟作为激励对象的董事或与其存在关联关系的董事是否根据本办法的规定进行了回避；

（9）其他应当说明的事项。

6. 专业律师对股权激励方案出具的法律意见书，作为上市公司申请实施股权激励计划所必备的法律文件之一，随其他申报材料一起上报中国证监会及其他有关政府部门，专业律师及其所属律师事务所应对法律意见书的合法性和有效性依法承担相应责任。

第四节　股权激励计划文件的提交及审议程序

一、上市公司股权激励计划文件的提交及审议程序

在上市公司董事会下属薪酬与考核委员会自己起草，或者委托专门的中介机构起草《股权激励计划方案》以及《股权激励计划实施考核办法》等一系列相关文件后，要将这些文件提交给公司权力机构，以求能够审议通过并生效。根据《上市公司股权激励管理办法》之规定，以下为上市公司股权激励计划的文件提交及审议程序。

（1）董事会下设的薪酬与考核委员会拟订股权激励计划草案。

（2）董事会审议股权激励计划草案，拟作为激励对象的董事或与其存在关联关系的董事应当回避表决。

（3）独立董事及监事会应当就股权激励计划草案是否有利于上市公司的持续发展，是否存在明显损害上市公司及全体股东利益的情形发表意见。

（4）上市公司应当在召开股东会前，在公司内部公示激励对象的姓名及职务，公示期不少于10天。

（5）监事会应当对股权激励名单进行审核，充分听取公示意见。上市

公司应当在股东会审议股权激励计划前 5 日披露监事会对激励名单审核及公示情况的说明。

（6）律师事务所对股权激励计划出具法律意见书。

（7）独立董事就本次股权激励计划向所有的股东征集委托投票权。

（8）股东会应当对《上市公司股权激励管理办法》第 9 条规定的股权激励计划内容进行表决，并经出席会议的股东所持表决权的 2/3 以上通过。除上市公司董事、监事、高级管理人员、单独或合计持有上市公司 5% 以上股份的股东以外，其他股东的投票情况应当单独统计并予以披露。上市公司股东会审议股权激励计划时，拟为激励对象的股东或者与激励对象存在关联关系的股东，应当回避表决。

（9）股权激励计划经股东会审议通过后，上市公司应当在 60 日内授予权益并完成公告、登记；有获授权益条件的，应当在条件成就后 60 日内授出权益并完成公告、登记。

（9）股权激励计划经股东会审议通过后生效，即可实施。

二、非上市公司股权激励计划文件的提交及审议程序

在非上市公司董事会下属专门的股权激励委员会自己起草或者委托专门的中介机构起草好上述《股权激励计划方案》以及《股权激励计划实施考核办法》等一系列相关文件后，要将这些文件提交给公司权力机构审议，以求能够审议通过并生效。以下为非上市公司股权激励计划的文件提交及审议程序。

1. 董事会下属专门的股权激励委员会或者委托的中介机构拟订股权激励计划草案及相关配套文件。

2. 董事会审议股权激励计划草案及相关配套文件。

3. 公司召开监事会会议，审议通过股权激励计划方案，并对股权激励计划的激励对象名单进行了核实。

4. 公司董事会发出召开股东会的通知，审议并实施本次股权激励计划。

5. 公司召开股东会审议股权激励计划，公司监事会应就激励对象名单的核实情况向股东会予以说明。股东会应当对本次股权激励计划中的相关内容进行逐项表决，每项内容均须经出席会议的股东所持表决权 2/3 以上通过。

6. 股权激励计划经股东大会审议通过后生效，即可实施。

与上市公司的股权激励计划方案的提交和审议程序相比，非上市公司的提交和审议程序相对简便。但是，非上市公司因为其可以采取的股权激励计划的模式比较多，每一种模式产生的后果都各不相同，因此，对于非上市公司的股权激励计划方案的提交和审议程序而言，应多注重对股权激励计划的解释和说明，以便全体股东和董事会成员清楚股权激励计划的意义与后果。

第五节　股权激励计划的授予及行权程序

股权激励计划方案生效之后，无论是上市公司还是非上市公司，均已进入了股权激励计划的授予及行权程序。对上市公司而言，在股权激励计划生效之后，公司还应持相关文件到证券交易所办理信息披露事宜，到证券登记结算机构办理有关登记结算事宜。除了信息披露之外，无论是上市公司还是非上市公司，均须按照以下程序完成股权激励计划的授予及行权程序。

1. 公司向激励对象授予股权激励标的并签署《股权激励授予协议书》。公司将一定数量的股票期权、限制性股票、认股权等股权激励标的授予激励对象时，公司应与激励对象签署《股票期权授予协议书》、《限制性股票授予协议书》以及《认股权授予协议书》等，以此约定双方的权利义务关系。《股票期权授予协议书》、《限制性股票授予协议书》以及《认股权授予协议书》也可以作为授出股权激励的证明文件，一般应载明姓名、身份证号码、住所、通信方式、编号、调整情况记录、行权情况记录、各种签章、协议日期、有关注意事项等。

2. 激励对象签署《激励对象承诺书》，确认激励对象的具体考核责任，明确欲实现股权激励计划需要公司达到的业绩条件，了解股权激励计划的相关制度。

3. 激励对象在股权激励计划方案规定的等待期内为公司努力工作，实现公司的业绩目标，以达到行权条件；激励对象遵守公司股权激励相关制度，以便符合激励对象行权资格，等待行权。

4. 股权激励计划等待期满，如果公司达到了股权激励计划方案约定的行权条件，并且激励对象通过了股权激励计划的绩效考核，则激励对象可以申请行权。激励对象在可行权日或者行权窗口期内以《行权申请书》向公司确认行权的数量和价格，并交付相应的行权（购股）款项。《行权申请书》一般应载明行权的数量、行权价以及股权激励标的持有者的交易信息等。

5. 董事会经过审核确认，按激励对象申请行权数量向激励对象授予股权激励标的利益。根据股权激励计划的不同，股权激励标的利益各不相同，其可能是股票，也可能是现金。对于上市公司，董事会审核确认后，还需要证券交易所确认，激励对象还要去证券登记结算机构办理登记结算事宜。

6. 股权激励计划等待期满，如果公司达不到股权激励计划方案约定的行权条件，行权条件不成就，则该期股权激励计划取消，全部激励对象均被取消行权资格；如果公司达到了股权激励计划方案约定的行权条件，但是个别激励对象考核不合格，则对该个别激励对象取消本期股权激励，其他激励对象可以行权。

第六章　非上市公司股权激励计划实务指南

第一节　非上市公司更应该实施股权激励

一、公司治理与股权激励的关系

1. 股权激励是公司治理的重要组成部分。狭义上，公司治理主要是指股东之间以及股东与董事及经理层之间的属于公司内部的一种监督与制衡制度，治理的范畴并不包括公司的核心员工。但是，目前知识资本占据越来越重要的地位，如果不把掌握知识技能的核心员工纳入公司治理的范畴，公司治理就远远谈不上是一种完善的公司治理，因此，为了绑定和激励核心员工的股权激励制度必须是广义的公司治理的一部分，现代企业的公司治理制度应当包含狭义的公司治理和股权激励制度。

2. 有效的公司治理是股权激励的基础，公司治理结构是否有效直接决定了股权激励措施的成败。一方面，有效的公司治理可以为股权激励提供良好的实施环境，包括清晰的股权结构、透明的决策机制、科学的薪酬制度等；也可以保证公司的透明度和公平性，增强员工对公司股权激励计划的信心和忠诚度。另一方面，在无效的公司治理情况下，即使实施了股权激励，也可能会因为缺乏有效的监督和制衡机制，而导致股权激励的效果不佳，甚至产生负面影响。

3. 股权激励可极大地改善公司治理。股权激励计划使得管理层和股东的利益相互关联，趋于一致，可以减少管理层和股东之间的利益冲突，降低代理成本。当员工持有公司股份时，他们的利益与公司的利益更加相关，这可以激励他们更加努力地工作，提高公司的业绩，此外，还可以降低管理层和股东之间的信息不对称，减少管理层的机会主义行为，提高公司治理的有效性。

二、非上市公司更应该实施股权激励计划

非上市公司包括有限责任公司和未上市的股份有限公司。非上市公司占我国企业数量的绝大多数，创造了大部分的产值和利润。在我国经济中，最活跃、最有增长潜力的民营企业和高科技企业大多都是非上市公司。

上市公司作为公众公司，其股权激励涉及的股票可以在二级市场转让，非上市公司股份虽然不能在二级市场转让，但是非上市公司的股权是可以转让的，其可以在股东之间以及股东与第三人之间转让，同时股权激励涉及的股权也可以约定由公司予以回购。尤其是有限合伙企业制度实施以后，非上市公司施行股权激励的外部条件更加成熟，越来越多的企业实施了股权激励。

现在的高科技企业与互联网 IT 企业是最需要股权激励的企业，因为在这些企业中，关键技术人员的地位非常重要而且易于跳槽或者被对手挖墙脚，所以这些企业纷纷推出了股权激励计划。

在非上市公司实施的股权激励计划中，其中最著名的莫过于华为公司实施的虚拟受限股股权激励计划，该股权激励计划在华为从 6 人小公司发展至 20 万名员工的强实力高科技企业中居功至伟。从华为公司实施股权激励的各个发展阶段来看，股权激励计划让华为公司克服了作为非上市公司必然会碰到的吸引人才难、留住人才难以及融资难的普遍性难题，因此作为非上市公司更应当向华为公司学习，实施股权激励计划。

三、非上市公司股权激励的特征

与上市公司实施股权激励计划相比，非上市公司实施的股权激励计划具有以下特征：

1. 非上市公司激励对象的收益无法通过股票市场来实现，必须制定如何实现激励对象收益的财务指标。

2. 非上市公司的股权激励计划无须遵守上市公司特定的类型规定和实施程序，因此非上市公司可以实施的股权激励类型更多，且比较灵活，实施起来也更加方便。

3. 非上市公司股权激励的激励对象范围较广，不受证监会规定的限制，如有需要，非上市公司的激励对象可以是公司监事等。

四、非上市公司实施股权激励计划的几个难点

（一）如何确定非上市公司的激励对象

对于上市公司，激励对象的确定主要是根据激励对象所在的岗位决定的。但是对于非上市公司，激励对象如何确定是个难题，笔者认为应该根据公司的发展阶段及具体情况决定激励对象。

1. 对于处在初创和快速发展期的公司来说，其盈利及业务模式尚不固定，兼岗、轮岗以及身兼多职的现象非常普遍。在这种情况下，就不能以岗位作为确定激励对象的依据，而应该具体考察拟激励对象工作的重要性和稀缺性等，逐一确定激励对象。

2. 对于具有相当规模的成熟期的企业而言，其公司业务流程基本固定，员工按照其能力已经分配到了不同岗位。在这种情况下，应按照岗位来确定激励对象，同一岗位的，要么全部属于激励对象的范围，要么全部不属于激励对象的范围，以免造成新的不公。

（二）非上市公司股权激励业绩评价指标如何选取

不同的非上市公司，具有不同的财务及管理现状以及公司的实际情况，为了实现公司的价值增长，股权激励业绩评价指标的选取一定要非常慎重，一般而言，业绩评价指标的选取要考虑以下因素。

1. 业绩评价指标的实现能够达到公司的股权激励目标，即公司的价值增长。

2. 业绩评价指标应该是客观的，易于衡量的，不能是主观的，因为主观指标容易造成股权激励分配的不公平。

3. 业绩评价指标应该是员工付出较大努力可能达到的，如果指标定得太高，员工感到根本无法实现，那就会导致股权激励计划形同虚设。

4. 业绩评价指标要不要公开应视公司保守商业秘密的需要决定。

（三）公司实施股权激励计划如何选择持股平台

关于公司实施股权激励计划如何选择持股平台的问题，在实践中可行的方案有以下几种。

1. 由激励对象直接持股。激励对象直接持有公司股份，享有公司股东的完整权利。这种方式仅适合激励对象较少的公司起步阶段，此种持股方式的弊端是激励对象退出困难，方案的回旋余地较小。

2. 由自然人代为持有。代为持有股份需要委托人与代持人之间签订委托代持协议，代为持有协议具有法律效力，但是不具有公示公信的效力，有可能产生法律纠纷。这种方式需要委托人与代持人之间具有足够的信任关系。

3. 通过有限公司持股。这种方式有限公司作为持股平台，激励对象通过持有有限公司的股份间接持有目标公司的股份。这种办法的缺点是会碰到重复缴税的问题，有限公司需要承担双重税负（企业所得税和个人所得税），激励计划的成本较大。

4. 通过有限合伙企业持股。这种方式是由激励对象设立有限合伙企业后由有限合伙企业持有目标公司的股份，相当于激励对象间接持有公司股份。这种方式是合法有效的，而且可以规避重复缴税的问题。目前在非虚拟股的股权激励计划中，多数企业采取了有限合伙企业作为持股平台实施股权激励。

第二节　华为公司的虚拟受限股股权激励计划简介

华为公司成立于 1987 年，总部位于广东省深圳市龙岗区，是全球领先的 ICT（信息与通信）基础设施和智能终端提供商，目前有 20 多万名员工。华为公司在任正非的带领下，通过股权激励把数十万员工的利益与公司的利益牢牢绑在一起，达到了"力出一孔，利出一孔"的效果，是令国人骄傲的高科技企业。

目前，华为公司已经战胜了来自美国的打压，再次获得新生和壮大，这显示了华为组织机构的活力和继续蓬勃发展的势头。华为这一公司组织近 30 年来的发展奇迹和成功的原因，笔者认为，任正非无私的格局和大规模、长时期以及因时而变的股权激励计划居功至伟。

华为公司对股权激励计划的实践是长期的，无论是公司初创期、发展期还是目前的巅峰期，华为公司均实施了股权激励计划，这表明任正非打造利益共享的命运共同体公司的初心未变，也说明了股权激励计划本身有其存在的长久生命力。

一、华为公司股权激励计划的发展阶段

1. 在华为公司初创时期：华为公司缺发展资金，实施了实体股份配股的方式，员工以每股 1 元的价格出资购买公司的实体股份，以税后利润的

15%分红；华为公司获得内部员工的融资，解决了资金困难，也留住了员工，稳定了员工团队，激发了员工的奋斗动力。

2. 在华为公司发展中期：华为公司意识到实体的股权激励具有一定的弊端，股权激励逐步由实体股权转为虚拟股权，员工的虚拟股份由工会持有，工会作为一个持股主体负责记录员工的持股份额、配售和缴款时间，历次分红等。员工离开公司后，将由持股会回购股份。

后来，华为公司为了激励新员工，实施了饱和配股制度，即规定员工的配股上限，每个级别的员工配股达到上限后，即不再参与新的配股，这一制度使得手中持股较多的老员工配股受到了限制。同时，为了使新员工能够足够出资，还帮助员工申请银行贷款用于购买公司虚拟股权。这一时期，华为公司获得大额资金支持，员工也获得丰厚收益，华为业绩迅猛发展。

3. 近期：2011年后，银行业受到限制，不再为华为员工提供购买股权的贷款，同时虚拟股权价格逐渐升高，部分新员工购买股份比较困难；同时，华为公司资金已经比较充裕，所以逐步推出 TUP 计划，全称为"时间单元计划"，相当于一个奖励期权计划，在这一计划中，员工无须出资就被预先授予一个获取收益的权利，但收益需要在未来 5 年中逐步兑现，是一种中长期的激励，TUP 计划为公司的未来发展留下空间，TUP 计划兑现完成后员工可根据表现被吸收加入长期的虚拟股权激励计划。

4. 华为公司在 2020 年至今：虚拟受限股、TUP 计划与 ESOP 计划并存。2019 年 5 月 15 日，美国总统特朗普签署行政令，宣布美国进入"紧急状态"。随后，美国商务部以国家安全为由，将华为公司及其 70 家附属公司列入出口管制"实体名单"，禁止美国企业使用对国家安全构成风险的企业所生产的电信设备。

为了应对美国的打压，留住核心人才，2020 年华为推出了 ESOP 计划。该 ESOP 计划可以说是普惠版的虚拟受限股。

首先，在准入门槛上，ESOP 比虚拟受限股对员工考核的要求更低；其次，ESOP 对员工级别不作要求，华为更希望员工与公司形成休戚与共的命运共同体；最后，在权利方面，持有 ESOP 的员工不享有选举权，但享有分红权与增值权，即使员工离职，其也可以保留 ESOP，仍然可以享有同等的分红权和增值权，这对于员工的吸引力是极大的。

因此，从 2020 年开始，华为进入了虚拟受限股、TUP 计划与 ESOP 计划并存的时期。

可见，华为公司对股权激励这一组织工具的成熟使用并非一蹴而就，而是经历了很多曲折和挫折的。很多公司实施了一阵股权激励后发现没有直接效果，不去追究没有效果的原因就贸然放弃，而华为公司不但没有放弃，反而是在总结经验教训基础上不断对股权激励计划进行更新和完善，使之适用于公司最新的发展形势和面对的外部挑战，最终对股权激励计划的使用达到了炉火纯青的地步，股权激励计划如同汽车变速器，华为的聪明员工如同汽车的发动机；股权激励计划和华为员工完美匹配，可以让华为员工输出源源不断的奋斗动力！

华为实施的各种形式的股权激励计划均值得大家学习，其中的核心——虚拟股权激励计划尤其值得学习。

二、华为公司的虚拟受限股激励计划的特征

（一）激励对象

1. 虚拟受限股的激励对象一般是公司 L13 级别以上的员工，并非基层员工；任正非认为，对于基层员工，主要用工资与福利予以激励，侧重于短期；对于高级别员工，实施虚拟受限股激励，侧重于长期激励。

2. 入职年限要求较低，1 年以上即可。

3. 不存在重大恶性负向事件，不得存在严重违反《华为员工商业行为准则》的行为。

（二）虚拟受限股价格

每股价格为华为公司经评估后的每股净资产。

（三）虚拟受限股的数量

从虚拟受限股的总量来看，除了任正非个人所持有的 1%左右公司股权外，其余 99%的股份均作为虚拟受限股的对应股份，数量之多可以说达到了前所未有的地步。

（四）虚拟受限股股份来源

华为公司每年用于激励员工的股份主要来自新增发行的股份，还有少部分是向离职员工回购的股份。

（五）激励对象的出资义务

参加虚拟受限股股权激励计划的员工，要按照虚拟股票的价格乘以所

配售股数计算的金额缴纳认股金。

（六）激励对象的权利义务

1. 分红股，即每年按照持股数额获得分红的权利。

2. 股份增值权，即该虚拟股份在兑现时每股价格与获得时的差额。当然，如果公司亏损，这部分股份增值就会变成减值。

3. 剩余财产索取权。根据《公司法》第236条的规定，清算组在清理公司财产、编制资产负债表和财产清单后，应当制定清算方案，并报股东会或者人民法院确认。公司财产在分别支付清算费用、职工的工资、社会保险费用和法定补偿金，缴纳所欠税款，清偿公司债务后的剩余财产，有限责任公司按照股东的出资比例分配，股份有限公司按照股东持有的股份比例分配。清算期间，公司存续，但不得开展与清算无关的经营活动。公司财产在未依照前款规定清偿前，不得分配给股东。

华为公司的持股员工享有剩余财产索取权，这一点不同于一般的利润分享计划，这也是华为管理层坚持其所实施的股权激励计划的原因。

4. 通过持股代表享有一定的表决权。持股员工通过"一股一票"选举持股员工代表行使这部分股份的所代表的股东权力，持股员工的股东权力是由持股员工选举的代表代为行使的，是一种间接的行使权力。

综上可以看出，华为公司的股权激励计划虽然称为虚拟受限股，实际是在去除实体持股弊端的基础上尽量去虚向实，目的是不让员工感觉是虚的。华为的股权激励计划让华为员工不仅享有分红和股份增值的权利，而且让华为员工体验到其为华为公司所有者的主人翁精神和自豪感，这样就使华为员工与公司的利益高度一致，形成了休戚与共的命运共同体。

第三节　认股权（股份期权）模式的股权激励案例及评析

一、范例：上海某电子有限公司认股权激励计划方案

上海某电子有限公司由多名股东共同出资设立，于2006年4月在上海某高科技产业区注册成立，注册资本10.3亿元人民币，各股东方的持股比例依次为30%、21%、20%、19%、10%。

为促进快速发展，上海某电子有限公司拟通过管理层和骨干员工持股强化激励机制，构建卓有成效的决策机制和监督机制，以适应激烈的市场竞争，从制度上确保公司的长远健康发展，制订了《上海某电子有限公司认股权计划暨管理办法》（以下简称上海某电子有限公司认股权计划）。

上海某电子有限公司认股权计划

第一章　认股权计划的目的

第一条　本认股权计划由上海某电子有限公司董事会制定。

第二条　为进一步完善公司的法人治理结构，充分调动公司高级管理人员及核心员工的积极性、责任感和使命感，有效地将股东利益、公司利益和员工个人利益结合在一起，使各方共同关注公司的长远发展，并为之共同努力奋斗，根据《中华人民共和国公司法》、公司章程等文件，特制订本计划。

第二章　管理机构

第三条　公司股东会是本计划的最高决策机构，应履行以下职责：

1. 审批由公司董事会提交的认股权计划；

2. 审批公司认股权计划的重大修改、中止和终止；

3. 对董事会办理有关认股权计划相关事宜的授权；

4. 其他应由股东会决定的事项。

第四条　公司董事会是认股权计划的管理机构，在获得股东会授权后，由董事会履行授予的相关权利。董事会应履行以下职责：

1. 审议员工持股工作委员会拟订、修改的认股权计划，报股东会审批；

2. 审批员工持股工作委员会拟订的认股权计划实施方案，内容包括但不限于分配方案、计划参与人资格、授权日、行权时间、授予价格等；

3. 审议、批准员工持股工作委员会拟订、修改的认股权计划相关配套规章制度；

4. 听取员工持股工作委员会关于认股权计划实施情况报告；

5. 股东会授权董事会办理的有关认股权计划相关事宜；

6. 其他应由董事会决定的事项。

第五条　公司员工持股工作委员会是上海某电子有限公司关于认股权计划及相关事宜的专设管理机构，其主要职责和权利包括：

1. 拟订、修改认股权计划；

2. 拟订、修改认股权计划相关配套规章制度；

3. 拟订认股权计划实施方案；

4. 负责组织认股权计划的日常管理，在计划执行过程中，监控计划的运行情况；

5. 广泛听取公司员工包括但不限于对认股权计划、管理办法等方面的意见和建议，并给出解释；

6. 根据认股权计划，决定计划参与人相关权利的中止和取消等事宜；

7. 向董事会报告认股权计划的执行情况；

8. 对认股权计划实施过程中的有关具体事项作出最终解释；

9. 其他应由员工持股工作委员会决定的事项。

第六条　员工持股工作委员会由公司董事会聘任的高级管理人员组成。

第七条　员工持股工作委员会的表决，实行一人一票。员工持股工作委员会就相关事项作出决议，由半数以上的成员表决通过。

第八条　员工持股工作委员会下设工作小组，负责认股权计划的具体操作和日常管理，禁止行为的监督、工商登记变更等事宜。工作小组成员属公司内部人员，由员工持股工作委员会任免。

第九条　公司认股权持有人大会由全体计划参与人组成，是上海某电子有限公司关于认股权计划相关事项进行决策的机构，其决策事项包括：

1. 决定计划参与人在前二个行权窗口期统一行权；

2. 决定开设特别行权窗口期。

第十条　认股权持有人大会由计划参与人按照持有认股权数量行使表决权。

第十一条　认股权持有人大会的表决程序：

1. 必须有代表半数以上表决权的计划参与人出席会议并参与表决；

2. 必须经出席会议的代表半数以上表决权的计划参与人通过。

第三章　计划参与人的准予资格

第十二条　计划参与人包括公司董事、高级管理人员以及对公司整体业绩和持续发展有直接影响的核心技术人才和管理骨干。

第十三条 计划参与人的范围:

1. 总裁;

2. 总经理;

3. 副总经理;

4. 总经理助理;

5. 部门总监;

6. 技术总监;

7. 部门经理;

8. 工程师。

第十四条 以上计划参与人中,高级管理人员必须经公司董事会聘任,其他员工需与公司签署劳动合同。

第十五条 认股权计划获得股东会批准时尚未确定,但在本计划存续期间经董事会批准后纳入本计划的计划参与人,可列为预留认股权分配的人选,包括新进和提拔的员工及其部分参加首批认股权分配的员工。

第四章 认股权计划所涉及的股权来源和数量

第十六条 本计划所涉及的股权来源于上海某电子有限公司的增资扩股。

第十七条 本计划所涉及的股权数量:本计划拟授予计划参与人1.03亿份认股权,占本计划实施时公司注册资本10.3亿的10%。其中首批分配9300万份认股权给目前在职且符合条件的计划参与人,预留1000万份认股权,分配给未来新进和提拔的员工及其部分参加首批认股权分配的员工。

第十八条 每份认股权拥有自授权日起3年内以行权价格和行权条件购买1股上海某电子有限公司股权的权利。

第十九条 公司将根据员工职位级别授予个人一定数量的认股权,具体分配额度详见《上海某电子有限公司认股权计划首批分配方案》(以下简称《分配方案》),首批分配到个人的总额度为9300万份。

第二十条 预留认股权的分配:由员工持股工作委员会参照首批分配办法和额度拟定分配方案执行;分配涉及高级管理人员的,须报董事会审议通过后执行。

第五章 认股权计划的时间安排

第二十一条 有效期：认股权的有效期为自认股权授权日起的 3 年时间。

第二十二条 授权日：认股权授权日为公司股东会审议通过本计划后由董事会确定。

第二十三条 行权窗口期：本计划采取窗口期集中行权的方式，行权申请必须在窗口期内提出。

公司设立 3 个行权窗口期，分别为自授权日起第 12 个月、第 24 个月、第 36 个月，在符合行权条件的前提下，公司受理行权申请。

第二十四条 锁定期：计划参与人承诺对通过本计划直接或间接持有的公司股权在 3 年内不进行主动处置，包括但不限于私自转让、交换、抵押、担保、偿还债务等。

锁定期自公司完成计划参与人的行权认购手续之日起计算，在锁定期内计划参与人将享有除处置权之外的所有权利，包括收益权与实际所有权，在锁定期外，计划参与人原则上可以按本计划的规定处置所持公司股权。

由于相关法律法规的规定造成的锁定期延长，须遵照相关法律法规的规定执行。

第六章 认股权的行权价格

第二十五条 认股权行权价格：1 元。

第七章 股权的行权安排与行权条件

第二十六条 计划参与人对认股权的行权原则上统一进行。

第二十七条 计划参与人按照下述行权条件的规定进行行权：

1. 如计划参与人申请在前两个行权窗口期行权，须由认股权持有人大会表决同意；

2. 如前两个行权窗口期的认股权持有人大会表决结果均为不行权，计划参与人有权在 2010 年的行权窗口期选择行权或放弃行权。

第二十八条 预留认股权应该在计划参与人统一行权前进行分配，并根据上述规定统一行权；统一行权前尚未分配的预留认股权将予以取消。

第二十九条 如发生特殊事项，经员工持股工作委员会提议，认股权持有人大会可决定开设特别行权窗口期进行行权。

第八章　认股权激励计划的调整方法和程序

第三十条　认股权数量的调整方法：

若在行权前上海某电子有限公司有资本公积金转增注册资本等事项，应对认股权数量进行相应的调整。调整方法如下：

$$Q = Q0 \times (1+n)$$

式中：Q0 为调整前的认股权数量；n 为每股的资本公积金转增注册资本的比率；Q 为调整后的认股权数量。

第三十一条　行权价格的调整方法：

若在行权前上海某电子有限公司有派息、资本公积金转增注册资本等事项，应对行权价格进行相应的调整。调整方法如下：

1. 资本公积金转增注册资本

$$P = P0 \div (1+n)$$

2. 派息

$$P = P0 - V$$

式中：P0 为调整前的行权价格；V 为每股的派息额；n 为每股的资本公积金转增注册资本的比率；P 为调整后的行权价格。

第三十二条　认股权计划调整的程序：

1. 上海某电子有限公司股东会授权公司员工持股工作委员会依上述已列明的原因调整认股权数量或行权价格的权利。员工持股工作委员会根据上述规定调整行权价格或认股权数量后，应及时通知计划参与人。

2. 因其他原因需要调整认股权数量、行权价格或其他条款的，应由董事会作出决议并经股东会审议批准。

第九章　约束及退出规定

第三十三条　当计划参与人出现根据公司规定应予以惩罚的情形时，经员工持股工作委员会认可，本计划按照公司奖惩规定进行处理。

第三十四条　由于发生上述第三十三条规定的情况，被取消的未行权的认股权转入预留认股权部分，公司授权员工持股工作委员会将该等认股权另行授予符合本计划的员工，相关授予、分配及行权安排等同上述预留认股权的有关规定。

第三十五条　任何转让股权的行为需经员工持股工作委员会批准，由工作小组办理转让手续，凡违反规定私下转让的，转让无效。

第十章　特别条款

第三十六条　本计划不影响公司根据发展需要作出资本调整、合并、分立、企业解散或破产、资产出售或购买、业务转让或吸收以及公司其他合法行为。

第三十七条　如上海某电子有限公司至 2013 年 12 月 31 日尚未实现上市，计划参与人可向其他股东或股东以外的人转让股权，如无受让人，且管理层无过错，公司一直正常经营，可考虑由公司按照公司公布的最近一次经审计的每股净资产与行权价格孰高者予以回购，回购决议须由公司股东会审议通过。

第十一章　信息披露

第三十八条　由公司员工持股工作委员会履行计划执行过程中的信息披露和报告义务。

第三十九条　计划参与人对计划的修改、个人账户情况、管理情况等有知情权，员工持股工作委员会负有解释和告知的义务。

第十二章　会计和税收

第四十条　公司实施认股权计划发生的各种管理费用由公司承担，计入公司管理费用。

第四十一条　计划参与人取得收益时应根据国家法律法规的相关规定依法纳税。

第十三章　附　　则

第四十二条　本计划由上海某电子有限公司董事会审议，并报上海某电子有限公司股东会审议通过后实施。

第四十三条　本计划由员工持股工作委员会以及工作小组负责日常解释。

第四十四条　员工持股工作委员会将进一步制定本计划的实施细则以保证计划的顺利实施。

二、上海某电子有限公司认股权激励计划方案评析

（一）认股权模式激励计划设计中应注意的重要问题

认股权，顾名思义是指非上市公司授予激励对象认购股份的权利，作为一种长期的激励形式，公司授予激励对象认购股份的权利并不是立即认购，而是在未来一定期限内以预先确定的价格和条件购买一定数量的公司股份的权利。因此，认股权严格来说应称为"认股期权"或者"股份期权"。

认股权模式股权激励计划的设计中应注意以下重要问题：

1. 关于认股权行权价格的确定问题

一般而言，认股权的行权价格有三种选择：第一种是以注册资本金为基础的行权价格，这种情况下的企业一般是注册资本金与企业的净资产相差不大，每份认股权行权价格直接设定为 1 元；第二种是以净评估的净资产的价格为基础的行权价格，在这种情况下的企业往往是企业的净资产与注册资本金相差较大，每份认股权的行权价格设定为公司授予认股权时经过评估的每股净资产值；第三种是公司根据实际的经营状况，以注册资本或者每股净资产为基础，进行适当的溢价或者折扣来确定行权价格。

另外，由于企业价值的计算方式是各种各样的，因此，解决非上市公司的认股权的行权价格也有多种方法。而实际上，对于一个新兴企业而言，尤其是高科技企业，也可以采用市场评价的方法，也就是以同行业同类型上市公司的市场价格作为认股权行权价格的参考依据。

2. 关于认股权行权后的股权来源问题

对于非上市的有限责任公司，其不能通过回购公司的股份用于股权激励。因此，只能有两种途径取得股权：一种途径是原有股东转让部分股权作为股权激励的股权来源。在存在多人股东的情况下，此种方式获得股权来源涉及的是所有原有股东按持股比例转让还是只由控股股东转让的问题，对此各公司应根据自己公司的实际情况予以确定。另一种途径是公司经过股东大会 2/3 以上持股股东决议同意后，采用增资扩股的方式进行股权激励，行权后公司进行注册资本的变更，这种方式可以扩大注册资本金的规模，是较好地解决股权激励来源的方式。

3. 关于认股权行权后经济利益的实现问题

与上市公司股票的持有者可以很容易地在股票市场变现相比，认股权

获得者即使行权之后将认股权转化为实股，但因为非上市公司的封闭性问题，实股的变现也是比较困难的。因此，关于认股权行权后经济利益的实现问题，要考虑以下几个方面：（1）公司是否会在较短的时间内上市，如果可能上市，则上市前持有公司的实股具有较大的价值；（2）公司会不会每年分红，公司会不会每年分红一般都规定在公司的章程之中，激励对象应该查阅公司章程，以确定自己所持有的股权会不会每年分红。

另外，在公司长期不分红的情况下，公司应该考虑到激励对象实现持股的经济利益的迫切性。因此，公司应该允许在激励对象持有公司的实股一定期限之后，可以申请由公司原有股东受让其持有的公司股份，受让的股份价格应该是受让时公司的每股净资产值，这样激励对象可以取得受让时公司的每股净资产值与授予时公司的每股净资产值之间的价差收益。如果受让时公司的每股净资产值低于授予时公司的每股净资产值，为了不让激励对象产生实际的经济损失，可以约定如果受让时公司的每股净资产值低于授予时公司的每股净资产值，则原股东以授予时的价格予以受让。

4. 关于非上市公司认股权激励的等待期与锁定期的问题

与上市公司的限制性股票或者股票期权的股权激励方案不同，关于非上市公司的股权激励方案，相关规定并没有强制约定必须有等待期或者锁定期。一般而言，非上市公司的激励对象在获得授权与实际行权之间有一个等待期，等待期间实际上也是激励对象在公司工作的最低时限。在非上市公司中股权转让本身就是比较困难的，因此即使不约定锁定期，激励对象也无法把股份立即转让。如果想使手中的股权升值，激励对象只能努力工作以增加手中股权的每股净资产值，或者争取公司上市，以便变现。这是在设计认股权激励方案时需要注意的一个重要问题。

5. 关于非上市公司认股权激励的授权条件与行权条件的设置问题

与上市公司需要保护公众利益不同，非上市公司认股权激励方案的设置更侧重于公司股东的意愿。因此，认股权激励计划的授权条件与行权条件的设置不仅可以参照上市公司股权激励方案的规定进行设置，而且具有更大的灵活性，可以使股权激励方案适合每个非上市公司的实际经营情况以及公司股东的目的。

（二）上海某电子有限公司认股权激励计划方案的特点

1. 上海某电子有限公司（以下简称公司）在实施认股权模式的股权激

励计划方案中，管理机构的设置及各个管理机构之间的权限划分比较清楚，有利于股权激励计划的顺利实施。公司员工持股委员会是董事会下属的专设管理机构，负责有关认股权激励计划具体管理事项，在员工持股委员会又下设员工持股工作小组，负责员工持股的具体操作和日常管理。

2. 公司在认股权计划中创造性地设立了认股权持有人大会这一机构，这一机构有利于维护股权激励计划中激励对象的合法利益。根据规定，认股权持有人大会由全体计划参与人组成，是公司关于认股权计划相关事项进行决策的机构。

3. 公司采取了定向增发的方式作为激励标的认股权的来源，有利于增加公司的资本金，不会给公司带来资金压力，是非上市公司实施股权激励计划的一个比较好的激励标的来源方式。

4. 公司授予激励对象（计划参与人）1.03 亿份认股权，占股权激励计划实施时公司注册资本 10.3 亿的 10%。同时，公司将认股权的价格设定为 1 元，可见公司是将公司的注册资本额作为行权价格的确定依据。这种确定办法虽然简便，但是没有体现出激励对象手中持有的认股权的实际价值。一般而言，在确定认股权的价格时应说明确定依据，但是公司没有进行说明，导致激励对象可能并不明白其购买的认股权的实际价值，激励对象可能会搞不清激励究竟是公司融资的手段还是真实的激励，也就难以产生明显的激励作用。

5. 公司的认股权激励计划最大的问题，是其没有设计激励对象获得认股权的约束条件，既没有激励对象加入的获授条件，也没有作为激励对象行权条件的公司业绩考核条件。这就导致了整个认股权激励计划缺乏目的性，缺乏与公司业绩挂钩的关联性，缺乏对激励对象的约束，也就很难期望激励对象能够作出比授予认股权之前更优异的工作表现。

第四节 利润分红型虚拟股权激励案例及评析

一、范例：北京某网络有限公司利润分红型虚拟股权激励计划

北京某网络有限公司（以下简称公司）作为互联网科技企业，其发展需要公司管理层长期、持续投入管理技术和知识，关键技术人员长期不间断地进行创新。公司现行的每月工资制度，是一种短期的、较弱的激励，

不足以激励这些人才充分发挥能动性并长期留任；同时公司受资金特别是现金流的压力，在初创期无法给管理层和关键技术人员以很高的现金工资或奖励。因此，该公司实施利润分红型虚拟股权激励方案，一方面降低本公司初创期所需的激励资金成本；另一方面希望通过股权激励计划将管理层和关键技术人员的利益与公司利益紧紧地捆绑在一起，达到留住人才、实现公司持续快速发展的目的。

（一）本利润分红型虚拟股权激励计划的激励对象

1. 激励对象的范围

（1）高级、中级管理人员，指担任高级管理职务（总经理、副总经理、总经理助理等）或有高级职称的核心管理层（如营销总监、财务总监等）；担任中层管理职务（如高级监理、人力资源经理等）的人员。

（2）公司董事、监事、创始人。

（3）关键技术人员等骨干员工。

2. 激励对象确定的依据

（1）工作期限

在公司的工作期限满 2 年（经董事会特批急需人才可以不受时间限制）。每 5 年为一届。每年通过决议吸收人才加入。

（2）批准

激励对象的加入需要经过董事会会议或其下属的专门薪酬委员会批准。董事、监事、创始人的加入需要经过股东会会议的批准。

（3）签订激励计划合约

与公司签订激励计划合约，依照合约的规定行使权利和履行义务。

（二）本利润分红型虚拟股权激励计划的管理机构

公司董事会薪酬工作委员会是本激励计划的专设管理机构，其主要职责和权利包括：

1. 拟订、修改股权激励计划及相关配套规章制度；

2. 拟订股权激励计划实施方案；

3. 负责组织股权激励计划的日常管理，在计划执行过程中，监控计划的运行情况；

4. 根据股权激励计划，决定激励对象相关权利的中止和取消等事宜；

5. 向董事会报告股权激励计划的执行情况；

6. 其他应由薪酬工作委员会决定的事项。

薪酬工作委员会下设工作小组，负责员工激励计划的具体操作和日常管理，包括：股权的登记、股权的过户和退出、禁止行为的监督、工商登记变更等事宜。工作小组成员属公司内部人员，由员工薪酬工作委员会任免。

（三）本激励计划的分红总额（股权激励基金总额）

每届激励计划的分红总额（股权激励基金总额）为该届计划年度内每一年度净利润金额 10% 相加后的总额。以下为具体的计算办法：

公司设立第一届 5 年利润分红型虚拟股权激励计划（2008—2012 年度），假设：

1. 激励对象加入计划年度（2008 年）的公司的净利润金额为 A。

2. 激励对象加入计划年度后 1 年（2009 年）的公司的净利润金额为 B。

3. 激励对象加入计划年度后 2 年（2010 年）的公司的净利润金额为 C。

4. 激励对象加入计划年度后 3 年（2011 年）的公司的净利润金额为 D。

5. 激励对象加入计划年度后 4 年（2012 年）的公司的净利润金额为 E。

则：第一届利润分红型虚拟股权激励计划基金的总额为（A+B+C+D+E）×10%，公司从每年净利润额中提取累加留存（如公司当年亏损，则净利润金额记为零）。

（四）本激励计划授予激励对象的虚拟记账股份总额以及每个激励对象的授予额鉴于本公司的注册资本额为 300 万元，则虚拟记账股份的总额设为注册资本额的 20%，即 60 万股

每个激励对象获授的虚拟股份额的确定，要根据激励对象所在的岗位和工作年限，并要考虑到激励对象希望达到的激励力度予以确定。具体的分配办法参见《公司第一届虚拟股份具体分配办法》。

（五）本激励计划虚拟股权每股现金价值

虚拟股权每股现金价值＝股权激励计划基金的总额÷分配的虚拟股权总数＝（A+B+C+D+E）×10%÷600000。

（六）每个激励对象可得分红总额

每个激励对象可得分红总额＝激励对象所持有的虚拟股权数额×虚拟股权每股现金价值。

（七）激励对象的行权安排

激励对象自加入第一届计划期间共5年为等待期，不得行权。

第一届计划期间后的第5年（2013年）至第9年为行权期，激励对象开始行权，取得利润分红。

激励对象每年可取得分红为其可得分红激励总额的20%，分5年行使完毕。

激励对象自加入第一届计划后的第5年至第9年，经董事会决议批准，可以参加第二届利润分红型虚拟股权激励计划，其实施方法与第一届相同。

（八）激励对象虚拟股权持股数量变动以及退出本激励计划的各种情形及结果

1. 如果激励对象在工作过程中出现降级、待岗处分等处罚时，公司有权减少、取消其分红收益权即虚拟股权的享有权。

2. 如果激励对象的年度绩效考核不合格，则公司有权减少、取消虚拟股权。如激励对象因严重违反公司规章制度被公司辞退，则其激励对象激励计划合约自动失效，其无权获得该激励基金。

3. 如激励对象因劳动合同期满或者其他正常离职原因与公司终止劳动关系，则激励对象可以按照约定取得激励基金。

4. 如激励对象有泄露公司商业秘密、技术秘密或采用其他方式侵害公司权益行为的，则其激励对象激励计划合约自动失效，其无权获得该激励基金。

5. 如激励对象在任期期间死亡，则其激励对象激励计划合约中的权利由其继承人继承。

二、北京某网络有限公司利润分红型虚拟股权激励计划评析

（一）利润分红型虚拟股权激励计划与虚拟记账股份股权激励计划简述

利润分红型虚拟股权激励计划属于虚拟记账股份股权激励方式的一

种。非上市公司的虚拟记账股份股权激励方式是指公司为了激励核心员工，同时不引起实际持股比例的变更，通过在公司内部记账的方式，而不是在工商局变更股份的方式，授予公司核心员工一定数量的股份，虚拟股份的持有者可以按照持有虚拟股份的数量，享有一定比例的公司税后利润分配的权利（利润分红权）或者取得相对应的公司净资产增值的权利，但是不享有表决权等其他实际持股股东享有的权利的股权激励方式。

根据虚拟记账股份股权激励的激励对象所获得激励成果的不同，可将其分为两种类型：一种是利润分红型虚拟股权激励；另一种是账面增值（每股净资产增值型股权激励）型虚拟股权激励。

在设计虚拟记账股份股权激励计划方案中应注意以下重要问题：

1. 关于虚拟记账股份的授予总额与公司注册资本额以及公司净资产挂钩的问题

关于虚拟记账股份的授予总额是不是要与公司注册资本额以及公司净资产挂钩的问题，笔者认为，这个问题的答案取决于公司的原有股东有没有将手中所持有的实股进行稀释的愿望，以及是否安排了在未来的一定期限内，将虚拟股份实股化的规划。如果准备将虚拟股份实股化，则虚拟股份的授予总额必须要考虑到公司现在的注册资本总额以及原有股东愿意将手中股份稀释的程度。具体虚拟股份经过行权后变成实股的设计可以参照认股权股权激励计划的设计。如果公司没有将虚拟股份实股化的规划，则虚拟记账股份是否与注册资本额挂钩是无关紧要的，因为虚拟股份只是一个计算利润分配额的手段而已。

2. 关于激励对象持有的虚拟记账股份要不要每年进行利润分红的问题

如果虚拟记账股份不存在向实股转化的机制，公司应该每年按照激励对象所持有的虚拟记账股份进行利润分红。否则，这种激励方式可能被激励对象认为是"画饼充饥"，达不到好的激励效果。相反，如果存在虚拟股份向实股转化的机制，公司可以每年分红，也可以暂不分红。因为激励对象持有的虚拟股份转化为实股以后，激励对象就成了公司真正的股东，也就是普通的股东，具体每年是否需要分红应根据公司章程、股东会决议以及公司经营发展的需要确定。当然，如果公司实施的就是利润分红型虚拟记账股份的股权激励计划，则公司应当对激励对象进行分红。

3. 关于非上市公司虚拟记账股份股权激励方式与非上市公司认股权股

权激励方式的区别问题

无论是认股权还是虚拟记账股份的股权激励方式都没有法律的强制性规定，现有的网络资料上设计的各种虚拟股份的股权激励计划的方案非常混乱，各种设计都有，而且两者在授予时都是虚拟的，所以会经常让读者或者准备实际操作的企业无所适从。对此，笔者认为，股权的设计和上市公司的股票期权的股权激励方式相同点较多，我们可以将与股票期权的股权激励方式相对应的非上市公司的股权激励模式作为认股权的模式，认股权授予激励对象的是一种未来认购股份的权利，激励对象有权认购或者放弃认购。认股权激励计划行权后的直接后果是使激励对象获得了公司的股票；而虚拟记账股份股权激励计划行权后的直接后果是使激励对象获得利润分红或者净资产增值部门收益，不是公司的实股。

（二）利润分红型虚拟股权激励计划与账面价值增值型（每股净资产增值型股权激励）虚拟股权激励的区别

与利润分红型虚拟股权激励计划进行利润分红作为激励对象的激励收益不同，在账面价值增值型虚拟股权激励计划中，激励对象的收益来自公司每股净资产价格的增值额。公司净资产代表公司本身拥有的财产，也是股东们在公司中的权益，相当于资产负债表中的总资产减去全部债务后的余额。公司净资产除以发行总股数，即得到每股净资产。每股净资产越高，股东拥有的资产现值越多；每股净资产越少，股东拥有的资产现值越少。通常每股净资产越高越好。以下以案例说明账面价值增值权的基本操作模式。

假设某一公司的注册资本为 1000 万元，则：

1. 账面价值增值型虚拟股权的授予总额确定为公司注册资本额的10%，即 100 万股。

2. 每个激励对象可得虚拟股权数额根据该激励对象在公司的职位、年限和对公司的贡献等因素综合决定。

3. 按照 2008 年度每股净资产确定行权价格，因 2008 年度每股净资产为 2 元，所以行权价格确定为 2 元。

4. 激励计划的有效期为自授权日起的 5 年时间。

5. 激励计划的授权日为公司股东会审议通过激励计划后由董事会确定的日期。

6. 股权激励计划采取窗口期集中行权的方式，行权申请必须在窗口期内提出。公司设立 3 个行权窗口期，分别为自授权日起第 36 个月、第 48 个月、第 60 个月，在符合行权条件的前提下，公司受理行权申请。

7. 激励对象承诺对通过激励计划直接或间接持有的公司股权在授权日起的 2 年内不进行主动处置，包括但不限于私自转让、交换、抵押、担保、偿还债务等。

8. 虚拟股权授予后经过等待期即可获得行权权利，激励对象所持有的虚拟股权分 3 年行权，每年的行权比例分别为 3∶3∶4。

9. 激励对象每次行权可得激励金额＝该年度可行权虚拟股权数额×（该年度经过评估的每股净资产值－2008 年度的每股净资产值）

10. 如果行权年度经过评估的每股净资产小于 2008 年度的每股净资产，则该期股权激励计划由公司予以取消。

（三）北京某网络有限公司利润分红型虚拟股权激励计划的特点

1. 公司的利润分红型虚拟股权激励计划存在管理机构不明确的问题，没有将公司股东会、董事会和薪酬委员会关于股权激励计划的具体职责进行明确，这会导致在具体实施股权激励计划中出现权责不清、互相推诿的现象。

2. 公司采取的是利润分红型虚拟股权激励模式。在这种模式下，公司应当按照约定将公司利润予以分配，而对于大多数初创高科技企业而言，为了全力聚集资源，往往并不进行利润分配，而是将利润留存作为公司发展的资金。例如，微软公司在其公司上市之前，甚至是公司上市后的一段时间内，一直没有利润分配，因为微软一直把自己看作初创时期的高科技公司。

3. 公司的股权激励计划在时限约定方面存在等待期过长的问题。根据公司的股权激励计划，其等待期长达 5 年，而激励对象要完全获得利润分红则需要 9 年的时间。这对激励对象利益的实现设置了太长的时间，可能会导致激励对象因感觉该计划离自己太遥远而不把股权激励计划放在心上，从而达不到股权激励的效果。

4. 公司股权激励计划的最大缺陷在于没有约定股权激励计划的约束条件，没有约定约束条件下的股权激励计划很难对激励对象产生一种鞭策感和急迫感，很难达到股权激励的目的。根据公司的股权激励计划，公司自实施股权激励计划的年限开始之年 2008 年至等待期结束之年 2012 年即使每年的利润递减，只要有利润，则激励对象即可获得股权激励收益，这显然是与公司实施股权激励计划的目的背道而驰的。

第五节　期股模式的股权激励计划简介

一、期股模式股权激励计划简述

期股是一种特殊的股票（股份），这种特殊的股票（股份）是由公司授予一定数量公司的股票（期股）锁定在激励对象的个人账户中，在锁定期内经营者不能变现，但拥有这些股票（股份）的分红权，并可用这部分红利来支付购股费用。同时，只有受益人在达到预期经营业绩并在达到公司规定的时间以后，才可将这些股本逐步全部变现。

北京、上海和武汉三地的国有企业，均进行过期股模式股权激励计划的实践，但是其在实施过程中存在种种问题，最后不得不停止。实际上，如果实施得当，期股模式也是一种很好的股权激励模式。

二、北京期股模式的实践

1999 年 7 月，北京市经济体制改革委员会、中共北京市委组织部、北京市经济委员会、北京市财政局、北京市国有资产管理局、北京市劳动与社会保障局、北京市审计局、北京市工商行政管理局 8 部门联合发布《关于对国有企业经营者实施期股激励试点的指导意见》，根据此意见，2000 年先是选择了 10 家企业试点，2001 年将试点范围扩大到了 20 家企业。

北京期股奖励的对象主要是董事长和经理。经公司出资人或公司股东会同意，公司其他高级管理人员以现金投入获得股权形成经营者群体持股。经营者群体持股的比例一般为公司总股本的 5%—20%。其中，董事长和经理持股比例应占经营者群体持股总额的 10% 以上。

北京期股制的实施方法：

1. 以现金投入获得期股。有关政策规定，经营者持股的出资额不得少于 10 万元，期股份额以其出资额的 1—4 倍确定。企业如果有 1000 万元净资产，董事长持股额为 1000 万总股本的 1% 即为 10 万股，其出资额为

10 万元，期股为 10 万—40 万股。

2. 以既定价格认购、分期补入的方法获取期股，经营者在补入所持有的全部期股之前，其所持有的这一部分股份只有表决权和收益权，没有所有权。待全额补入后，其所持有的这一部分股份的表决权、收益权和所有权属于经营者所有。

经营者的期股每年所获红利，要按协议规定全部用于补入所认购的期股经营者以期股股份出资成为公司股东的，应依照《公司法》《公司登记管理条例》的规定到市工商行政管理局办理登记注册。

假如 A 企业期股以既定价格——每股净资产金额认购，分期 3 年补入。假定 A 企业净资产为 1000 万元，折合 1000 万股，每股 1 元。董事长持股 1% 为 10 万股，按 4 倍确定期股为 40 万股。3 年内每年抵补 13.3 万元期股股款，分步将其转成实股。

如果该企业的净资产收益率为 20%；该董事长的年终分红为：实股分红得 10×20% = 2 万元，期股分红得 40×20% = 8 万元。期股分红 8 万元和实股分红 2 万元须全部用于购买期股，且该董事长应自己出资补足 13.3 万元与 10 万元之间的差额 3.3 万元方可将该年度的期股全部转成实股。

3. 企业经营者在该企业任期届满、若不再续聘，经考核其业绩指标达到双方协议规定的水平，可按协议规定，在任期届满 2 年后，将其拥有的期股按届满当时经评估后的每股净资产值变现，也可保留适当比例的股份在企业，按年度正常分红。经营者任期未满而主动要求离开，或在任期内未能达到协议规定的考核指标水平，均属违约行为，应按照权责对等的原则，取消其所拥有的期股股权及其收益，其个人现金出资部分也要做相应扣除。

北京期股制存在两个问题：一是只限于国有企业；二是其变现要等到任期届满后的 2 年，时间较长，对激励对象而言风险较大，会导致企业对实行这种股权激励的抵触情绪。

三、上海期股模式的实践

1999 年，中共上海市委组织部、上海市国有资产管理办公室、上海市财政局印发《关于对本市国有企业经营者实施期股（权）激励的若干意见（试行）》（现失效），决定对市属国有企业实施期股激励制度。

（一）上海期股模式实施办法

1. 在国有资产控股的股份有限公司和国有资产控股的有限责任公司

（以下简称国有资产控股企业）中，期股（权）激励是指经营者在一定期限内，经股东大会或董事会批准购得、获奖所得适当比例的企业股份，并需任期届满后逐步兑现的一种激励方式。

2. 在国有独资企业中，期股（权）激励是指借用期权概念，对经营者获得年薪以外的特别奖励实行延期兑现的激励方式。

3. 期股（权）激励的对象主要是董事长和总裁、总经理（以下简称经理）。董事长和经理各自承担的责任必须以契约形式明确规定。

4. 国有资产控股企业经营者期股的获取方式主要包括：在一定期限内，经营者用现金或用分期付款、贴息、低息贷款方式以约定价格购买的股份；经营者岗位股份（即干股）；经营者获取特别奖励的股份。

5. 国有独资企业，可给予经营者相当于年薪总额一定比例的特别奖励，但必须延期兑现，在任期中，每年可以10%—30%的比例兑现，直至全部变现（经营者任期未满而主动要求离开该企业时，其所拥有的特别奖励应当扣减）。

6. 对以分期付款、贴息或低息贷款形式形成的股份，经营者必须在一定期限内用多种形式的资金补入。国有资产控股企业经营者的期股每年所获红利，一部分兑现现金后归经营者本人；一部分用于归还购买期股、分期付款、贴息和低息贷款；一部分应按契约规定，在企业增资扩股时，转为经营者投入的股本金。

7. 国有资产控股企业经营者在该企业任期届满，其业绩指标经考核认定达到双方契约规定的水平，若不再续聘，可按契约规定，将其拥有的期股一般应按当时的每股净资产值变现（特殊情况下，应经资产评估），也可保留适当比例的股份在企业，按年度正常分红。上市公司经营者拥有的期股则可按当时的股票市场价格变现。

8. 经理必须竞争上岗，董事长必须签订岗位契约，方可对其实行期股（权）激励。

9. 实施期股（权）激励时，经营者可以一定数额的个人资产作为抵押。抵押资产数额根据企业经评估的净资产规模确定，当完成或超额完成预定指标，所获奖励不能全部以现金兑现，其中一部分可补充、抵充抵押金或转为经营者持有的股份。

（二）上海期股模式的特点

1. 根据不同类型的企业进行了分别规定，有一定的针对性。

2. 经营者不需要实际出资购买实股，但是需要缴纳一定的风险抵押金。

3. 部分激励对象董事长要签订岗位契约，激励与约束具体到个人。

4. 期股变现期限比北京模式提前，但仍需任期届满后变现，变现期限还是较长。

四、武汉期股模式的实践

武汉国有资产经营公司从 1999 年开始，对下属 21 家国有控股的公司（包括鄂武商、武汉中百、武汉中商三家上市公司）法人代表实施股权激励的做法，现在已经扩大到企业的经营者层面。这些国有企业的高管年薪由基薪收入、风险收入和年均收入组成。风险收入是年度经营效益的具体体现，由国资公司根据经营责任书及企业实际经营业绩核定。该部分收入中的 30%以现金兑付，其余 70%部分以大股东武汉国资公司代购的流通股票支付，同时由经营者与国资公司签订股票托管协议，将这部分股权的表决权交由国资公司行使。

武汉期股模式与业绩股票模式存在以下区别：

1. 业绩股票是由上市公司本身主导的激励方式设计，而持股代年薪的武汉模式是由上市公司大股东主导进行的，存在大股东干预上市公司的独立性问题。

2. 业绩股票的激励对象的范围一般包括法定代表人与高层管理人员，而武汉持股代年薪的模式的激励对象仅仅是法定代表人，激励对象太有限会导致激励作用有限。

3. 武汉模式实质上是年薪制的延伸，因为期股是由激励对象企业法定代表人应得的风险收入转化而来，它不需要激励对象（企业法定代表人）支付前期的现金，相比北京和上海的期股模式，对激励对象而言，实施的风险较小。

第六节　实股奖励模式的股权激励模式简介

一、非上市公司实股奖励型股权激励概述

非上市公司实股奖励型股权激励是指非上市公司直接以该公司在工商

局登记的股权作为激励标的，通过各种方式使激励对象达到拥有公司实股，也就是成为公司股东的一部分，以此来达到激励激励对象，使激励对象的利益与公司利益、公司股东的利益保持一致。

非上市公司实股奖励型股权激励实股股份来源有以下三种：

1. 向激励对象增资扩股。这种方式可以使公司通过增资扩股来增加资本金。

2. 原有股东的转让。原有股东的转让分为控股股东单独转让和所有股东按比例转让两种。

3. 公司回购原股东的部分股份（仅限股份有限公司）。

二、非上市公司实股奖励型股权激励的各种类型

1. 实股奖励，即股东或者公司无偿授予激励对象一定份额的股权或一定数量的股份。如果是因为激励对象达到了公司设定的经营目标而被公司授予的实股，这种股份也被一些著作称为业绩股份，激励对象获得的经营业绩股份，享有分红权。为了避免激励对象的短期行为，可以规定实股所有权保留期，在期满后，符合授予条件的，由公司按持股份额发放股份登记证书，或者前往工商局办理股权变更登记手续。

2. 实股出售，即股东或者公司按股权评估价值的价格或者优惠打折的价格，以协议方式将公司股权出售给激励对象。

3. 定向增资，即公司以激励对象为定向增资扩股的对象，由激励对象参与公司的增资扩股行为，激励对象获得公司的股权。

三、非上市公司实股奖励型股权激励方案设计应注意的问题

1. 非上市公司股东主动将自己的股份稀释，转让股权，如果比例较大，可能会失去公司的控制权以致引起公司的混乱。

2. 为规避因为多人持有股权产生的股东之间的股权纠纷以及激励对象作为劳动合同的主体而产生的公司与员工之间的劳资法律纠纷，公司在推行股权激励方案前应事先明确退出机制以及各种纠纷的处理机制。

3. 股权激励方案要考虑保护实际控制人的控股地位，以及股权管理的成本，因此参与持股计划人数不宜过多，最多不应超过 50 人。

4. 持有公司实股的激励对象应当具有公司股东的一切权利，但如果股东会人数过多导致降低决策效率的，持股较少的股东可以实行股权委托

制，委托核心持股成员行使法律上的股东权利。

第七节　岗位分红权模式的股权激励计划简介

一、岗位分红权的股权激励模式的定义

岗位分红股是为了激励公司关键岗位的员工，对其授予一定数量的公司股份或者为其在公司内部记账为一定数量的虚拟股份，使该激励对象在这一岗位任职期间可以享受该股份的分红权。

二、岗位分红权的股权激励方案设计需注意的问题

1. 岗位分红股的特点是不需要购买，激励对象在特定岗位时拥有，离开该岗位时自动失去，由继任者享有。

2. 岗位分红权主要适用于岗位序列清晰、岗位职责明确、业绩考核规范的大中型公司。

岗位分红权激励对象原则上限于在科技创新和科技成果产业化过程中发挥重要作用的公司核心科研、技术人员和管理骨干。激励对象一般应在工作岗位上连续工作 1 年以上。根据公司的行业特点和人才结构，参与岗位分红权激励的激励对象原则上不超过本公司在岗职工总数的 30%。

3. 公司应该按照岗位对公司长期战略规划的重要性和贡献，分别确定不同岗位的授予股份数额和分红标准。

4. 岗位分红权方案的股权来源，如果是实股，应由公司股东提供。在岗位股实际设置时，要考虑与年薪制的补充。

5. 公司可以对岗位分红权激励设定实施条件，可以在激励方案中与激励对象约定相应条件以及业绩考核办法，并约定分红收益的扣减或者暂缓、停止分红激励、退还股权的情形及具体办法，这样可以解决激励与约束对称问题。离开激励岗位的激励对象自离岗当年起，不得享有原岗位分红权。

6. 岗位分红股既可以是实股，也可以是虚拟记账股份，使用哪种形式要看公司的具体经营情况。

第八节 项目收益分红模式的股权激励计划简介

一、项目收益分红激励的激励模式的定义

项目收益分红激励的激励模式是指企业通过自行投资、合作转化、作价入股、成果转让等方式实施科技成果产业化，以科技成果产业化项目形成的净收益为标的，采取项目收益分成方式对激励对象实施的激励。

二、项目收益分红激励的激励模式的激励对象

项目收益分红激励对象应为科技成果项目的主要完成人，重大开发项目的负责人，对主导产品或者核心技术、工艺流程作出重大创新或改进的核心技术人员，项目产业化的主要经营管理人员。

三、项目收益分红激励的激励模式实施要点

1. 激励对象个人所获激励一般不超过激励总额的30%。

2. 公司以内部独立核算或者成立全资、控股子公司等方式实施科技成果产业化的，自产业化项目或者子公司开始盈利的年度起，在一定年限内，每年从当年投资产业化项目净收益中，提取不低于一定的比例用于激励。分红提取比例与产业化项目净收益增长水平挂钩。

3. 对于企业自行实施产业化的，项目净收益为该产业化项目营业收入扣除相应营业成本和项目应合理分摊的管理费用、销售费用、财务费用及税费后的金额。对于企业与其他投资者共同实施转化的，项目净收益为企业取得合作收入扣除相关税费后的金额。

第九节 动态股权激励模式的股权激励计划简介

非上市公司动态股权激励模式来源于襄樊（现襄阳）的国有企业改革实践。1998年11月7日，动态股权制改革在襄樊车桥股份有限公司率先启动。动态股权制是当时襄樊市委、市政府积极探索国有企业改革的有益尝试和大胆创举。至今，动态股权制改革仍被认为是襄阳建市以来50件大事中的一件。据调查，动态股权制使企业的经济效益明显上升。2000年

初，实施动态股权制的 20 家企业 2000 年实现销售收入比上一年增长 14%，实现利润增长 22.4%，缴纳税金增长 95%，员工收入增长 17.5%，增幅明显高于其他企业。

动态股权激励模式与其他股权激励模式的相同点在于，其目的也是改变完全按资分配的不合理状况，使公司的人力资本与金钱资本一起参与公司剩余利润的分配，进而刺激人力资本的所有者——关键员工努力工作，增加公司的剩余价值，这也同时达到了金钱资本的所有者——股东的投资目的。

具体而言，动态股权激励模式是以企业管理层、销售、技术等关键岗位人员为激励对象，把股东所有权与盈亏分配权进行分离，实行按劳、按资、按贡献分配"三位一体"的分配制度，同时建立起人才竞争上岗等配套制度，以实现股东与经营团队的共赢。

一、确定股权激励计划的关键人（激励对象）和关键岗位（激励对象所在工作岗位）

动态股权激励作为股权激励的一种，不是全体员工持股，而是针对公司关键人员的股权激励。确定关键人员，实际上就是确定激励对象的范围。一般而言，企业关键人员就是董事会成员、经理层、核心业务人员和核心技术人员。具体的关键人员和关键岗位的确定应由企业根据自己的实际情况予以确定。

二、根据激励对象所在岗位的重要性，授予激励对象一定数量的岗位股

1. 岗位股的总量和每个岗位的具体配置数量亦由企业根据注册资本以及净资产等因素予以确定。

2. 激励对象缴纳一定数量的岗位股抵押金，缴纳抵押金的具体数额由公司根据每股净资产的一定比例予以确定。

3. 岗位股是一种虚拟股权，激励对象在岗期间享有岗位股的表决权和分红权，离岗时由公司退还其当初所交的抵押金并收回其持有的岗位股股份。

三、激励对象出资购买一定数量的风险股

1. 激励对象所购买的风险股实际上就是公司的实际股份，激励对象对风险股享有公司股东可以行使的一切合法权利，包括但不限于分红、表决权和处分权。

2. 激励对象购买风险股的价格按照购买时企业的每股净资产的价格确定。

3. 激励对象购买风险股的数量按照不少于其被授予的岗位股的数量确定。

4. 激励对象购买风险股的资金来源既可以是自筹，也可以是向银行借款等。

四、每年度根据公司的经营情况授予员工"贡献股"

1. 公司每年授予激励对象的"贡献股"实际上是一种业绩股，是根据企业的经营业绩确定的。

2. 激励对象获得的贡献股实际上是获得的一种奖励性质的股份，所以激励对象无须出资购买，是免费获得的。

3. 激励对象对获得的贡献股同样享有完全的所有权，包括但不限于分红权、表决权和处分权等。

五、动态股权激励模式中激励对象每年的收益实现

激励对象每年的收益实现分为三个部分：一是基本工资收益；二是持股分红收益；三是奖励贡献股收益。

1. 激励对象的基本工资收益是指根据激励对象与公司签订的劳动合同约定的公司应该按月支付给激励对象的底薪部分，即无论公司收益如何，均应支付给激励对象的工资。

2. 激励对象的持股分红收益是指按照激励对象所持有的岗位股、风险股以及贡献股的数量与企业实际可分配利润挂钩进行分配而得到的红利部分。

3. 激励对象的贡献股收益是指企业每年按照净利润的一定比例提取一定的资金并换算为贡献股奖励给激励对象。

以下就动态股权激励模式下激励对象的贡献股收益实现举一个简单

例子：

激励对象甲为一电子公司总经理，该电子公司注册资本总额为 1000 万元，2008 年甲实际持有岗位股 50 万股，风险股 50 万股和贡献股 50 万股。其余激励对象总共持有岗位股 450 万股，风险股 450 万股和贡献股 450 万股。如 2008 年期初公司的净资产总额为 2000 万元，2008 年期末公司的净资产为 2500 万元。该公司计划将净资产增值额的 20% 作为贡献股。

则：该公司的净资产增值额为 500 万元，其 20% 为 100 万元作为公司贡献股的奖励总额。

激励对象甲的分配系数 = 甲持股总额÷所有激励对象持股总额 = 150 万÷1500 万 = 10%

激励对象甲可得贡献股对应奖励资金 = 公司贡献股奖励总额× 甲的分配系数 = 100 万元×10% = 10 万元

公司每股净资产 = 净资产总额÷公司总股本 = 2500 万÷1000 万 = 2.5 元

激励对象甲可得的贡献股股数 = 甲可得奖励资金÷每股净资产 = 10 万÷2.5 = 4000 股。激励对象甲可得的年度贡献股股数为 4000 股。

动态股权激励模式通过激励对象持有岗位股、风险股和贡献股这三种不同性质的股份，以达到激励经营者为公司的长期、持续、快速发展作出卓越贡献的目的，有很明显的制度创新优势，尤其是激励对象需持有风险股实股，这样可以给予激励对象一定的经济压力，使经营者不致采取过于冒险的经营行为，避免了有些股权激励方案出现的对激励对象只激励不惩罚的现象。

动态股权激励模式存在操作比较复杂，绩效考核只注重公司整体业绩而疏于对激励对象个人考核有可能造成"搭便车"的现象等问题，如果企业欲实施动态股权激励模式的股权激励计划方案，应尽量使之操作简便并加强对激励对象个人的考核。

第七章　上市公司股权激励计划实务指南

第一节　上市公司实施股权激励计划简介

上市公司实施股权激励计划是为了建立、健全公司长效激励机制，吸引和留住优秀人才，充分调动公司管理人员及核心技术人员的积极性，有效地将股东利益、公司利益和核心团队个人利益结合在一起，使各方共同关注公司的长远发展。

一、我国上市公司实施股权激励计划的背景

1. 公司治理结构不合理：我国上市公司治理结构存在较大的问题，如"一股独大"、管理层权力过于集中等，这些问题导致了管理层和股东之间的利益不一致，导致产生委托代理的矛盾。因此，实施股权激励计划可以视为公司治理结构改革的一部分，以改善公司治理结构，提高公司的质量和效益。

2. 激励制度不完善：在激励制度方面，我国上市公司也存在一些问题，如薪酬结构单一、缺乏长期激励等。实施股权激励计划可以弥补这些缺陷，为公司的核心员工和高级管理人员提供更为合理的薪酬结构和激励方案。

3. 市场竞争压力：随着市场经济的发展，企业之间的竞争日益激烈。为了保持公司的竞争力和吸引力，上市公司需要采取更加灵活的薪酬政策来吸引和留住人才。股权激励计划可以作为一种长期的激励手段，鼓励员工更加关注公司的长期发展，提高公司的竞争力。

4. 政策法规的支持：政府对于上市公司实施股权激励计划也给予了政策法规的支持，发布并实施了《上市公司股权激励管理办法》《关于上市公司实施员工持股计划试点的指导意见》等法规，以鼓励上市公司实施股权激励计划，促进企业的发展。

综上所述，上市公司实施股权激励计划的背景是多方面的，上市公司需要采取股权激励计划来吸引和留住人才，同时化解所有者与管理者之间利益不一致的问题，以促进企业的发展和提高竞争力。

二、上市公司股权激励与非上市公司股权激励的区别

上市公司股权激励与非上市公司股权激励的区别主要体现在以下几个方面：

1. 法律法规的要求不同。上市公司的股权激励方案受到相关法规的严格规定，一般以期权、限制性股票和股票增值权为主，上市公司的法定激励模式要少于非上市公司的激励模式。而非上市公司的股权激励方案在法规要求方面相对宽松，激励模式不仅包括期权、限制性股票和股票增值权，还包括分红权、虚拟股权、利润分享计划、账面价值增值权等。

2. 所授股票价格定价标准不同：上市公司所授予的股票定价与非上市公司股票（股份）定价有着显著不同。由于相关法规明确、市场化和透明度较高，上市企业股票定价一般参照二级市场股票价格予以确定。而非上市企业股权激励中的股票（份）定价则往往由内部股东会决定，透明度较低，定价科学性较弱，通常参照每股净资产进行折扣或溢价出售。

3. 业绩目标设置不同：上市公司一般将 EVA（经济增加值）、净资产收益率、每股收益率等作为激励对象的业绩目标设置，而非上市公司业绩目标设置相对简单直接，以营业收入和净利润为主。

4. 财务及程序要求不同：上市公司设计的股权激励方案在财务及程序上要求更加严格，而非上市公司股权激励设计方案虽然在财务及程序上有一定要求，但是不及上市企业的严格与规范。

总体来说，上市公司股权激励和非上市公司股权激励在方案设计、实施过程和法规约束等方面存在明显的区别。

三、我国上市公司实施的股权激励计划具有以下特征

1. 股权激励计划的实施行业覆盖面广

从股权激励计划的覆盖面来看，已经实施股权激励计划的上市公司覆盖了大部分的行业，其中最多的是制造业（机械、设备、仪表）行业，其次是信息技术行业，再次是其他行业。

2. 股票期权模式是上市公司首选的股权激励模式

从股权激励方案的激励方式来分类，绝大多数（2/3 左右）的上市公司都选取了授予股票期权的方式来进行股权激励。

3. 民营上市公司是实施股权激励计划的主力军

从实施股权激励的上市公司的企业性质来看，绝大多数实施股权激励的企业是民营企业，少数公司为国有控股上市公司。之所以出现这一现象是因为国有控股上市公司实施股权激励计划除了要遵守证监会的规定外，还要遵守国资委的规定，限制条件较多，而且激励力度有限，很难对国有控股上市公司产生比较大的吸引力。

4. 股权激励计划中激励标的的来源主要为定向增发

从实施股权激励计划的股权激励标的来源来看，大多数的上市公司采用了对激励对象定向增发以取得股权激励标的的方式。上市公司之所以采取定向增发的方式来获得股权激励标的，是因为在定向增发的情况下，上市公司可以增加资本金，而且不需要承担较大的现金支付压力，因此易于为大多数上市公司所接受。

5. 股权激励计划推高了实施股权激励计划公司的股票价格

从实施股权激励计划的上市公司在股票市场的表现来看，股权激励计划给投资者提供了很大的想象空间，也是一种对未来发展前景的"承诺"。因此，被投资者视为是一种利好，很多实施股权激励计划的上市公司的股票在方案公告当日都有不同程度的涨幅，股权激励概念板块的走势优于整体大盘走势。

6. 股权激励计划方案设计存在诸多不规范之处

虽然实施股权激励计划的上市公司板块走势较好，股权激励得到了投资者的认可。但是，在实践中出现了股权激励计划设置的行权门槛较低，有向管理层进行利益输送嫌疑的问题，同时也存在股权激励计划方案中的无风险收益率的取值标准五花八门，股权激励计划实施中的律师出具的法律意见书、财务顾问出具的顾问报告各式各样等不规范的问题。这些在实施中出现的问题需要监管者予以关注并制定更详细的制度措施予以解决。

四、上市公司股权激励计划与员工持股计划的区别和联系

1. 从广义的股权激励计划或者员工持股计划来说，员工持股计划属于股权激励计划，股权激励计划也属于员工持股计划，两者经常被混同使

用。本章标题所指上市公司股权激励计划是广义的股权激励计划，因为本章内容也含有员工持股计划的内容。

2. 从狭义的角度而言，股权激励计划与员工持股计划两者适用的法规不同，上市公司实施股权激励计划适用的是《上市公司股权激励管理办法》，上市公司实施员工持股计划适用的是《关于上市公司实施员工持股计划试点的指导意见》。

3. 从法律性质上看，上市公司股权激励计划尤其是股票期权更侧重于是一种选择权、期待权；而员工持股所持股份属于财产所有权的范畴。

4. 从激励对象上看，股权激励计划要适用于经理等高级管理人员，以及公司关键职位的员工；"员工持股"则适用于公司的高管和公司的所有普通职工，覆盖范围较广。

5. 从风险和收益上看，股权激励计划中的股票期权获得的收益是行权价与行权日市场价之间的差价，当股票价格下跌时，其可以选择行权，放弃差价收益；而在员工持股计划中，员工获得的是实股，股票价格下跌时会受到现实损失。

6. 从考核机制上看，股权激励计划需要业绩达标才可激励；而在员工持股计划中一般并不要求上市公司业绩达标就可以实施。

7. 从功能目的上看，股权激励计划侧重于对授予者进行长期有效的约束与激励，是劳动合同的补充；而员工持股侧重于调整股权结构，使持有者最终成为股东，通过分红提高员工的薪酬水平和福利待遇。

第二节　万科 A（000002）限制性股票激励方案及评析
——中国首个上市公司股权激励方案

一、案例：万科 A（000002）限制性股票激励计划方案

（注：案例的内容按照股权激励计划方案的八大模块的方式展现，以便于读者阅读和研究）

模块一：选择合适的股权激励模式

万科公司（000002）2006 年实施的股权激励计划采用的是业绩奖励型限制性股票股权激励模式。

模块二：确定股权激励的激励对象

万科公司限制性股票激励计划的激励对象为：

1. 于公司受薪的董事会和监事会成员；

2. 高层管理人员；

3. 中层管理人员；

4. 由总经理提名的业务骨干和卓越贡献人员。

股票激励计划的激励对象总人数不超过公司专业员工总数的8%。最终的激励对象名单由公司于限制性股票通过非交易过户方式过户给激励对象前提交给信托机构。激励对象名单应包括但不限于激励对象姓名、职位、分配数量、银行账号、股东代码卡等要素。

模块三：设计激励额度（总额度和单个激励对象激励额度）

（一）万科公司股权激励的总额度为其提取的年度奖励基金的总额

万科年度激励基金以当年净利润净增加额为基数，根据净利润增长率确定提取比例，在一定幅度内提取。详情如下：

1. 当净利润增长率超过15%但不超过30%时，以净利润增长率为提取百分比、以净利润净增加额为提取基数，计提当年度激励基金；

2. 当净利润增长比例超过30%时，以30%为提取百分比、以净利润净增加额为提取基数，计提当年度激励基金；

3. 公司计提的激励基金总额不超过当年净利润总额的10%。

年度激励基金提取比例示意表

净利润增长率	16%	17%	18%	…X…	29%	30%	大于30%
从净利润净增加额中提取比例	16%	17%	18%	…X…	29%	30%	30%

万科公司年度激励基金采取预提方式操作。如果万科当年业绩达到提取年度激励基金的业绩指标，则万科根据股东会通过的当年年度报告及经审计的财务报告，对上一年度预提的激励基金少提或多提的差额进行调整，以符合上一年度实际应提取的金额，同时预提下一年度激励基金；多提的差额部分由信托机构售出部分股票，将售出股票所获得的与差额部分相当的资金移交给万科；少提的差额部分补充提取后，由信托机构买入股票，并入上一年度的股票激励计划所相应的信托财产中；2008年度股东会

审议通过年度报告及经审计的财务报告决议公告日只对上一年度预提的激励基金少提或多提的差额进行调整，而不再预提激励基金，除非新一期计划产生。

如果万科当年业绩未能达到提取年度激励基金的业绩指标，则万科应于年度股东会决议公告之日起 2 个交易日内发布该年度计划被确认为终止的公告，信托机构应售出该年度计划项下的全部万科股票，并将股票出售所得资金依激励对象的承诺移交给万科。

（二）万科公司单个激励对象的激励额度

万科公司董事长的分配额度为当年度股票激励计划拟分配信托财产的10%；总经理的分配额度为当年度股票激励计划拟分配信托财产的7%。其他激励对象分配方案确定方法如下：

董事、监事的分配方案由股东会决定；未担任董事的高管人员的分配方案由董事会决定；未担任董事、监事及高管职务的激励对象的分配方案由总经理决定，报薪酬与提名委员会备案。所有分配方案需经监事会核实。

信托机构购入的并用于本计划所涉及的股票总数累计不超过公司股票总额的 10%；非经股东会特别决议批准，任何一名激励对象通过全部有效的股票激励计划获授的本公司股票累计不得超过公司股本总额的 1%（股本总额是指股东会批准最近一次股票激励计划时公司已发行的股本总额）。

模块四：确定股权激励的激励标的价格

因为万科公司实施的是业绩奖励型限制性股票的股权激励计划模式，在这种情形下，激励对象所获得的限制性股票是公司的业绩奖励，类似于奖金。因此，其获得的激励标的价格为 0。

模块五：确定股权激励的来源（激励标的的来源和购股资金的来源）

1. 确定激励标的的来源

根据《上市公司股权激励管理办法（试行）》的规定：拟实行股权激励计划的上市公司，可以根据本公司实际情况，通过以下方式解决标的股票来源：（1）向激励对象发行股份；（2）回购本公司股份；（3）法律、行政法规允许的其他方式。

万科在实现公司业绩目标的前提下，根据中国证监会颁布的《公开发行证券的公司信息披露规范问答第 2 号——中高层管理人员激励基金的提取》预提激励基金（在公司成本费用中开支）奖励给激励对象，激励对象授权万科委托信托机构采用独立运作的方式在规定的期间内用激励基金购入万科上市流通 A 股股票并在条件成就时过户给激励对象。该部分信托机构购买的万科 A 股股票即为当年激励计划的股票来源。因此，万科股票激励计划的股票来源，是激励对象授权万科委托信托机构用激励基金从证券市场购买的万科已经发行并流通的 A 股股票，不属于上市公司回购本公司股份，也不属于向激励对象增发股份，而是应当归入法律、行政法规允许的其他方式。

2. 确定激励对象购股资金的来源

因为万科公司采用的是业绩奖励型限制性股票，激励对象所获得的限制性股票为激励对象从公司奖励所得，不需要激励对象支付任何费用，因此万科限制性股票股权激励计划无须考虑激励对象的购股资金来源问题。

模块六：设计股权激励计划的时限

1. 股权激励计划的有效期限

万科公司首期限制性股票激励计划由三个独立年度计划构成，即 2006 年至 2008 年每年一个计划，每个计划期限通常为 2 年，最长不超过 3 年（仅当发生补充归属时）。

2. 股权激励基金的预提时间、股权激励标的的储备时间及归属时间表

万科公司于 T-1 年度股东会审议通过 T-1 年度报告及经审计的财务报告决议公告日（首年 2006 年为限制性股票激励计划获得通过的股东会决议公告之日），以上一年度的净利润净增加额为基数，按 30% 的比例预提当年激励基金，并根据激励对象的授权，委托信托机构在激励基金预提后的 40 个属于可交易窗口期的交易日内，以预提的激励基金从二级市场上购入万科 A 股作为股票激励计划授予的基础。

在 T 年（激励基金预提日所属的年份）年度股东会审议通过 T 年年度报告及经审计的财务报告决议公告日，如果公司当年业绩指标达到本计划的要求，则公司再根据审计结果，对上一年度预提的激励基金少提或多提的差额进行调整，以符合上一年度实际应提取的金额，同时预提下一年度激励基金；2008 年度股东会审议通过年度报告及经审计的财务报告决议公告日则只对上一年度预提的激励基金少提或多提的差额进行调整，而不再

预提激励基金，除非新一期计划产生。

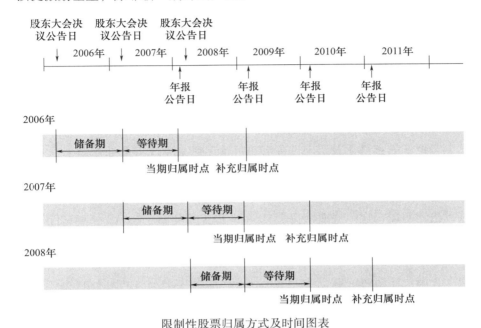

限制性股票归属方式及时间图表

模块七：设计股权激励的约束条件

（一）股权激励计划授予时的约束条件

在万科限制性股票的股权激励计划中，股权激励计划授予时的约束条件实际上是万科公司股权激励计划储备期激励基金的提取所需的业绩条件。

每一个储备期激励基金的提取需达到一定的业绩条件：每一个储备期的激励基金提取以公司净利润增长率和净资产收益率作为业绩考核指标，其启动的限制性条件为：

1. 年净利润（NP）增长率超过 15%；

2. 全面摊薄的年净资产收益率（ROE）超过 12%。

此处用于计算年净利润增长率和年净资产收益率的"净利润"为扣除非经常性损益前的净利润和扣除非经常性损益后的净利润中的低者，且为扣除提取激励基金所产生的费用后的指标。

（二）股权激励计划行权时的约束条件

在万科限制性股票的股权激励计划中，股权激励计划行权时的约束条件实际为万科限制性股票完全归属于激励对象的约束条件，即在满足以下条件后激励对象即可获得限制性股票的完全处分权（但仍须遵守公司法的限制出售的规定）。

1. 限制性股票归属的方式

万科公司股权激励计划中的限制性股票采取一次性全部归属并附加一年补充归属的方式归属，即在等待期结束之日（即 T+1 年年报公告日），在达到当期归属条件的前提下所购入股票将全部归属激励对象；如由于未达到当期归属条件，股票未进行当期归属，则在 T+2 年年报公告日，在达到补充归属条件的前提下进行补充归属。

2. 当期归属的条件

当期归属：在等待期结束之日（即 T+1 年年报公告日），限制性股票必须满足以下条件才能以当期归属方式全部一次性归属激励对象：

$$PriceB > PriceA$$

式中：初始股价 PriceA 指 "T 年全年万科 A 股每日收盘价的向后复权年均价"，向后复权指以除权前的股价为基准（即除权前的股价不变），将除权后的股价向上调整。PriceB 指 T+1 年全年万科 A 股每日收盘价的向后复权年均价。

3. 补充归属的条件

补充归属：因未达到当期归属条件而没有归属，限制性股票可延迟 1 年至 T+2 年年报公告日进行补充归属，但必须同时满足下列两个条件：

（1）PriceC > PriceA；

（2）PriceC > PriceB。

式中：PriceC 指 T+2 年全年万科 A 股每日收盘价的向后复权年均价。

模块八：设计股权激励计划的调整与修改、变更及终止机制

（一）万科股权激励计划的调整、修改与变更机制

1. 激励对象在限制性股票归属前主动离职或被辞退的，其限制性股票授予资格将被取消。

2. 当公司发生合并或分立时，按照公司合并或分立时股份的转换比例相应确认限制性股票的数量。

3. 当公司控制权发生变更时，控制权变更前的半数以上法定高级管理人员在控制权变更之日起的 30 日内有权书面要求信托机构将本计划项下信

托财产立刻全部归属。控制权变更指下列任何一种情形出现：（1）在中国证券登记结算有限责任公司登记的公司第一大股东发生变更；（2）董事会任期未届满，股东会一次性表决通过董事会半数成员更换。

公司控制权发生变更且控制权变更前的半数以上法定高级管理人员书面要求将信托财产立刻全部归属时，激励对象名单须由控制权变更前的半数以上法定高级管理人员根据控制权变更前的职位确定，而无须再经公司股东会、董事会及其他任何机构审核、批准或向其报备。信托机构归属信托财产将在收到上述书面要求和激励对象名单后 2 个工作日内向中国证券登记结算有限责任公司提交非交易过户的申请。

（二）万科股权激励计划的终止情形

1. 最近 1 个会计年度财务会计报告被注册会计师出具否定意见或者无法表示意见的审计报告；

2. 最近 1 年内因重大违法违规行为被中国证监会予以行政处罚；

3. 中国证监会认定的其他股权激励计划应终止的情形。

当万科公司股权激励计划因为上述原因导致终止时，信托机构应于该年度计划被确认为终止的公告发布之日起 20 个属于可交易窗口期的交易日内出售本计划项下的股票，并将出售所得资金在出售股票后的 3 个工作日内移交给公司。

二、万科公司业绩奖励型限制性股票股权激励计划案例评析

（一）万科公司简介

万科公司原系经深圳市人民政府深府办（1988）1509 号文批准，于 1988 年 11 月 1 日在深圳现代企业有限公司基础上改组设立的股份有限公司，原名为"深圳万科企业股份有限公司"。1991 年 1 月 29 日，公司发行之 A 股在深圳证券交易所上市。1993 年 5 月 28 日，公司发行之 B 股在深圳证券交易所上市。1993 年 12 月 28 日，经深圳市工商行政管理局批准更名为"万科企业股份有限公司"。

大众住宅项目的开发为万科的核心业务。万科公司被《巴菲特杂志》、世界企业竞争力实验室、《世界经济学人周刊》联合评为 2010 年（第七届）中国上市公司 100 强。

（二）万科公司的股权激励之路

我国于 20 世纪 90 年代逐渐正式将股票及股票期权引入，一些大的上

市公司和国有企业开始实施股权激励方式。深圳万科股份有限公司最早引入股票期权，1993 年万科公司发行 B 股的时候，聘请香港专业律师协助起草并制定《职员股份计划规则》。计划从 1993 年到 2001 年，历时 9 年，以 3 年为一个单位分成三个阶段实行股权激励。这在当时获得了主管部门（深圳人民银行）的批准（当时还没有证监会）。根据计划，万科公司员工以约定的价格全员持股，3 年后股票可以上市交易。但是，这个计划在第一期发完之后，证监会明令叫停。一停就是 13 年。但万科公司对股权激励一贯保持着关注。

直至 2005 年，为了促进股权分置改革，监管层将管理层实施股权激励与股改完成与否挂钩。2006 年 1 月 1 日，《上市公司股权激励管理办法（试行）》正式实施，股权激励制度正式有了法律依据。一时间，已完成股改或者正在股改的上市公司纷纷推出股权激励方案。万科公司在股改完成后也加入这一行列，其修订后的限制性股票激励计划，于 2006 年 4 月 28 日获得证监会的无异议回复。

同年 5 月 30 日，万科公司的股权激励计划在股东会上顺利通过。由于其大股东华润并不是绝对控股股东，国资委并未过问万科公司股权激励计划。次日，万科公司便依照计划，预提 2006 年度激励基金共 1.417 亿元，委托深圳国际信托投资公司用这项激励基金在二级市场购买万科公司 A 股股票。至此，中国 A 股上市公司中首个获得监管部门批准的股权激励方案正式展开。

2006 年万科公司推出的 3 年期限制性股票激励计划，在 2006 年就完成了预定目标，同时实施了股权激励，王石获得了 500 多万股，这也是唯一的一期；2007 年公司也达到了业绩考核指标，但股价却未达标，导致行权无法进行，公司只得通过委托的信托机构出售原本用于激励员工的股票；而 2008 年由于业绩考核未达标，计划也随之终止；2010 年，万科公司又推出了新的股票期权股权激励计划，其中王石被授予 660 万股。

（三）万科公司业绩奖励型限制性股票股权激励计划评析

1. 业绩奖励型限制性股票股权激励模式简述。限制性股票股权激励是指激励对象持有与出售作为激励工具的本公司股票等受到一定的限制。限制一般有两个方面：一方面是限制性股票的获得条件（达到此条件即激励对象获得了限制性股票）；另一方面是限制性股票的出售条件（达到此条件激励对象即拥有了对限制性股票的完全处置权，相当于持有公司实股）。激励对象在获得限制性股票的时候，其没有完全的处分权，不能随意处置股票。如果在限制期内激励对象考核不合格、辞职或者被开除，所授予股票一般会被按照授予时的价格予以回购注销。但是，如果激励对象及公司达到了出售条件，则激励对象按照股权激励计划获得实股。

限制性股票分为两种类型。一种是折扣购股型限制性股票，激励对象需支付现金购股；折扣购股型限制性股票股权激励计划是采用定向增发或者以其他合法方式对激励对象发行股票，激励对象以低于二级市场公司股票的价格（折扣）购买一定数量的本公司股票，在禁售期或者解锁期内，激励对象虽然持有公司的股票，但是不能自由流通，只有公司和激励对象达到了计划规定的业绩考核目标，激励对象才可以分步解锁其持有的限制性股票，取得股票的完全流通的权利。如果达不到业绩目标，则公司可以取消该期计划并对限制性股票以一定价格予以回购。关于折扣购股型限制性股票的最低折扣的问题，根据证监会的相关规定，如果公司采用定向增发方式取得股权激励标的，则对激励对象的发行价格不低于定价基准日前20 个交易日公司股票均价的 50%。可见，激励对象购买限制性股票的最低折扣为 5 折。

另一种是业绩奖励型限制性股票，激励对象不需支付现金购股。2006 年万科公司实施的限制性股权激励计划，属于业绩奖励型限制性股票的模式。在此种模式下，当激励对象满足规定的激励条件时，上市公司从净利润或净利润超额部分中按比例提取激励基金，将激励基金分配给员工，由员工委托公司设立激励基金专门账户，从二级市场购买公司股票，并将该股票按分配办法授予激励对象。提取激励基金根据员工的委托购买公司股票授予员工的，会计处理上是从税后利润中列支。在此种激励方式下，激励对象无须自筹任何资金。

2. 万科公司业绩奖励型限制性股票股权激励计划的基本操作模式。万科公司采用预提方式提取激励基金奖励给激励对象，激励对象授权公司委托信托机构采用独立运作的方式，在规定的期间内用上述激励基金购入公司上市流通 A 股股票。信托机构用预提的激励基金于当年购入公司流通 A 股股票后，在年度股东会通过的当年年度报告及经审计财务报告的基础上，确定公司是否达到业绩标准、当年净利润净增加额以及按本计划规定可提取的比例，以此确定该年度激励计划的有效性以及激励基金数额，并根据预提和实际的差异追加买入股票或部分出售股票。等待期结束后，在公司 A 股股价符合指定股价条件下，信托机构在规定期限内将本计划项下的信托财产过户至激励对象个人名下，其中股票以非交易过户方式归入激励对象个人账户。

如公司无法达到限制性股票激励计划的业绩条件或公司 A 股股价不符合指定股价条件或未满足本计划规定的其他条件，则相关年度计划将被终止，信托机构按本计划规定在规定的期限内卖出相关年度计划项下的全部股票，出售股票所获得的资金将由信托机构移交给公司。

3. 万科公司的股权激励计划方案引入了独立运作的信托机构，委托信托公司在特定期间购入公司上市流通股票，经过储备期和等待期，在 A 股股价符合指定股价、业绩达标的前提下，将购入的股票奖励给激励对象；如股价未能符合指定股价或者业绩未达标，则信托机构负责将买入的股票再卖出并把剩余资金归还公司。信托机构的介入，虽然信托管理费用增加了股权激励方案实施的成本，但却节省了公司的人力资源，而且信托公司操作起来具有独立性，并比较专业，更容易获得激励对象的信赖。

4. 万科公司股权激励年度奖励基金的提取是以净利润净增加额为基数，根据净利润增长率确定提取比例。这种以净利润净增加额为基数的提取体现了股权激励的本质。虽然采用的是股权的形式，但却不会分割企业的存量，因此与原有股东的利益并不冲突，反而具有一致性，这种从净利润增加额中提取激励基金的方式体现的股权激励的目的是实现股东与经理层利益的长期一致性。

5. 万科公司的业绩奖励型限制性股权激励计划的激励对象为万科公司不超过员工总数的 8%，激励面广，体现了股权激励计划的分享精神；股权激励计划提取激励基金的条件为同时满足公司年净利润（NP）增长率超过 15% 和公司全面摊薄的年净资产收益率（ROE）超过 12% 的双重要求，可见设计的约束条件严格，这会促使管理层更加努力工作，有利于企业的快速发展，对我国上市公司具有重要借鉴意义。

（四）万科公司业绩激励型限制性股票股权激励计划的不足之处

1. 万科公司首期限制性股票激励方案的有效期限较短，达不到长期激励的效果。

万科公司股权激励计划的有效期为 3 年，远低于一般股权激励计划的 5 年至 10 年的有效期。另外，万科公司限制性股票激励计划是由三个独立年度计划构成，即 2006 年至 2008 年每年一个计划，每个计划期限通常为 2 年，最长的不超过 3 年（仅当发生补充归属时）。而其中的一个相关年度，2005 年的万科公司业绩实际上在 2006 年 6 月已经有了相当充足的信息。因此，2006 年这一期的激励计划对激励对象的挑战性是远远不够的，所以万科公司的这个股权激励计划类似于业绩奖金，长期激励力度不大。

2. 万科公司股权激励计划存在具体的激励对象披露不清的问题，股权激励方案关于激励对象的透明度不高，激励对象名单直到限制性股票每次归属前才得以明确，并提交给信托公司。虽然公司可能有其自身的考虑，但是对于上市公司，牵涉利益分配问题，应进行事前披露。另外，万科股权激励计划也没有说明股权激励计划对象的确定依据问题。

3. 关于激励对象的选取及激励份额的分配存在任意性的问题。关于限制性股票的分配问题，万科公司股权激励方案规定："董事长的分配额度为每期拟分配信托资产的 10%；总经理的分配额度为每期拟分配信托资产的 7%。其余的被激励的董事、监事和高层管理人员，其分配方案由董事会薪酬与提名委员会于每次归属时决定；其他人员的分配方案于每次归属时由总经理拟定、报薪酬与提名委员会备案，并经监事会核实。"

万科公司股权激励方案中存在两个问题：一是董事长和总经理的分配比例过大，有不公平之嫌；二是关于其他人员的分配方案于每次归属时由总经理拟定。这样会导致总经理的权限过大，同时也可能导致分配的不公平，因此建议其他人员的分配方案同样由董事会薪酬与提名委员会予以拟定，以确保股权激励的内在公平性。

4. 万科公司股权激励计划在限制性股票的归属条件上采取了股票价格指标，要求归属时的公司股价要高于激励基金购买时的股价。这一约定非常不妥，因为在中国的股票市场，股票价格的波动很大，并不能反映出公司的实际价值，也反映不出激励对象的努力效果。在限制性股票的股权激励计划设计方面，只有万科公司采取了这一不当的指标。

第三节　浔兴股份（002098）股票期权模式激励方案及评析

一、案例：浔兴股份（002098）2010 年股票期权模式股权激励方案

模块一：选择合适的股权激励模式

浔兴股份 2010 年实施的股权激励计划选择使用股票期权模式的股权激励方案。

模块二：确定股权激励的激励对象

浔兴股份 2010 年股权激励计划的激励对象为以下人员：

1. 内部董事及高级管理人员；

2. 核心管理人员、技术人员及业务人员。

首次授予的激励对象共计 153 人，占公司总人数 4100 人的 3.7%。

以上被激励对象中，董事依据《公司法》及公司章程产生，高级管理人员须经公司董事会聘任。所有被激励对象须在公司或其控股子公司任职，已与公司或其控股子公司签署劳动合同、领取薪酬。

模块三：设计激励额度（总额度和单个激励对象具体额度）

1. 股权激励计划总额

浔兴股份股权激励计划授予激励对象的股票期权数量为 602 万份，涉及标的股票数量占公司股本总额的比例为 3.88%，其中首次授予 574 万份，预留 28 万份，预留股票期权占期权数量总额的 4.65%。

2. 单个激励对象的具体额度

在浔兴股份股权激励计划中，激励对象中有 5 人为董事和高级管理人员，其获授股票期权总额仅为 90 万股，占授予股票期权总量的比例仅为 14.4%；其余激励对象为核心技术人员及业务人员，共 148 人，获授股票期权总额为 484 万股，占授予股票期权总量的比例为 80.40%。具体分配额度见详细的分配名单。

模块四：设计股权激励的价格

（一）首次授予的股票期权的行权价格

1. 行权价格

首次授予股票期权的行权价格为 11.73 元，即满足行权条件后，激励对象获授的每份期权可以 11.73 元的价格购买一股公司股票。

2. 行权价格的确定方法

行权价格依据下述两个价格中的较高者确定，为 11.73 元。

（1）股票期权激励计划草案摘要公布前 1 个交易日的公司股票收盘价；

（2）股票期权激励计划草案摘要公布前 30 个交易日内的公司股票平均收盘价。

（二）预留股票期权的行权

1. 预留股票期权的行权价格在该部分股票期权授予时由董事会确定。

2. 行权价格的确定方法。

行权价格依据下述两个价格中的较高者确定：

（1）授予该部分期权的董事会会议召开前一个交易日的公司标的股票收盘价；

（2）授予该部分期权的董事会会议召开前 30 个交易日内的公司标的股票平均收盘价。

模块五：设计股权激励来源（激励标的来源和购股资金来源）

1. 股权激励标的的来源

公司向激励对象定向发行 602 万股公司股票作为股票期权激励计划的股票来源。

2. 激励对象购股资金的来源

激励对象应自筹资金以获取股票期权收益。

公司不得为激励对象依股票期权激励计划获取有关股票期权提供贷款以及其他任何形式的财务资助，包括为其贷款提供担保。

模块六：设计股权激励计划的时限

（一）股权激励计划的有效期

股权激励计划的有效期为首次授权日起的 5 年时间。

（二）股权激励计划的授权日

首次股票期权授权日为激励计划报中国证监会备案且中国证监会无异议、公司股东会批准股权激励计划之日起的 30 日内的某一交易日。但授权日不得是下列日期：

1. 定期报告公布前 30 日；

2. 重大交易或重大事项决定过程中至该事项公告后 2 个交易日；

3. 其他可能影响股价的重大事件发生之日起至公告后 2 个交易日。

预留股票期权的授权日于首次授权日起满 1 年后，由董事会决定授权日，对激励对象进行预留股份的授权，并完成登记、公告等相关程序。

（三）等待期

本股权激励计划的等待期为 1 年，为激励对象授权日起满 1 年的时限。

（四）可行权日

本激励计划的激励对象自授权日起满 1 年后方可开始行权。可行权日为公司定期报告公布后第 2 个交易日，至下一次定期报告公布前 10 个交易日之间的任何交易日，但下列期间不得行权：

1. 重大交易或重大事项决定过程中至该事项公告后 2 个交易日；

2. 其他可能影响股价的重大事件发生之日起至公告后 2 个交易日。

激励对象必须在本激励计划规定的行权期限（首次授权日起满 1 年至首次授权日起满 5 年的交易日）分 4 次行权，每次行权获授期权总量的 25%。

模块七：设计股权激励计划的约束条件（获授条件和行权条件）

（一）股票期权的授予条件

1. 公司具有法定的实施股权激励计划的资格。

2. 激励对象具有法定的参与股权激励计划的资格。

3. 在股东会审议通过本次激励计划后至授权日期间，如激励对象发生如下任一情形的，公司将取消其获授资格：

（1）激励对象职务变更成为不能参与本次激励计划的人员；

（2）激励对象因不能胜任工作岗位、考核不合格、触犯法律、违反职业道德、泄露公司机密、失职或渎职等行为严重损害公司利益或声誉而导致的职务变更或者被公司解聘的；

（3）激励对象辞职；

（4）激励对象非因执行职务负伤而导致丧失劳动能力的；

（5）激励对象死亡的（如激励对象因执行职务死亡的，公司应当根据激励对象被取消的股票期权价值对激励对象进行合理补偿，并根据法律由其继承人继承）；

（6）激励对象出现其他不符合规定的激励对象范围的情形。

（二）股票期权的行权条件

激励对象对已获授的股票期权除满足上述授予条件外，必须同时满足如下条件才能行权：

1. 根据《福建浔兴拉链科技股份有限公司股票期权激励计划实施考核办法》，激励对象上一年度绩效考核合格以上。

2. 首次授予的股票期权行权还需要达到下列业绩考核指标后方可实施：

	行权的业绩条件	行权期	可行权数量
第一个行权期	2011 年度相比 2009 年度，净利润增长率不低于 70%，且净资产收益率不低于 9%	自首次授权日起满 1 年后的下一交易日起至首次授权日起满 2 年的交易日当日止	获授期权总量的 25%
第二个行权期	2012 年度相比 2009 年度，净利润增长率不低于 100%，且净资产收益率不低于 9.5%	自首次授权日起满 2 年后的下一交易日起至首次授权日起满 3 年的交易日当日止	获授期权总量的 25%
第三个行权期	2013 年度相比 2009 年度，净利润增长率不低于 140%，且净资产收益率不低于 10%	自首次授权日起满 3 年后的下一交易日起至首次授权日起满 4 年的交易日当日止	获授期权总量的 25%
第四个行权期	2014 年度相比 2009 年度，净利润增长率不低于 180%，且净资产收益率不低于 10.5%	自首次授权日起满 4 年后的下一交易日起至首次授权日起满 5 年的交易日当日止	获授期权总量的 25%

3. 预留的股票期权分为三次行权，其行权条件与首次授予的股票期权的第二期、第三期、第四期的行权条件一致。如达不到行权条件的，则当期的股票期权不得行权，由公司注销。激励对象符合行权条件但未在上述

行权期内全部行权的，则未行权的该部分期权由公司注销。如公司发生再融资行为，则新增加的净资产及其产生的净利润不计入当年及下一年净资产和净利润行权指标的计算。

模块八：设计股权激励计划的调整与修改、变更与终止机制

（一）股权激励计划的变更、修改与调整的情形

1. 公司控制权发生变化

若因任何原因导致公司的实际控制人或者控制权发生变化，激励对象根据本计划所获授的所有股票期权不作变更，激励对象不能加速行权或提前解锁。

2. 公司分立、合并

当公司发生分立或合并时，不影响股票期权激励计划的实施。

3. 控股子公司控制权发生变化

控股子公司控制权发生变化时，控股子公司激励对象所有未行权的股票期权即被取消。

4. 激励对象发生职务变更、离职或死亡

（1）激励对象职务发生变更，但仍为公司的董事（独立董事、监事除外）、高级管理人员、子公司主要负责人员或核心技术及业务人员的，则已获授的股票期权不作变更。若激励对象成为独立董事或其他不能持有公司股票或股票期权的人员，则取消其激励对象资格及所有尚未行权的股票期权。

（2）激励对象因不能胜任工作岗位、考核不合格、经公司董事会批准，可以取消激励对象尚未行权的股票期权。若激励对象触犯法律、违反职业道德、泄露公司机密、失职或渎职等行为严重损害公司利益或声誉而导致的职务变更或者被公司解聘的，激励对象尚未行权的股票期权即被取消。

（3）激励对象因工负伤而导致丧失劳动能力的，其所获授的股票期权不作变更，仍可按规定行权。

（4）激励对象因达到国家和公司规定的退休年龄退休而离职的，在退休当年工作已满半年时间且通过考核的，该年度可行权的股票期权仍可按激励计划行权。在退休离职后无法再进行绩效业绩考核的，其股票期权即被取消。

（5）激励对象因辞职而离职的，自离职之日起其所有未行权的股票期权即被取消。

（6）激励对象如果违反了公司关于竞业限制的相关规定，其已行权的收益由公司收回，未行权的股票期权即被取消。

（7）激励对象死亡的，自死亡之日起其所有未行权的股票期权即被取消。但激励对象因工死亡的，公司应当根据激励对象被取消的股票期权价值对激励对象的法定继承人进行合理补偿。

（8）对于由于上述（1）（2）（4）（5）（6）（7）项原因被取消或失效的尚未行权的股票期权，由公司注销。

（二）股权激励计划的终止情形

1. 公司如出现了法定的无法实施股权激励计划的情形，应终止实施股票期权激励计划，激励对象根据本计划已获授但尚未行使的期权应当终止行使。

2. 在股票期权激励计划实施过程中，激励对象出现法定的无权参与股权激励计划的情形的，则其已获授但尚未行使的期权应当终止行使。

二、浔兴股份 2010 年股票期权股权激励计划评析

（一）浔兴股份公司简介

福建浔兴拉链科技股份有限公司成立于 1992 年，于 2006 年 12 月 22 日在深圳证券交易所成为中国拉链行业第一家 A 股上市公司（股票名称：浔兴股份；证券代码：002098）。总部坐落于风光旖旎的福建省晋江市深沪湾畔，拥有福建、上海、天津、东莞、成都 5 个生产基地，形成了覆盖全国、辐射全球的生产营销体系，为公司未来的持续发展奠定了坚实的基础。

浔兴股份主要生产 SBS 牌金属、尼龙、塑钢三大系列各种码装和成品拉链及拉链配件，是国内规模最大、品种最全的拉链生产企业，并连续多年拉链产销量名列中国拉链专业制造厂商榜首，多年来一直雄踞国内拉链行业出口前列，"SBS"已成为具有一定国际知名度的拉链品牌。已连续三次蝉联"中国拉链行业标志性品牌"。具备一定的技术创新能力，通过自主研发成功掌握了精密金属拉链排咪的关键技术，成为国内极少数能生产高档精密金属拉链的厂家，为行业的绝对龙头。浔兴股份实施股票期权激

励，目的是倡导价值创造为导向的绩效文化，建立股东与职业经理团队之间的利益共享机制，并促使公司的业绩长期、快速地增长。

（二）浔兴股份的股权激励之路

浔兴股份在 2010 年实施的股票期权股权激励计划是其第二次股权激励计划，其第一次股权激励计划公告于 2008 年 1 月 23 日。

第一次股权激励计划是由公司控股股东福建浔兴集团有限公司（以下简称浔兴集团）对浔兴股份中高层管理人员及技术骨干进行股权激励，其拟将持有浔兴股份的部分股权以协议方式转让给浔兴股份的管理团队。

1. 浔兴股份 2008 年第一次股权激励计划的运作方式

（1）股权激励计划股份的来源为浔兴股份上市时浔兴集团所持有的上市公司股份。浔兴集团将授予浔兴股份管理团队 7800000 份股票期权，在浔兴股份 2008 年、2009 年业绩考核达标的条件下，激励对象拥有在浔兴股份 2009 年度财务报告公告后的 10 个交易日内以每股 15.04 元的价格获得浔兴集团所转让股份的权利，一份期权对应一份股票，总额度占浔兴股份总股本的 5.03%。

（2）浔兴股份激励计划为 2 年等待，一次性行权，行权时间为 2009 年度财务报告公告后的 10 个交易日内，激励对象行权后所获得的股票需分 4 年匀速解锁，每次只能解锁所获股份的 25%。激励对象为董事、监事及高级管理人员的，同时须按照相关法律规定执行。

2. 浔兴股份 2008 年第一次股权激励计划的失败原因

2008 年 5 月，中国证监会就股权激励有关事项下发两个备忘录，对涉及以下敏感问题作出不得实施股权激励计划的明确规定，包括实施限制性股票激励时授予价格过低、少数上市公司借道股东实施股权激励、监事成为激励对象、预留股份等。

2008 年末，浔兴股份披露，鉴于浔兴集团拟对浔兴股份管理层进行股权激励不符合中国证监会的有关规定，浔兴集团决定收回对浔兴股份管理层进行股权激励的承诺书。浔兴股份收回股权激励承诺，主要是因为其股权激励方案与备忘录中股东不得直接向激励对象赠与（或转让）股份相冲突。浔兴股份因此成为第一家因为股东直接向激励对象赠与（或转让）股份而放弃实施股权激励的公司。中国证监会下发的股权激励有关事项备忘录规定，股东不得直接向激励对象赠与（或转让）股份。股东拟提供股份的，应当先将股份赠与（或转让）上市公司，并视为上市公司以零价格（或特定价格）向这部分股东定向回购股份。然后，按照中国证监会备案无异议的股权激励计划，由上市公司将股份授予激励对象。

虽然浔兴股份未能在 2008 年实施股权激励计划，但是该公司并未放弃实施股权激励计划的思想。最终，浔兴股份在 2010 年成功地实施了股票期权模式的股权激励计划。

（三）股票期权股权激励计划模式概述

股票期权，是指一个公司授予其员工在一定的期限内，按照固定的授予时的期权价格购买一定份额的公司股票的权利。行使期权时，享有期权的员工只需支付授予时的期权价格，而不管当日股票的交易价是多少，就可得到期权项下的股票。期权价格和当日交易价之间的差额就是该员工的获利。如果该员工行使期权时，想立即兑现获利，则可直接卖出其期权项下的股票，得到其间的现金差额，而不必非有一个持有股票的过程。股票期权的行权有时间和数量限制，且须激励对象本人为行权支出现金。股票期权的行使会增加公司的所有者权益。因为持有者是向公司购买未发行在外的流通股，即是直接从公司购买而非从二级市场处购买。实行股票期权制的目的，是要在公司人员与企业长期利益之间建立一种资本纽带，将个人命运与企业命运牢牢地捆在一起。

1. 设计股票期权方案应注意的问题

在设计股票期权股权激励方案时，要注意以下设计要点：

（1）激励对象需要按照预先确定价格和条件购买股份，也可以放弃购买。股票期权不得转让、担保或偿债。

（2）可一次性或分次授出股票期权，授权日必须是交易日，授权日与首次行权日间隔不得少于 1 年，期权有效期不超过 10 年。

（3）股票期权的行权价格不低于下列价格中的较高者：

① 股权激励计划草案摘要公布前 1 个交易日的公司标的股票收盘价。

② 股权激励计划草案摘要公布前 30 个交易日的公司标的股票平均收盘价。

另外，对于国有控股上市公司，允许 IPO 时拟实施股权激励计划，其股权的授予价格在上市公司首次公开发行上市满 30 个交易日以后，依据上述原则规定的市场价格确定。除权、除息或其他原因调整行权价格或股票期权数量的，由董事会决议并经股东会批准，或股东会授权董事会决定；律师向董事会出具专业意见。若涉及分期授予，则分期授予时价格以该次召开董事会并披露摘要情况前的市价为基准。

（4）国有控股上市公司分次实施股权激励计划时，每期股权授予方案的间隔期应在一个完整的会计年度以上。

（5）不得授予期权的期间同限制性股票，国有控股上市公司股票期权的行权限制期同限制性股票的禁售期，行权有效期同限制性股票的解锁期。

（6）行权期间：定期报告公布后第2个交易日至下一次定期报告公告前10个交易日内。但下列期间不得行权：一是重大交易或重大事项决定过程中至该事项公告后2个交易日。二是其他可能影响股价的重大事件发生之日起至该事项公告后2个交易日。

2. 关于股票期权的定价问题

公司实施股权激励计划，授予激励对象股票期权，从法律关系上看实际是公司与激励对象签订了股票期权合约，这份股票期权合约在履行过程中其收益与风险都是未知的，只有在到期日才能确定激励对象是否可以行权取得收益。但是这并不意味着股票期权计划是免费的，是一种无成本的激励方式，股票期权也有其价格，但是因为各种相关股票期权价格的因素都是变动的，所以对股票期权的估值一直是一个难题。

经济学家布莱克与诺贝尔经济学奖的两位获得者哈佛商学院教授罗伯特·默顿（Robert Merton）和斯坦福大学教授迈伦·斯科尔斯（Myron Scholes）创立和发展的布莱克—斯科尔斯期权定价模型（Black Scholes Option Pricing Model）为股票期权的合理定价提供了一个比较科学和容易的计算方法。

根据布莱克—斯科尔斯期权定价模型，计算股票期权的价值，不需要对未来股票价格概率分布和投资者风险偏好进行猜测，仅仅依靠现有可测的和股票期权相关的变量（包括股票价格的波动量、无风险利率、期权到期时间、执行价格、股票时价等）就可以计算出股票期权的价值。

根据布莱克—斯科尔斯定价模型，以下公式为无红利的欧式看涨期权（类似于股权激励所设计的股票期权）价值的计算公式：

$$C = S \cdot N(d_1) - Xe^{[-r(T-t)]} \cdot N(d_2)$$
$$d_1 = [\ln(S/X) + (r + 6^2/2)(T-t)] / 6(T-t)^{(1/2)}$$

$$d_2 = d_1 - 6 （T-t）^（1/2）$$

式中，N（d）表示累积正态分布；

C—期权初始合理价值；

S—股票当前的价格；

X—期权的执行价格；

PV—折现；

T-t—行权价格距离现在到期日；

N—正态分布；

6—标的资产的波动率。

上市公司万科 A 在其 2010 年股票期权激励计划中就使用了布莱克—斯科尔斯期权定价模型对万科拟授予的 11000 万份股票期权的公允价值进行了估计，其对股票期权价值相关参数假定取值如下：

（1）行权价格：股票期权行权价格为 8.89 元。

（2）授权日的价格：8.89 元（注：暂取股票期权行权价格为参数计算，而期权的公允价值最终以授权日公司 A 股股票的收盘价为参数计算）。

（3）有效期：由于激励对象必须在授权日后 4 年内行权完毕，故股票期权有效期为 4 年。

（4）历史波动率：数值为 40.53%（注：暂取本草案公布前一年的万科 A 股股票历史波动率）。

（5）无风险收益率：以中国人民银行制定的金融机构存款基准利率来代替无风险收益率。采用中国人民银行制定的以 3 年存款基准利率 3.85% 和 5 年期存款利率 4.20% 的平均值 4.025% 的连续复利为股票期权的无风险收益率。

将上述参数套入布莱克—斯科尔斯期权定价模型，可以计算出万科公司授予的股票期权理论价值为 3.289 元，11000 万份股票期权的理论总价值则为 36179 万元。

对于根据布莱克—斯科尔斯期权定价模型而计算出的股票期权的总价值，根据《企业会计准则第 11 号——股份支付》的有关规定，公司将在等待期的每个资产负债表日，根据最新取得的可行权人数变动、业绩指标完成情况等后续信息，修正预计可行权的股票期权数量，并按照股票期权授权日的公允价值，将当期取得的服务计入相关成本或费用和资本公积。预计的期权成本总额与实际授予后的期权成本总额会存在差异。实际会计成本应根据董事会确定的授权日的实际股价、波动率等参数进行重新估值，并经审计师确认。

（四）浔兴股份2010年股票期权股权激励计划方案的特点

1. 浔兴股份股票期权方案的设计科学合规。浔兴股份股权激励方案体现了激励与约束并重的特点，激励重点明确，激励力度适当，浔兴股份股权激励方案的设计科学合理，符合相关的政策法规。因此，该方案设计有利于达到股权激励的目标。

2. 浔兴股份股票期权对行权要求的业绩增长的考核标准比较高，说明了管理层对公司未来业绩的增长比较有信心。根据浔兴股份的考核指标的设计，每一考核年度相比上一考核年度的净利润增长率最低不低于30%，且净资产收益率最低不低于9%，这是一个客观上比较高的考核指标。

3. 浔兴股份股票期权在授予条件中，明确约定了在股权激励计划有效日至授权日各种可能取消获授资格的行为，这在其他上市公司的股权激励方案中是很少见的，这种约定明确了在此期间对激励对象的约束，能够避免约定不明产生的纠纷问题。

4. 浔兴股份股票期权方案设置了预留股份，这样方便公司引进新的人才，并吸引人才留在公司，体现了股权激励方案的灵活性和前瞻性。

5. 浔兴股份对于因激励对象发生职务变更、离职或死亡等情形时如何处置股票期权有比较明确的规定，这有利于股权激励计划的顺利实施，避免激励对象与公司之间发生股权激励相关的纠纷。

6. 浔兴股份股票期权的激励对象比较广泛，考虑周到，涵盖高层管理人员和核心技术（业务）人员。激励对象包括高级管理人员5名，核心技术（业务）人员148人，共计153人。激励对象包括了各个子公司的总经理、副总经理，各个业务口的负责人，中层管理者，以及核心技术、业务人员。这对于稳定公司管理团队和业务骨干，增强公司中长期核心竞争力有着重要意义。

7. 从浔兴股份股权激励额度的分配上看，体现了股票期权分享的公平性和合理性，有利于减少公司内部的矛盾，促进管理层成员之间的团结，高管人员仅占股权激励总量的14.4%，不到1/5，把大多数的股权激励标的授予了核心技术（业务）人员，说明高管阶层很好的分享精神。

与此相反的例子是在国美的陈黄争权战中，陈晓于2009年推行股权激励计划，该计划被黄光裕指责为"没有考虑期权分享的公平性和合理性"，指股权激励分配的额度中高管获得的激励股份过多。在国美股权激励计划中，陈晓获得 2200 万股股份，王俊洲获得 2000 万股股份，魏秋立、孙一丁等高管均在 1300 万股以上。可见高管激励对象占的激励额度太高，有违股权激励计划的公平性。

第四节　斯米克（002162）股票增值权激励方案及评析

一、案例：斯米克（002162）（现更名为悦心健康）股票增值权激励方案

模块一：选择合适的股权激励模式

上海斯米克建筑陶瓷股份有限公司采用了股票增值权模式的股权激励方案。

模块二：确定股权激励计划的激励对象

股权激励计划的激励对象为公司高管及其他骨干人员。其中，公司高管为 7 人，其他骨干人员的名单由董事长决定。

模块三：确定激励额度（激励总额度和单个激励对象额度分配）

股权激励计划的激励总额度为 600 万份股票增值权，每份股票增值权与一股斯米克 A 股股票挂钩。其中，授予公司高管 280 万份股票增值权，剩余 320 万份股票增值权授予其他骨干人员，激励对象名单及相应的分配比例由董事长确定。若至 2011 年 12 月 31 日止仍未授予，则剩余部分股票增值权失效。

模块四：确定股权激励计划的行权价格

（一）行权价格的确定方法

本计划所涉股票增值权的行权价格取以下两个价格中的较高者：

1. 定价基准日前 1 个交易日斯米克 A 股股票收盘价；

2. 定价基准日前 30 个交易日斯米克 A 股股票的平均收盘价。

其中，2010 年 6 月 30 日前授予的股票增值权的定价基准日为股权激励计划公告日（2010 年 3 月 1 日），其后授予的股票增值权的定价基准日为相应的授予日。

（二）结算价格的确定方法

激励对象提出行权时，应提交《行权申请书》，并以行权申请日斯米克 A 股股票收盘价作为该次行权的结算价格。

模块五：确定股权激励的来源（激励标的来源和购股资金来源）

1. 激励标的的来源

斯米克公司授予激励对象 600 万股股票增值权，因为股票增值权为虚拟股份，所以斯米克公司授予的股票增值权实际上是一种内部记账证明。

2. 购股资金的来源

鉴于斯米克公司采取的是股票增值权股权激励计划的模式，其收益来自公司根据股票增值权结算价与行权价之间的差额计算支付的现金，所以不需要激励对象筹集费用。

模块六：确定股权激励计划的时限

（一）股权激励计划的有效期

股权激励计划有效期为 7 年，自本计划所涉股票增值权授予日起计算。

（二）授予日

授予日为公司授予激励对象股票增值权之日，授予日必须为交易日。本计划首次授予股票增值权的授予日应在股东会审议通过本计划之日起 30 日内，授予股票增值权的授予日由董事长确定。

（三）等待期、行权有效期和行权窗口期

激励对象获授股票增值权后不得立即行权，需经历一定时间的等待期，等待期结束后进入行权有效期。

股权激励计划股票增值权共分四批行权，具体行权安排如下：

1. 首批行权的股票增值权等待期为 1 年，自授予日起计算，行权有效期为等待期满后 4 年，可行权数量为获授股票增值权总数的 30%；

2. 第二批行权的股票增值权等待期为 2 年，自授予日起计算，行权有效期为等待期满后 3 年，可行权数量为获授股票增值权总数的 30%；

3. 第三批行权的股票增值权等待期为 3 年，自授予日起计算，行权有效期为等待期满后 2 年，可行权数量为获授股票增值权总数的 20%；

4. 第四批行权的股票增值权等待期为 4 年，自授予日起计算，行权有效期为等待期满后 1 年，可行权数量为获授股票增值权总数的 20%。

为方便公司统一管理激励对象行权事宜，股权激励计划将设置行权窗口期，激励对象必须在行权窗口期内提出行权申请。行权有效期内每年设置一个行权窗口期，时间均为公司上一年度（指行权有效期起始日所在年度的上一年度）年度报告公告日起至本年度（指行权有效期起始日所在年度）9 月 30 日止。激励对象提出行权申请之日必须为交易日，且不得在法规规定不适合行权的期间内提出行权。

模块七：股权激励计划的约束条件（授予条件和行权条件）

（一）股权激励标的的授予条件

斯米克股权激励计划没有设置股票增值权授予时所需要激励对象满足的授予条件。

（二）股权激励计划的行权条件（业绩考核条件）

1. 行权有效期内各期业绩考核指标

在计划有效期内，公司将分年度对业绩指标进行考核，以业绩考核达标作为激励对象的行权条件。业绩指标为净利润，各批次股票增值权的业绩考核目标值分别如下表所示。

行权批次	行权批次	净利润
2011 年年报公告前授出股票增值权的首批行权部分		1 亿元
2011 年年报公告前授出股票增值权的第二批行权部分	2011 年年报公告后授出股票增值权的首批行权部分	（1+30%）亿元
2010 年年报公告前授出股票增值权的第三批行权部分	2011 年年报公告后授出股票增值权的第二批行权部分	（1+30%）2 亿元
2010 年年报公告前授出股票增值权的第四批行权部分	2010 年年报公告后授出股票增值权的第三批行权部分	（1+30%）3 亿元
	2010 年年报公告后授出股票增值权的第四批行权部分	（1+30%）4 亿元

2. 公司业绩考核与股票增值权可行权数量挂钩的办法

公司业绩考核得分＝净利润实际值÷净利润目标值×100

公式中，净利润目标值为前表所列数字，净利润实际值为与各批次股票增值权对应的行权有效期起始日所在年度的上一年度年度报告中列示的净利润值。

公司业绩考核得分有效分数段为 60—100 分。

若某批次对应的业绩考核得分低于 60 分，则该批次原应生效的份额不得生效，由公司予以作废处理。

若某批次对应的业绩考核得分高于 60 分但低于 100 分，则该批次股票增值权在对应行权有效期内允许生效的份额为原应生效份额的 X%（X 为业绩考核得分），未生效份额（100-X）%顺延至下一行权有效期，并在下一行权有效期对应的业绩考核得分高于 100 分时按 Y%〔Y 为高出 100 分的分值，Y 以（100-X）为限〕生效，任意批次股权增值权连续 2 年未能生效或者对应最后一个有效期时而未能生效，则做作废处理；若某批次对应的业绩考核得分高于 100 分，则该批次原应生效的份额全部生效。

模块八：确定股权激励计划的修改与调整、变更与终止机制

股权激励计划的变更与调整情形：

1. 公司控制权变更

因为重组、并购发生公司控制权变更时，现控股股东和其他股东必须在股权转让协议（或其他导致控制权变更的协议）中约定新控股股东保证原激励计划不变化，确保有效实施并最终完成本计划，并且作为协议不可分割的部分。

2. 公司合并、分立

公司合并、分立时，各股东应在公司合并、分立的相关协议中承诺继续实施本计划，根据实际情况可对计划内容进行调整，但不得无故改变激励对象、激励计划所授出的股票增值权数量以及行权价格和条件。

3. 因激励对象个人原因导致其持有的股票增值权终止与失效的情形

当发生以下情况时，在情况发生之日，对激励对象已获准行权但尚未行使的股票增值权终止行权，其未获准行权的股票增值权失效。

（1）激励对象被证券交易所公开谴责或宣布为不适当人选；

（2）因重大违法违规行为被中国证监会予以行政处罚；

（3）违反法律法规规定，或公司内部管理规章制度规定，或劳动合同约定的失职、渎职行为，严重损害公司利益或声誉；

（4）违反国家有关法律、行政法规或《公司章程》的规定，给公司造成重大经济损失；

（5）公司有充分证据证明该激励对象在任职期间，由于受贿、索贿、贪污、盗窃、泄露经营和技术秘密等损害公司利益、声誉等违法违纪行为，给公司造成损失；

（6）单方面终止或解除与公司订立的劳动合同或聘用合同；

（7）因犯罪行为被依法追究刑事责任；

（8）其他董事会薪酬与考核委员会认定的情况。

4. 因激励对象个人原因导致其持有的股票增值权部分失效的情形

当发生以下情况时，在情况发生之日，对激励对象已获准行权但尚未行使的股票增值权继续保留行权权利，其未获准行权的股票增值权失效。

（1）劳动合同、聘用合同到期后，双方不再续签合同的；

（2）到法定年龄退休且退休后不继续在公司任职的；

（3）经和公司协商一致提前解除劳动合同、聘用合同的；

（4）激励对象未发生重大错误或严重损害公司利益情况而公司因经营考虑，单方面终止或解除与激励对象订立的劳动合同、聘用合同的；

（5）其他董事会薪酬与考核委员会认定的情况。

二、斯米克股票增值权股权激励计划模式评析

（一）斯米克公司简介

上海斯米克建筑陶瓷股份有限公司系中英合资企业，专业生产和销售高级玻化石和高级釉面砖系列产品，注册资本 38000 万元，占地面积约 600 亩。公司成立于 1993 年 6 月，于 2007 年 8 月该公司 A 股在深圳交易所挂牌上市，后更名为上海悦心健康集团股份有限公司。鉴于在本股权激励计划实施时公司尚未更名，故本节股权激励计划的内容仍采用原名称。

（二）斯米克股权激励之路

早在 2008 年 4 月，斯米克即第一次实施了股票期权模式的股权激励计划，根据该股票期权股权激励计划，斯米克公司向激励对象以定向增发的方式授予 2000 万份股票期权，对应的标的股份数量为 2000 万股，占该激励计划签署时斯米克股本总额的 5.26%。其中，首次授予 60 名激励对象 930 万份股票期权（包括 85 万份预留股份），占激励计划签署时斯米克股

本总额的 2.447%，每份股票期权拥有在有效期内以行权价格和行权条件购买 1 股斯米克股票的权利，剩余 1070 万份，占本激励计划签署时斯米克股本总额的 2.816%，剩余部分股票期权分次且不超过 5 次授予完毕，每次授予数量不超过 300 万份，各次授予间隔不少于 1 年。

2008 年 11 月，斯米克发布公告称，自斯米克当年 5 月披露股票期权激励计划至今，国内外经济形势和证券市场发生了重大变化，所以，原方案已不具备可操作性。根据中国证监会有关文件精神，公司撤销了股票期权激励计划（草案）。

经过 2008 年的金融危机和市场条件的好转，斯米克对公司的未来发展前景再度充满信心。在斯米克撤销股票期权股权激励计划的 1 年之后，斯米克于 2010 年 3 月公告了股票增值权模式的股权激励计划，以促进公司建立、健全激励约束机制，充分调动公司经营者的积极性，有效地将股东利益、公司利益和经营者个人利益结合在一起，使各方共同关注公司的长远发展。

（三）股票增值权模式股权激励计划简述

股票增值权是指公司授予激励对象在一定时期和条件下获得规定数量的股票价格上涨所带来的收益的权利。股票增值权持有者不实际拥有股票，也不拥有股东表决权、配股权、分红权。股票增值权不能转让和用于担保、偿还债务等。

股票增值权是一种虚拟的股票期权，是公司给予计划参与人的一种权利，不实际持有买卖股票，仅通过模拟股票市场价格变化的方式，在规定时段内，获得由公司支付的行权价格与兑付价格之间的差额。股票增值权的实质就是股票期权的现金结算，比照实施期权计划可获得的收益，由公司以现金形式支付给激励对象。

股票增值权股权激励计划一般采取拟实施股权激励公司的股票为股票增值权中授予激励对象虚拟股票期权的对应股票，由公司以现金方式支付行权价格与兑付价格之间的差额，该差额即为激励额度。

股票增值权股权激励计划的运作举例如下：

假设公司于 2010 年 5 月 1 日授予某激励对象 10 万份股票增值权，行权价为 10 元，在经过计划规定的 2 年等待期后并且考核达标的情况下，在 2012 年 5 月 1 日后第一批股票增值权规定的行权期内，激励对象可向公司提出第一批 2.5 万份可行权的股票增值权的行权申请。若届时公司二级市场股价为 15 元，则公司向激励对象兑付每份 5 元的价差，合计 12.5 万元。股票增值权的现金成本由公司承担。

（四）斯米克股票增值权模式股权激励计划的主要特点

1. 斯米克股票增值权股权激励计划的实施因为不需要实际股票，而是一种虚拟股票，所以股权激励计划获得通过的程序比较简易。一般而言，股票增值权股权激励计划提交董事会审议通过，再由股东会审批通过后即可实施，不需要经过证监会的备案程序，其设计比较灵活，股票增值权的基准价、行权价、有效期限、执行期限的设置并没有规范性文件的强制性规定，因此可以根据激励计划的需要进行设置。

2. 斯米克股票增值权股权激励计划的授予虚拟股票为 600 万股，除了 7 名高管作为激励对象是事先明确的外，其余激励对象的名单为董事长个人确定。这种设计，一方面比较灵活，董事长可以根据具体情况确定激励对象的范围；另一方面表现了股权激励计划的随意性，有可能达不到股权激励计划所要求的公平公正的原则。

3. 斯米克股票增值权股权激励计划的业绩考核条件设置上只有净利润增长额的指标，而没有净资产收益率指标或者其他指标对净利润增长指标进行平衡。这种设置可能导致经理层在企业的发展过程中过于追求企业的规模和利润，但是会忽视单位资金的收益效率等重要的经营问题，从而为公司的长期发展带来不良影响。

4. 斯米克股票增值权股权激励计划在设计上，考虑到股票增值权计划可能会导致公司大量的现金流出，可能会给公司现金流带来极大的压力，因此在激励计划中采用对公司现金流流量用于股权激励计划的金额进行限制，这是非常值得赞同的。斯米克公司在其股票增值权股权激励计划中规定："公司以现金形式支付激励对象的行权收益。公司在各批次对应的行权有效期内支付的现金总数不超过该行权有效期前公司最近一期已公告的年度财务报表中载明的经营性净现金流数量的 15%，以确保不因激励计划的实施对公司经营活动造成重大影响。公司在该行权有效期内未予支付的部分应在后续行权有效期予以补足，并在支付后续行权有效期激励对象行权收益前先行支付，后续某行权有效期不足支付的依次顺延。"

5. 斯米克股票增值权股权激励计划对激励对象的约束力度不强，没有约定激励对象的获授股票增值权的获授条件，也没有约定对激励对象行权获得收益时的绩效考核条件。与斯米克同样采取股票增值权股权激励计划的广州国光公司，在对激励对象的约束上的规定值得借鉴，广州国光公司的激励计划约定：广州国光公司授予部分高管 20 万份股票增值权，在授权日后 36 个月内每 12 个月执行一次增值权收益或罚款，如执行日前 30 个交易日广州国光平均收盘价（即执行价）高于本激励计划首次公告前 30 个交易日平均收盘价（即基准价），即 9.25 元/股，每份股票增值权可获得每股价差收益；如价差为负，则以差价总额的 1/2 平均分 12 个月扣罚该高管工资，股票增值权对应的价差收益或处罚计入执行时公司当期损益。

广州国光计划授予其财务总监 2 万份的股票增值权，授权的价格为 9.25 元/股，到行权日假设行权的价格是 15.25 元/股，则根据股票增值计划，该财务总监可以获得 12 万元的股票增值权收益，即用（15.25－9.25）×20000。同时，根据广州国光的股票增值权计划，每份股票增值权可获得每股价差收益，如价差为负，则以差价总额的 1/2 平均分 12 个月扣罚该高管工资。比如，到期日的行权价格为 5.25 元/股，则为亏损 4 元/股，该财务总监累计应扣减的工资总额为 8 万元，根据方案差价总额的 1/2 应为 4 万元，按 12 个月每月扣减该财务总监的工资 3333 元〔（9.25－5.25）×20000÷2÷12〕。

对于财务总监而言，股价高涨使其 1 年收入多了 12 万元，是个好事；但如果因为经营问题导致股价下跌，使其每个月的工资被扣减了 3333 元，虽然扣减的金额不大，但根据心理学的理论，人们对于自己的损失，哪怕是较小的损失，都会产生强烈的痛苦感，为了避免工资损失激励对象会更加努力、稳健的经营，从而产生正向的激励效果。

6. 斯米克的股票增值权计划如果遇到现金流的压力，会给公司经营带来一定的困难，因此该计划不宜长期实施。从上市公司实施股权激励计划的现有实践来看，因为股票增值权的实施涉及上市公司大量的现金流出，容易给公司带来沉重的经营压力，所以上市公司一般利用其不需要备案和设计灵活的特点，把其作为实施限制性股票股权激励计划或者股票期权股权激励计划的补充，因此斯米克公司在下次实施股权激励计划时，可以把股票增值权作为辅助计划，另外实施限制性股票或者股票期权激励计划作为主要计划。以下为两家上市公司把增值权激励计划作为辅助计划的案例：

（1）推出正泰电器股票增值权计划，主要针对正泰电器受政策限制无法纳入"正泰电器股票期权激励计划"。由公司董事会聘任的非中国国籍的高级管理人员，因为中国现行政策规定非中国国籍人员无法在证券公司开设个人股票账号，其也就无法持有上市公司的股票，因此不能成为限制性股票或者股票期权的激励对象。而采用虚拟股票的股票增值权计划可以避免这一点，在为了规避政策而实施的股票增值权计划中，往往其方案设计完全可以仿照股票期权的设计，在有效期限、行权价格、行权条件、考核条件上都与股票期权计划的规定一致。

（2）广州国光的股票增值权激励计划也是与其股票期权激励计划同时推出的，从激励额度来看，股票期权的部分是主要的内容，是主要的激励手段；股票增值权计划虽然有激励的内容，但数量太少，达不到激励的效果，它主要是作为一种对激励对象的约束手段，是股票期权计划的配套和辅助。在股票期权计划下的激励对象，其具有的是行权或者放弃行权的权利，如果经营不善，股价低迷，激励对象可以选择放弃行权而本身不遭受任何损失，而广州国光的股票增值权计划，使激励对象在经营不善、股价低迷的情况下产生一定的损失，真正体现了收益与风险相对应的实质公平关系。

（五）其他公司的股票增值权股权激励实践

1. 招商银行的股票增值权股权激励的基本操作办法

招商银行首期 H 股股票增值权授予日是 2007 年 10 月 30 日，数量是 129 万份。

招商银行第二期 H 股股票增值权授予日为 2008 年 11 月 7 日。授予高管 132 万份 H 股股票增值权，占激励计划签署时公司股本总额 147 亿股的 0.009%。每一份 H 股股票增值权与一份 H 股股票挂钩。每一份 H 股股票增值权的收益＝股票市价－授予价格。其中，股票市价为股票增值权持有者签署行权申请书当日的前 1 个有效交易日的 H 股收市价；授予价格为 12.76 港元。第二期授予的 H 股股票增值权自 2008 年 11 月 7 日起 10 年内有效，自 2008 年 11 月 7 日起 2 年内为行权限制期，在行权限制期内不得行权。行权限制期满后的 8 年时间为行权有效期。行权有效期的前 4 年，每年的生效可行权额度为当期授予总额的 25%。

2. 上海贝岭的股票增值权（虚拟股票）股权激励的实践

上海贝岭股份有限公司是经上海市人民政府以沪府〔1998〕24 号文

《关于同意上海贝岭微电子制造有限公司变更为上海贝岭股份有限公司的批复》批准，由上海仪电控股（集团）公司和上海贝尔电话设备制造有限公司共同发起并经中国证券监督管理委员会以"证监发字〔1998〕217 号"文批准，向社会公开募集股份设立的股份有限公司。1999 年根据财政部财管字〔1999〕150 号文《关于变更上海贝岭股份有限公司国家股持股单位有关问题的批复》，原上海仪电控股（集团）公司持有的公司 38.45%的股份，国家股股权划拨给上海华虹（集团）有限公司。上海华虹（集团）有限公司成为公司的第一大股东。2002 年 4 月 10 日，公司 2002 年度股东会决议通过了资本公积转增股本方案，以 2001 年末股本总额 434434000 元人民币为基数，向全体股东按每 10 股转增 3 股，共转增股本 130330200 元人民币，变更后公司注册资本为 564764200 元人民币。

上海贝岭公司是我国集成电路行业的龙头，拥有电能计量、非挥发存储器、通信、电源管理与特种电路和消费类 5 个产品线。公司自主产品开发实力强，已申请技术专利 14 项，获得授权的专利 9 项，申请的集成电路布图设计登记 21 项，获得授权的布图登记 10 项。公司员工约有 50%以上为各类技术人员，属于技术人才密集型的公司。

20 世纪 90 年代，跨国大公司进入中国，这些大公司以高收入、提供先进技术培训等优惠条件从中国源源不断挖走人才。上海贝岭公司为了留住人才、激励人才，于 1997 年 7 月正式推出虚拟股票期权（股票增值权）计划。

上海贝岭按照下述方案操作：

（1）公司每年从税后利润中提取一定金额作为公司的奖励基金，作为虚拟股票期权奖励的基础。然后公司综合考虑将来公司股票的波动情况及将来员工持有的虚拟股票兑现时现金的支付能力，确定每年从当年提取的奖励基金中拿出一部分进行当年虚拟股票奖励的具体金额。

（2）公司虚拟股票的内部市场价格与公司股票的二级市场价格同比例波动。公司在第一年实施基础发放时，根据当年准备用于虚拟股票奖励金额的大小和准备发放虚拟股票的总股数确定公司虚拟股票的基础价格。并同当时公司二级市场价格对应起来以确定一个比例，在此以后虚拟股票的内部价格就由公司股票二级市场的价格来确定并随之同比例波动。

（3）从实施计划的第二年开始，公司每年根据当年确定的虚拟股票奖励的具体金额和发放虚拟股票时的约定确定行权数量。只有在满足约定条件的情况下才可以兑现，虚拟股票以公司股票的形态出现，采用内部结算的办法进行，期权授予时，以股数计量，并以签约时的实际价格计算。期权兑现时，也以股数计量，并以兑现时的实际价格计算，差价部分为员工实际所得，公司代为缴纳所得税。2007 年上海贝岭的公司治理报告中提道："上海贝岭所处的行业在人才上要求国际化程度比较高，人才对期权激励制度比较认可，对此上海贝岭实施了第一期模拟期权激励，但由于政策和法律环境的制约，一段时期这种探索停滞不前，目前法律和政策环境都已改善，上海贝岭将继续这种探索，以吸引和留住人才。""根据中国证监会颁布的《上市公司股权激励管理办法》，公司将积极研究并制订股权激励实施计划。"

可见，虚拟股票期权（股票增值权）确实为上海贝岭留住人才起到了一定作用，而上海贝岭也在不停地探索股权激励的模式，以实现公司的长远发展。

第五节　通威股份（600438）员工持股计划激励方案及评析

一、案例：通威股份（600438）2022—2024 年员工持股计划激励方案

一、员工持股计划的目的

本次员工持股计划系公司依据《公司法》《证券法》《关于上市公司实施员工持股计划试点的指导意见》《上海证券交易所上市公司员工持股计划信息披露工作指引》等有关法律、行政法规、部门规章、规范性文件和《公司章程》的规定实施。公司董事会依据上述文件的规定制定了本次员工持股计划，并通过公司职工代表大会充分征求了员工意见。本次员工持股计划的目的是：完善核心员工与全体股东的利益共享和风险共担机制，提高员工的凝聚力和公司竞争力，实现股东、公司和员工利益的一致，充分调动员工的积极性和创造性，实现公司可持续发展。

二、基本原则

（一）依法合规原则

（二）自愿参与原则

（三）风险自担原则

（四）员工择优参与原则

三、参加对象及确定标准

（一）参加对象及确定标准

1. 本次员工持股计划参加对象应为在公司或公司的全资或控股子公司工作、领取薪酬，并与公司或公司的全资或控股子公司签订劳动合同的员工。

本次员工持股计划的参加对象应符合下述标准之一：

（1）为通威股份董事、监事或高级管理人员；

（2）为通威股份及其全资、控股子公司的管理人员；

（3）为通威股份及其全资、控股子公司的核心骨干员工。

2. 参加对象的名单及各参加对象的认购份额由公司总经理拟定，经董事长审核，由董事会批准。

3. 有下列情形之一的，不能成为参加对象：

（1）最近3年内被证券交易所公开谴责或宣布为不适当人选的；

（2）最近3年内因重大违法违规行为被中国证监会予以行政处罚的；

（3）最近3年内，因泄露国家或公司机密、贪污、盗窃、侵占、受贿、行贿、失职或渎职等违反国家法律、法规的行为，或违反公序良俗、职业道德和操守的行为给公司利益、声誉和形象造成严重损害的；

（4）在公司外直接或间接从事与公司业务存在竞争关系的业务，包括但不限于直接或间接控股、参股开展竞争性业务的公司、在开展竞争性业务的公司兼职或向任何开展竞争性业务的公司或个人提供服务等的员工，不得成为本次员工持股计划的参加对象（上述开展竞争性业务的公司不包括公司全资、控股、参股的子公司）；

（5）董事会认定的不能成为本次员工持股计划持有人的情形；

（6）相关法律、法规或规范性文件规定的其他不能成为本次员工持股计划持有人的情形。

4. 符合前述标准的员工依照本次员工持股计划第二条所规定的原则参加本次员工持股计划。

（二）参加对象及其认购本次员工持股计划份额的具体情况

本次员工持股计划初始成立时的参加对象为公司董事、监事或高级管理人员，初始成立时总人数为 14 人（不含预留份额），本次员工持股计划初始设立时的资金总额为不超过 280000 万元人民币，以"份"作为认购单位，每份份额为 1 元，本次员工持股计划的份数上限为 280000 万份。其中，本次持有人认购持股计划份额为不超过 84000 万份，占本次员工持股计划比例上限为 30%；预留份额为不超过 196000 万份，占本次员工持股计划比例上限为 70%。

员工持股计划最终参加对象以及持有人具体持有份额以员工最终实际缴纳的出资额为准。

预留份额将主要根据 2022 年、2023 年和 2024 年业绩考核结果分配给对公司有突出贡献的核心骨干员工。在员工持股计划存续期内，公司根据实际情况将该部分预留份额分配给符合条件的员工。

四、资金和股票来源

（一）员工持股计划的资金来源

本次员工持股计划筹集资金总额不超过 280000 万元，员工持股计划资金来源为公司控股股东借款、参加对象的合法薪酬、自筹资金及员工持股计划通过融资方式筹集的资金（如有）等。持有人按照认购份额按期足额缴纳认购资金，员工持股计划持有人具体持有份额以员工最后确认缴纳的金额为准。持有人应当按《员工持股计划认购协议书》的相关规定将认购资金一次性足额转入本次员工持股计划资金账户。未按时缴款的，该持有人则丧失参与本次员工持股计划的权利。

员工持股计划通过融资方式筹集的资金，持有人将按其每期归属的标的股票权益额度和比例，承担其相应的融资本金归还及在融资期限内的融资成本（包括但不限于融资利息等）。

（二）员工持股计划的股票来源

本期员工持股计划设立后将委托资产管理人成立资管/信托产品进行管理。资管/信托产品的份额上限为 560000 万份，每份额价格为人民币 1 元。按照不高于 1∶1 的比例设立优先份额和次级份额，优先份额上限为 280000 万份，次级份额上限为 280000 万份，资管/信托产品主要投资范围为购买和持有标的股票及现金类产品等。

本次员工持股计划的股票来源为二级市场购买（包括但不限于竞价交易、大宗交易［包括但不限于从控股股东处受让股份）、协议转让］等法律法规许可的方式。

资管/信托产品存续期内，优先份额设业绩比较基准（具体以最终签订合同为准），劣后份额不设业绩比较基准。上述业绩比较基准仅供产品份额持有人参考，不构成产品管理人关于保证产品投资资金不受投资损失或者可以取得的最低收益的任何承诺。产品份额持有人应当自行承担投资风险。

（三）员工持股计划的股票规模

以资管/信托产品的规模上限 560000 万元及 2022 年 5 月 13 日收盘价 40.35 元/股测算，资管/信托产品所能购买和持有的标的股票的上限约为 13878.56 万股，占公司股本总额的比例约为 3.08%。资管/信托产品最终持有的股票数量以实际执行情况为准。

公司全部有效的员工持股计划所持有的股票总数累计不超过公司股本总额的 10%，单个员工所持持股计划份额（含各期）所对应的股票总数累计不超过公司股本总额的 1%。

员工持股计划持有的股票总数不包括员工在公司首次公开发行股票并上市前获得的股份、通过二级市场自行购买的股份及通过股权激励获得的股份。

五、员工持股计划的存续期、锁定期、变更及终止

（一）员工持股计划的存续期

1. 本次员工持股计划的存续期限为 36 个月。自本次员工持股计划通过公司股东会审议之日起算，本次员工持股计划在存续期届满后自行终止。

2. 本次员工持股计划应当在股东会审议通过员工持股计划后 6 个月内，根据本次员工持股计划的安排完成标的股票的购买。

3. 本次员工持股计划的份额锁定期满后，在员工持股计划资产均为货币性资产时，本次员工持股计划可提前终止。

4. 本次员工持股计划的存续期届满前 2 个月，经出席持有人会议的持有人所持 2/3 以上份额同意并提交公司董事会审议通过后，本持股计划的存续期可以延长。

5. 如因公司股票停牌或者窗口期等情况，导致资管/信托产品所持有的公司股票无法在存续期上限届满前全部变现时，经出席持有人会议的持有人所持 2/3 以上份额同意并提交公司董事会审议通过后，本次员工持股计划的存续期限可以延长。

（二）员工持股计划的锁定期

1. 本次员工持股计划的法定锁定期（即资管/信托产品持有标的股票的锁定期）为 12 个月，自公司公告最后一笔标的股票登记过户至资管/信托产品名下之日起算。

2. 法定锁定期满后，资管/信托产品将根据员工持股计划的安排和当时市场的情况决定卖出股票的时机和数量。

3. 本次员工持股计划将严格遵守市场交易规则，遵守中国证监会、上海证券交易所关于信息敏感期不得买卖股票的规定。

（三）员工持股计划的变更

本次员工持股计划设立后的变更，应当经出席持有人会议的持有人所持 2/3 以上份额同意，并提交公司董事会审议通过。

（四）员工持股计划的终止

1. 本次员工持股计划存续期满后自行终止；

2. 本次员工持股计划的份额锁定期满后，当员工持股计划所持资产均为货币性资金时，本次员工持股计划可提前终止；

3. 本次员工持股计划的存续期届满前 2 个月，经出席持有人会议的持有人所持 2/3 以上份额同意并提交公司董事会审议通过，本次员工持股计划的存续期可以提前终止或延长。

六、员工持股计划期的考核办法

为了更好地实施本次员工持股计划，使员工利益与公司利益保持一致，针对本次员工持股计划，公司设定了针对持有人层面的绩效考核指标，对持有人个人在 2022 年、2023 年、2024 年 3 年的工作绩效作出较为准确、全面的综合评价，只有在达成相应指标的情况下，持有人才能获得相应的持有份额。

个人绩效考核以公司现有的绩效管理体系为基础，绩效考核依照本办法以及公司相关管理制度进行，考核评价指标包括但不限于关键业绩指标、工作能力和工作态度等。公司内部考核等级及相应等级所占比例如下表所示：

考核等级	A（特优）	B（优）	C（良）	D（合格）	E（不合格）
所占比例	前 15%	16%—40%	40%—75%	75%—92%	后 8%

如果持有人业绩考核为 D 级，管理委员会有权将其持有的员工持股计

划的 50% 权益按照其自有资金部分原始出资金额强制转让给管理委员会指定的具备参与本持股计划资格的受让人。

如果持有人业绩考核为 E 级，管理委员会有权将其持有的员工持股计划的全部权益按照其自有资金部分原始出资金额强制转让给管理委员会指定的具备参与本持股计划资格的受让人。

七、员工持股计划的管理模式

（一）持有人

实际缴纳出资认购本次员工持股计划份额的员工，成为本次员工持股计划份额持有人。除预留份额外，每份员工持股计划份额具有同等权益。

1. 持有人的权利如下：

（1）按持有本次员工持股计划的份额享有本次员工持股计划资产及其收益；

（2）依照员工持股计划规定参加持有人会议，就审议事项按持有的份额行使表决权；

（3）对员工持股计划的管理进行监督，提出建议或质询；

（4）持有人放弃因参与员工持股计划而间接持有公司股票的表决权；

（5）享有相关法律、法规或本次员工持股计划规定的其他权利。

预留份额放弃员工持股计划表决权，不享有持有人权利中第（2）及第（3）项权利。

2. 持有人的义务如下：

（1）按员工持股计划的规定及时足额缴纳认购款；

（2）遵守有关法律、法规和本次员工持股计划的规定；

（3）按持有本次员工持股计划的份额承担本次员工持股计划投资的风险；

（4）遵守生效的持有人会议决议；

（5）承担相关法律、法规和本次员工持股计划规定的其他义务。

（二）持有人会议

持有人会议是员工持股计划的权力机构。除预留份额外，所有持有人均有权参加持有人会议，并按其持有份额行使表决权。持有人可以亲自参与持有人会议并表决，也可以委托代理人代为出席并表决。持有人及其代理人出席持有人会议的差旅费用、食宿费用等，均由持有人自行承担。

（三）持有人会议的召集及表决程序

1. 持有人会议的召集和召开。

2. 持有人会议表决程序。

（四）管理委员会的选任程序

本次员工持股计划的持有人通过持有人会议选出 3 名持有人组成员工持股计划管理委员会。选举程序为：

1. 发出通知征集候选人。

2. 召开会议选举管理委员会委员。

（五）管理委员会

1. 本次员工持股计划设管理委员会，监督员工持股计划的日常管理，对员工持股计划持有人会议负责，代表持有人行使股东权利或者授权资产管理机构/信托机构行使股东权利。

2. 管理委员会由 3 名委员组成，设管理委员会主任 1 名。管理委员会委员均由持有人会议选举产生，任期为员工持股计划的存续期。管理委员会主任由管理委员会以全体委员的过半数选举产生。

3. 管理委员会委员应当遵守法律、行政法规和《员工持股计划管理办法》的规定，并维护员工持股计划持有人的合法权益，确保员工持股计划的资产安全，对员工持股计划负有下列忠实义务：

（1）不得利用职权收受贿赂或者其他非法收入，不得侵占员工持股计划的财产；

（2）不得挪用员工持股计划资金；

（3）不得将员工持股计划资产或者资金以其个人名义或者其他个人名义开立账户存储；

（4）不得违反相关法律、法规及规范性文件的规定，不得将员工持股计划资金借贷给他人或者以员工持股计划财产为他人提供担保；

（5）不得利用其职权损害员工持股计划利益；

（6）不得擅自披露与员工持股计划相关的商业秘密及法律、行政法规、部门规章规定的其他义务。

管理委员会委员违反忠实义务给员工持股计划造成损失的，应当承担赔偿责任。

4. 管理委员会行使以下职责：

（1）负责召集持有人会议，执行持有人会议的决议；

（2）代表全体持有人监督员工持股计划的日常管理；

（3）代表全体持有人行使员工持股计划所持有股份的股东权利或者授

权资产管理机构/信托机构行使股东权利;

(4) 负责与资产管理机构/信托机构的对接工作;

(5) 管理员工持股计划利益分配;

(6) 员工持股计划法定锁定期及份额锁定期届满,办理标的股票出售及分配等相关事宜;

(7) 决策员工持股计划弃购份额、强制转让份额的归属;

(8) 办理员工持股计划份额变更、继承登记;

(9) 负责员工持股计划的减持安排;

(10) 持有人会议授权的其他职责。

5. 管理委员会主任行使下列职权:

(1) 主持持有人会议和召集、主持管理委员会会议;

(2) 督促、检查持有人会议、管理委员会决议的执行;

(3) 管理委员会授予的其他职权。

6. 管理委员会不定期召开会议,由管理委员会主任召集,于会议召开5日前通知全体管理委员会委员。

7. 代表10%以上份额的持有人、1/3以上管理委员会委员,可以提议召开管理委员会临时会议。管理委员会主任应当自接到提议后5日内,召集和主持管理委员会会议。

8. 管理委员会会议通知包括以下内容:

(1) 会议时间和地点;

(2) 事由及议题;

(3) 发出通知的日期。

9. 管理委员会会议应有过半数的管理委员会委员出席方可举行。管理委员会作出决议,必须经全体管理委员会委员的过半数通过。管理委员会决议的表决,实行一人一票。

10. 管理委员会决议表决方式为记名投票表决。管理委员会会议在保障管理委员会委员充分表达意见的前提下,可以用通信方式进行并作出决议,并由参会管理委员会委员签字。

11. 管理委员会会议,应由管理委员会委员本人出席;管理委员会委员因故不能出席的,可以书面委托其他管理委员会委员代为出席,委托书中应载明代理人的姓名、代理事项、授权范围和有效期限,并由委托人签名或盖章。代为出席会议的管理委员会委员应当在授权范围内行使管理委员会委员的权利。管理委员会委员未出席管理委员会会议，亦未委托代表出席的，视为放弃在该次会议上的投票权。

12. 管理委员会应当对会议所议事项的决议形成会议记录，出席会议的管理委员会委员应当在会议记录上签名。

13. 管理委员会会议记录包括以下内容：

（1）会议召开的时间、地点和召集人姓名；

（2）管理委员会委员出席情况；

（3）会议议程；

（4）管理委员会委员发言要点；

（5）每一决议事项的表决方式和结果（表决结果应载明赞成、反对或弃权的票数）。

14. 管理委员会会议所形成的决议及会议记录应报公司董事会备案。

（六）股东会授权董事会事项

股东大会授权董事会全权办理与员工持股计划相关的事宜，包括但不限于以下事项：

1. 授权董事会办理本员工持股计划的变更和终止，包括但不限于按照本员工持股计划或协议的约定取消持有人的资格、增加持有人、持有人份额变动、已死亡持有人的继承事宜，持有人出资方式、持有人获取股票的方式、持有人个人出资上限变更事宜，提前终止本员工持股计划及本员工持股计划终止后的清算事宜。

2. 授权董事会对本员工持股计划的存续期延长作出决定。

3. 本次员工持股计划经股东会审议通过后，若在实施期限内相关法律、法规、政策发生变化的，授权公司董事会按照新的政策对员工持股计划作出相应调整。

4. 授权董事会办理员工持股计划所涉及的相关登记结算业务及所需的其他必要事宜。

5. 授权董事会办理本员工持股计划所涉资金账户的相关手续及购买股票的锁定和解锁的全部事宜。

6. 授权董事会对员工持股计划相关资产管理机构/信托机构的选择、变更作出决定。

7. 授权董事会签署与本次员工持股计划相关的合同及协议文件。

8. 授权董事会办理本员工持股计划所需的其他必要事宜，但有关文件明确规定须由股东会行使的权利除外。

八、员工持股计划管理机构的选任、合同的主要条款及管理费用

（一）员工持股计划管理机构的选任

1. 经公司董事会或授权管理层选任本次员工持股计划的资产管理机构/信托机构；

2. 公司代表本员工持股计划签订相关协议文件。

（二）管理协议的主要条款（以最终签署的相关协议为准）

1. 类型：资管/信托产品；

2. 目标规模：资管/信托产品规模上限合计为560000万份（以最终签署的相关协议为准）；

3. 委托人：通威股份有限公司（代通威股份有限公司2022—2024年员工持股计划）；

4. 受托人：经公司董事会或授权管理层协商确定；

5. 存续期限：本次资管/信托产品存续期为36个月，经协商一致可延期或者提前终止。

（三）管理费用的计提及支付方式

资管/信托产品之管理费用、托管费等的计提及支付方式届时将在本公司与资产管理机构/信托机构签订的协议中确定。

九、公司融资时员工持股计划的参与方式

本次员工持股计划存续期内，公司拟以配股、增发、可转债等方式进行融资时，由持有人会议审议决定员工持股计划是否参与相关融资，并由管理委员会拟定具体的参与方式，提交持有人会议审议通过。

十、员工持股计划权益的处置办法

（一）员工持股计划的资产构成

1. 公司股票对应的权益：本次员工持股计划通过成立的资管/信托产品而享有持有公司股票所对应的权益。

2. 现金存款和应计利息。

3. 本次员工持股计划其他投资所形成的资产。员工持股计划的资产独立于公司的固有财产，公司不得将员工持股计划资产委托归入其固有财产。因员工持股计划的管理、运用或者其他情形而取得的财产和收益归入员工持股计划资产。

（二）员工持股计划权益的处置办法

1. 法定锁定期内，持有人不得要求对员工持股计划的权益进行分配。

2. 法定锁定期内，公司发生资本公积转增股本、派送股票红利时，新取得的股份一并锁定，不得在二级市场出售或以其他方式转让，该等股票的解锁日与相对应股票相同。存续期内，公司发生派息时，员工持股计划因持有公司股份而获得的现金股利在员工持股计划存续期内不进行分配。

3. 存续期内，持有人所持有的员工持股计划权益不得退出或用于抵押、质押、担保、偿还债务。

4. 存续期内，未经本次员工持股计划的管理委员会同意，持有人所持有的员工持股计划权益不得转让。未经管理委员会同意擅自转让的，该转让行为无效。

5. 收益分配：标的股票锁定期内，在有可分配的收益时，员工持股计划每个会计年度可以进行收益分配，持有人按所持份额占标的股票权益的比例取得收益。

6. 现金资产分配：标的股票限售期届满后的存续期内，管理委员会有权根据市场情况，将部分或全部标的股票出售收回现金，收回的现金不再用于投资，应当按持有人所持份额的比例进行分配。

（三）离职处置

员工持股计划存续期间，发生下列情形之一，公司有权取消该持有人参与本次员工持股计划的资格，并将其持有的员工持股计划权益强制转让给管理委员会指定的受让人，转让价格按照"不再符合员工持股计划参与资格当日收盘后其所持份额的公允价值"和"个人实际出资成本"孰低的原则确定，由受让人向上述不再符合员工持股计划参与资格的人员支付转让价款：

1. 持有人被追究刑事责任、辞职或擅自离职；该情形下，持有人不再符合员工持股计划参与资格的日期为持有人受到刑事处罚、递交辞职申请或擅自离职的当日。

2. 持有人在劳动合同到期后拒绝与公司或其全资、控股子公司续签劳动合同；该情形下，持有人不再符合员工持股计划参与资格的日期为持有人劳动合同到期的当日。

3. 持有人劳动合同到期后，公司或其全资、控股子公司不与其续签劳动合同的；该情形下，持有人不再符合员工持股计划参与资格的日期为持有人劳动合同到期的当日。

4. 持有人因违反公司规章制度、违反职业道德、泄露公司机密、失职或渎职等行为严重损害公司利益或声誉而被公司解聘；该情形下，持有人不再符合员工持股计划参与资格的日期为解聘通知发出的当日。

5. 持有人因违反法律规定而被公司或其全资、控股子公司解除劳动合同的；该情形下，持有人不再符合员工持股计划参与资格的日期为解除劳动合同通知发出的当日。

6. 持有人不能胜任工作岗位、上年度业绩考核不合格；该情形下，持有人不再符合员工持股计划参与资格的日期为考核通知发出的当日。

7. 持有人作出其他有损公司利益行为的。该情形下，持有人不再符合员工持股计划参与资格的日期为解除劳动合同通知发出的当日或公司书面作出处罚通知的当日。

（四）持有人发生丧失劳动能力、退休或死亡等情况的处置办法

1. 持有人丧失劳动能力的，其持有的员工持股计划份额及权益不受影响。

2. 持有人达到国家规定的退休年龄而退休的，其持有的员工持股计划份额及权益不受影响。持有人因年龄原因退出管理岗位但仍在公司内，或在股份公司下属分、子公司内任职的，其持有的员工持股计划份额及权益不受影响。

3. 持有人死亡，其持有的员工持股计划份额及权益由其合法继承人依法继承。

除上述三种情形外，员工发生其他不再适合参加持股计划事由的，由员工持股计划管理委员会决定该情形的认定及处置。

（五）员工持股计划期满后员工所持有股份的处置办法

员工持股计划终止后（包括期满终止、提前终止、延期后终止等）30个工作日内完成清算，并按持有人所持员工持股计划份额占标的股票权益的比例分配剩余资产，本持股计划另有规定的除外。

十一、实施员工持股计划的程序

（一）公司董事会在通过职工代表大会等组织充分征求员工意见的基础上负责拟定和修改员工持股计划，报股东会审批，并在股东会授权范围内办理员工持股计划的其他相关事宜。

（二）董事会审议员工持股计划草案时，独立董事应当就本次员工持

股计划是否有利于公司的持续发展，是否损害公司及全体股东利益，公司是否以摊派、强行分配等方式强制员工参与本次员工持股计划发表独立意见。

（三）公司监事会对本次员工持股计划是否有利于公司的持续发展，是否损害公司及全体股东利益，公司是否以摊派、强行分配等方式强制员工参与本次员工持股计划发表意见。

（四）董事会审议通过本次员工持股计划后的 2 个交易日内，公告披露董事会决议、本次员工持股计划草案摘要、独立董事意见、监事会意见等。

（五）公司聘请律师事务所对员工持股计划出具法律意见书。

（六）公司发出召开股东会的通知，并在召开股东会前公告法律意见书。

（七）召开股东会审议本次员工持股计划。股东会将采用现场投票与网络投票相结合的方式进行表决。对本次员工持股计划作出决议的，应当经出席会议的股东所持表决权的半数以上通过。股东会审议通过本次员工持股计划后 2 个交易日内，公告披露员工持股计划的主要条款。

（八）公司按照中国证监会及上交所要求就本次员工持股计划的实施履行信息披露义务。

十二、其他

（一）公司实施本次员工持股计划所涉及的财务、会计、税收等事项，按照国家相关法律法规及公司有关规定执行；

（二）本次员工持股计划由公司董事会负责解释。

（以下无正文）

通威股份有限公司

董事会

二〇二二年五月十七日

二、通威股份 2022—2024 年员工持股计划激励方案的评析

（一）通威股份公司简介（2004 年上市，股票代码 600438）

通威股份有限公司由通威集团控股，是全球领先的水产饲料生产企业

及主要的畜禽饲料生产企业、绿色农业和绿色能源高效协同发展的大型民营科技型上市公司，也是四川首家年度销售收入过百亿的农业上市公司，水产饲料全国市场占有率连续 20 余年全国领先。

通威股份有限公司现拥有遍布全国及海外的 200 余家分、子公司，员工 5 万余人，年饲料生产能力超过 1000 万吨；高纯晶硅年产能 42 万吨；太阳能电池年产能超 90GW；组件产能 55GW；以"渔光一体"为主的光伏电站累计装机并网规模达到 3.7GW。

（二）通威股份公司 2022—2024 年员工持股计划方案评析

1. 上市公司员工持股计划模式简介

2014 年，中国证监会制定并发布《关于上市公司实施员工持股计划试点的指导意见》（以下简称《指导意见》），在上市公司中开展员工持股计划试点。该《指导意见》明确，上市公司可以根据员工意愿实施员工持股计划，通过合法方式使员工获得本公司股票并长期持有，股份权益按约定分配给员工。实施员工持股计划，相关资金可以来自员工薪酬或以其他合法方式筹集，所需本公司股票可以来自上市公司回购、直接从二级市场购买、认购非公开发行股票、公司股东自愿赠与等合法方式。《指导意见》还就员工持股计划的实施程序、管理模式、信息披露及内幕交易防控等问题作出规定。

上市公司开展员工持股计划，可以为上市公司提供新的市值管理工具，有利于上市公司更好地开展市值管理工作。员工持股计划可以交由专业机构投资者进行日常管理，促进专业机构投资者提供更加多样的投资产品和服务，优化市场结构，提高上市公司质量，促进资本市场长期健康稳定发展。

2. 通威股份公司员工持股计划的基本运作模式

（1）通威公司本次员工持股计划由 14 名员工（高级管理人员）筹集不超过 28 亿元的资金，参加对象的资金来源于公司控股股东借款、参加对象的合法薪酬、自筹资金及员工持股计划通过融资方式筹集的资金（如有）等。

（2）员工持股计划设立后委托资产管理人成立资管产品进行管理，资产管理人通过二级市场购买通威公司的股票，其中员工持有的份额为次级份额，这一般意味着管理人会以员工出资股票资产作为融资基础，杠杆购买公司股票，根据员工持股计划的约定，优先份额和次级份额是按照不高于1：1比例设立的，资管产品最终持有的股票数量以实际持有的股票为准。

（3）自公司公告最后一笔的股票登记过户至资管产品名下之日起12个月为法定的锁定期。法定锁定期期满后，资管产品根据员工持股计划的安排和市场情况决定卖出股票的时机和数量。资管产品限售期满后的存续期内，将部分或全部的股票出售，收回现金，收回的现金不再用于投资，按员工所持份额的比例进行分配。

3. 通威公司员工持股计划的评析

（1）通威公司本次员工持股计划的参加对象较少，仅为14名高级管理人员。

（2）员工持股计划需要筹集高达28亿元资金，而参加对象仅14名，每个参加对象所分摊的金额巨大，会给部分参加对象造成一定的资金压力。

（3）从具体员工持股计划的实施来看，通威公司本次员工持股计划通过上海证券交易所集中竞价交易系统累计买入公司股票99278665股，占公司总股本比例为2.21%，成交总金额约54.88亿元，成交均价约为55.28元/股。至此，本次员工持股计划已完成股票购买，锁定期为2022年7月6日—2023年7月5日。

2023年11月10日通威股份收盘价仅为27.25元，距离上述成交价下跌了近50%，再考虑到资管产品存在杠杆融资的情况，可以说员工持股产生了巨额的浮亏。通威公司董事长谢毅，同时也作为员工持股计划的参加对象，于2023年3月21日公告辞职。虽然不知晓谢毅的辞职是否与本次员工持股计划相关，但总体来看，本次员工持股计划实施效果不佳。

（4）员工持股计划因为需要从二级市场购买股票，而我国二级市场上市公司的股价经常剧烈波动，为了让参加对象能够实际获得收益，并产生留住员工的效果，因此员工持股计划选择购买股票的时机非常重要，应当尽量在公司股价处于低估位置时予以买入。

附录一　中华人民共和国公司法（节录）

中华人民共和国公司法（节录）

（1993 年 12 月 29 日第八届全国人民代表大会常务委员会第五次会议通过　根据 1999 年 12 月 25 日第九届全国人民代表大会常务委员会第十三次会议《关于修改〈中华人民共和国公司法〉的决定》第一次修正　根据 2004 年 8 月 28 日第十届全国人民代表大会常务委员会第十一次会议《关于修改〈中华人民共和国公司法〉的决定》第二次修正　2005 年 10 月 27 日第十届全国人民代表大会常务委员会第十八次会议第一次修订　根据 2013 年 12 月 28 日第十二届全国人民代表大会常务委员会第六次会议《关于修改〈中华人民共和国海洋环境保护法〉等七部法律的决定》第三次修正　根据 2018 年 10 月 26 日第十三届全国人民代表大会常务委员会第六次会议《关于修改〈中华人民共和国公司法〉的决定》第四次修正　2023 年 12 月 29 日第十四届全国人民代表大会常务委员会第七次会议第二次修订）

目　录

第一章　总　　则

第一条　为了规范公司的组织和行为，保护公司、股东、职工和债权人的合法权益，完善中国特色现代企业制度，弘扬企业家精神，维护社会经济秩序，促进社会主义市场经济的发展，根据宪法，制定本法。

第二条　本法所称公司，是指依照本法在中华人民共和国境内设立的有限责任公司和股份有限公司。

第三条　公司是企业法人，有独立的法人财产，享有法人财产权。公司以其全部财产对公司的债务承担责任。

公司的合法权益受法律保护，不受侵犯。

第四条　有限责任公司的股东以其认缴的出资额为限对公司承担责任；股份有限公司的股东以其认购的股份为限对公司承担责任。

公司股东对公司依法享有资产收益、参与重大决策和选择管理者等权利。

第五条　设立公司应当依法制定公司章程。公司章程对公司、股东、董事、监事、高级管理人员具有约束力。

第六条　公司应当有自己的名称。公司名称应当符合国家有关规定。

公司的名称权受法律保护。

第七条　依照本法设立的有限责任公司，应当在公司名称中标明有限责任公司或者有限公司字样。

依照本法设立的股份有限公司，应当在公司名称中标明股份有限公司或者股份公司字样。

第八条　公司以其主要办事机构所在地为住所。

第九条　公司的经营范围由公司章程规定。公司可以修改公司章程，变更经营范围。

公司的经营范围中属于法律、行政法规规定须经批准的项目，应当依法经过批准。

第十条　公司的法定代表人按照公司章程的规定，由代表公司执行公司事务的董事或者经理担任。

担任法定代表人的董事或者经理辞任的，视为同时辞去法定代表人。

法定代表人辞任的，公司应当在法定代表人辞任之日起三十日内确定新的法定代表人。

第十一条　法定代表人以公司名义从事的民事活动，其法律后果由公司承受。

公司章程或者股东会对法定代表人职权的限制，不得对抗善意相对人。

法定代表人因执行职务造成他人损害的，由公司承担民事责任。公司承担民事责任后，依照法律或者公司章程的规定，可以向有过错的法定代表人追偿。

第十二条　有限责任公司变更为股份有限公司，应当符合本法规定的股份有限公司的条件。股份有限公司变更为有限责任公司，应当符合本法规定的有限责任公司的条件。

有限责任公司变更为股份有限公司的，或者股份有限公司变更为有限责任公司的，公司变更前的债权、债务由变更后的公司承继。

第十三条 公司可以设立子公司。子公司具有法人资格，依法独立承担民事责任。公司可以设立分公司。分公司不具有法人资格，其民事责任由公司承担。

第十四条 公司可以向其他企业投资。

法律规定公司不得成为对所投资企业的债务承担连带责任的出资人的，从其规定。

第十五条 公司向其他企业投资或者为他人提供担保，按照公司章程的规定，由董事会或者股东会决议；公司章程对投资或者担保的总额及单项投资或者担保的数额有限额规定的，不得超过规定的限额。

公司为公司股东或者实际控制人提供担保的，应当经股东会决议。

前款规定的股东或者受前款规定的实际控制人支配的股东，不得参加前款规定事项的表决。该项表决由出席会议的其他股东所持表决权的过半数通过。

第十六条 公司应当保护职工的合法权益，依法与职工签订劳动合同，参加社会保险，加强劳动保护，实现安全生产。

公司应当采用多种形式，加强公司职工的职业教育和岗位培训，提高职工素质。

第十七条 公司职工依照《中华人民共和国工会法》组织工会，开展工会活动，维护职工合法权益。公司应当为本公司工会提供必要的活动条件。公司工会代表职工就职工的劳动报酬、工作时间、休息休假、劳动安全卫生和保险福利等事项依法与公司签订集体合同。

公司依照宪法和有关法律的规定，建立健全以职工代表大会为基本形式的民主管理制度，通过职工代表大会或者其他形式，实行民主管理。

公司研究决定改制、解散、申请破产以及经营方面的重大问题、制定重要的规章制度时，应当听取公司工会的意见，并通过职工代表大会或者其他形式听取职工的意见和建议。

第十八条 在公司中，根据中国共产党章程的规定，设立中国共产党的组织，开展党的活动。公司应当为党组织的活动提供必要条件。

第十九条 公司从事经营活动，应当遵守法律法规，遵守社会公德、商业道德，诚实守信，接受政府和社会公众的监督。

第二十条 公司从事经营活动，应当充分考虑公司职工、消费者等利益相关者的利益以及生态环境保护等社会公共利益，承担社会责任。

国家鼓励公司参与社会公益活动，公布社会责任报告。

第二十一条 公司股东应当遵守法律、行政法规和公司章程，依法行使股东权利，不得滥用股东权利损害公司或者其他股东的利益。

公司股东滥用股东权利给公司或者其他股东造成损失的，应当承担赔偿责任。

第二十二条 公司的控股股东、实际控制人、董事、监事、高级管理人员不得利用关联关系损害公司利益。

违反前款规定，给公司造成损失的，应当承担赔偿责任。

第二十三条 公司股东滥用公司法人独立地位和股东有限责任，逃避债务，严重损害公司债权人利益的，应当对公司债务承担连带责任。

股东利用其控制的两个以上公司实施前款规定行为的，各公司应当对任一公司的债务承担连带责任。

只有一个股东的公司，股东不能证明公司财产独立于股东自己的财产的，应当对公司债务承担连带责任。

第二十四条　公司股东会、董事会、监事会召开会议和表决可以采用电子通信方式，公司章程另有规定的除外。

第二十五条　公司股东会、董事会的决议内容违反法律、行政法规的无效。

第二十六条　公司股东会、董事会的会议召集程序、表决方式违反法律、行政法规或者公司章程，或者决议内容违反公司章程的，股东自决议作出之日起六十日内，可以请求人民法院撤销。但是，股东会、董事会的会议召集程序或者表决方式仅有轻微瑕疵，对决议未产生实质影响的除外。

未被通知参加股东会会议的股东自知道或者应当知道股东会决议作出之日起六十日内，可以请求人民法院撤销；自决议作出之日起一年内没有行使撤销权的，撤销权消灭。

第二十七条　有下列情形之一的，公司股东会、董事会的决议不成立：

（一）未召开股东会、董事会会议作出决议；

（二）股东会、董事会会议未对决议事项进行表决；

（三）出席会议的人数或者所持表决权数未达到本法或者公司章程规定的人数或者所持表决权数；

（四）同意决议事项的人数或者所持表决权数未达到本法或者公司章程规定的人数或者所持表决权数。

第二十八条　公司股东会、董事会决议被人民法院宣告无效、撤销或者确认不成立的，公司应当向公司登记机关申请撤销根据该决议已办理的登记。

股东会、董事会决议被人民法院宣告无效、撤销或者确认不成立的，公司根据该决议与善意相对人形成的民事法律关系不受影响。

第二章　公司登记

第二十九条　设立公司，应当依法向公司登记机关申请设立登记。

法律、行政法规规定设立公司必须报经批准的，应当在公司登记前依法办理批准手续。

第三十条　申请设立公司，应当提交设立登记申请书、公司章程等文件，提交的相关材料应当真实、合法和有效。

申请材料不齐全或者不符合法定形式的，公司登记机关应当一次性告知需要补正的材料。

第三十一条　申请设立公司，符合本法规定的设立条件的，由公司登记机关分别登记为有限责任公司或者股份有限公司；不符合本法规定的设立条件的，不得登记为有限责任公司或者股份有限公司。

第三十二条　公司登记事项包括：

（一）名称；

（二）住所；

（三）注册资本；

（四）经营范围；

（五）法定代表人的姓名；

（六）有限责任公司股东、股份有限公司发起人的姓名或者名称。

公司登记机关应当将前款规定的公司登记事项通过国家企业信用信息公示系统向社会公示。

第三十三条 依法设立的公司，由公司登记机关发给公司营业执照。公司营业执照签发日期为公司成立日期。

公司营业执照应当载明公司的名称、住所、注册资本、经营范围、法定代表人姓名等事项。

公司登记机关可以发给电子营业执照。电子营业执照与纸质营业执照具有同等法律效力。

第三十四条 公司登记事项发生变更的，应当依法办理变更登记。

公司登记事项未经登记或者未经变更登记，不得对抗善意相对人。

第三十五条 公司申请变更登记，应当向公司登记机关提交公司法定代表人签署的变更登记申请书、依法作出的变更决议或者决定等文件。

公司变更登记事项涉及修改公司章程的，应当提交修改后的公司章程。

公司变更法定代表人的，变更登记申请书由变更后的法定代表人签署。

第三十六条 公司营业执照记载的事项发生变更的，公司办理变更登记后，由公司登记机关换发营业执照。

第三十七条 公司因解散、被宣告破产或者其他法定事由需要终止的，应当依法向公司登记机关申请注销登记，由公司登记机关公告公司终止。

第三十八条 公司设立分公司，应当向公司登记机关申请登记，领取营业执照。

第三十九条 虚报注册资本、提交虚假材料或者采取其他欺诈手段隐瞒重要事实取得公司设立登记的，公司登记机关应当依照法律、行政法规的规定予以撤销。

第四十条 公司应当按照规定通过国家企业信用信息公示系统公示下列事项：

（一）有限责任公司股东认缴和实缴的出资额、出资方式和出资日期，股份有限公司发起人认购的股份数；

（二）有限责任公司股东、股份有限公司发起人的股权、股份变更信息；

（三）行政许可取得、变更、注销等信息；

（四）法律、行政法规规定的其他信息。

公司应当确保前款公示信息真实、准确、完整。

第四十一条 公司登记机关应当优化公司登记办理流程，提高公司登记效率，加强信息化建设，推行网上办理等便捷方式，提升公司登记便利化水平。

国务院市场监督管理部门根据本法和有关法律、行政法规的规定，制定公司登记注册的具体办法。

第三章 有限责任公司的设立和组织机构

第一节 设 立

第四十二条 有限责任公司由一个以上五十个以下股东出资设立。

第四十三条 有限责任公司设立时的股东可以签订设立协议，明确各自在公司设立过程中的权利和义务。

第四十四条 有限责任公司设立时的股东为设立公司从事的民事活动，其法律后果由公司承受。

公司未成立的，其法律后果由公司设立时的股东承受；设立时的股东为二人以上的，享有连带债权，承担连带债务。

设立时的股东为设立公司以自己的名义从事民事活动产生的民事责任，第三人有权选择请求公司或者公司设立时的股东承担。

设立时的股东因履行公司设立职责造成他人损害的，公司或者无过错的股东承担赔偿责任后，可以向有过错的股东追偿。

第四十五条　设立有限责任公司，应当由股东共同制定公司章程。

第四十六条　有限责任公司章程应当载明下列事项：

（一）公司名称和住所；

（二）公司经营范围；

（三）公司注册资本；

（四）股东的姓名或者名称；

（五）股东的出资额、出资方式和出资日期；

（六）公司的机构及其产生办法、职权、议事规则；

（七）公司法定代表人的产生、变更办法；

（八）股东会认为需要规定的其他事项。

股东应当在公司章程上签名或者盖章。

第四十七条　有限责任公司的注册资本为在公司登记机关登记的全体股东认缴的出资额。全体股东认缴的出资额由股东按照公司章程的规定自公司成立之日起五年内缴足。

法律、行政法规以及国务院决定对有限责任公司注册资本实缴、注册资本最低限额、股东出资期限另有规定的，从其规定。

第四十八条　股东可以用货币出资，也可以用实物、知识产权、土地使用权、股权、债权等可以用货币估价并可以依法转让的非货币财产作价出资；但是，法律、行政法规规定不得作为出资的财产除外。

对作为出资的非货币财产应当评估作价，核实财产，不得高估或者低估作价。法律、行政法规对评估作价有规定的，从其规定。

第四十九条　股东应当按期足额缴纳公司章程规定的各自所认缴的出资额。

股东以货币出资的，应当将货币出资足额存入有限责任公司在银行开设的账户；以非货币财产出资的，应当依法办理其财产权的转移手续。

股东未按期足额缴纳出资的，除应当向公司足额缴纳外，还应当对给公司造成的损失承担赔偿责任。

第五十条　有限责任公司设立时，股东未按照公司章程规定实际缴纳出资，或者实际出资的非货币财产的实际价额显著低于所认缴的出资额的，设立时的其他股东与该股东在出资不足的范围内承担连带责任。

第五十一条　有限责任公司成立后，董事会应当对股东的出资情况进行核查，发现股东未按期足额缴纳公司章程规定的出资的，应当由公司向该股东发出书面催缴书，催缴出资。

未及时履行前款规定的义务，给公司造成损失的，负有责任的董事应当承担赔偿责任。

第五十二条 股东未按照公司章程规定的出资日期缴纳出资，公司依照前条第一款规定发出书面催缴书催缴出资的，可以载明缴纳出资的宽限期；宽限期自公司发出催缴书之日起，不得少于六十日。宽限期届满，股东仍未履行出资义务的，公司经董事会决议可以向该股东发出失权通知，通知应当以书面形式发出。自通知发出之日起，该股东丧失其未缴纳出资的股权。

依照前款规定丧失的股权应当依法转让，或者相应减少注册资本并注销该股权；六个月内未转让或者注销的，由公司其他股东按照其出资比例足额缴纳相应出资。

股东对失权有异议的，应当自接到失权通知之日起三十日内，向人民法院提起诉讼。

第五十三条 公司成立后，股东不得抽逃出资。

违反前款规定的，股东应当返还抽逃的出资；给公司造成损失的，负有责任的董事、监事、高级管理人员应当与该股东承担连带赔偿责任。

第五十四条 公司不能清偿到期债务的，公司或者已到期债权的债权人有权要求已认缴出资但未届出资期限的股东提前缴纳出资。

第五十五条 有限责任公司成立后，应当向股东签发出资证明书，记载下列事项：

（一）公司名称；

（二）公司成立日期；

（三）公司注册资本；

（四）股东的姓名或者名称、认缴和实缴的出资额、出资方式和出资日期；

（五）出资证明书的编号和核发日期。

出资证明书由法定代表人签名，并由公司盖章。

第五十六条 有限责任公司应当置备股东名册，记载下列事项：

（一）股东的姓名或者名称及住所；

（二）股东认缴和实缴的出资额、出资方式和出资日期；

（三）出资证明书编号；

（四）取得和丧失股东资格的日期。

记载于股东名册的股东，可以依股东名册主张行使股东权利。

第五十七条 股东有权查阅、复制公司章程、股东名册、股东会会议记录、董事会会议决议、监事会会议决议和财务会计报告。

股东可以要求查阅公司会计账簿、会计凭证。股东要求查阅公司会计账簿、会计凭证的，应当向公司提出书面请求，说明目的。公司有合理根据认为股东查阅会计账簿、会计凭证有不正当目的，可能损害公司合法利益的，可以拒绝提供查阅，并应当自股东提出书面请求之日起十五日内书面答复股东并说明理由。公司拒绝提供查阅的，股东可以向人民法院提起诉讼。

股东查阅前款规定的材料，可以委托会计师事务所、律师事务所等中介机构进行。

股东及其委托的会计师事务所、律师事务所等中介机构查阅、复制有关材料，应当遵守有关保护国家秘密、商业秘密、个人隐私、个人信息等法律、行政法规的规定。

股东要求查阅、复制公司全资子公司相关材料的，适用前四款的规定。

第二节 组织机构

第五十八条 有限责任公司股东会由全体股东组成。股东会是公司的权力机构，依照本法行使职权。

第五十九条 股东会行使下列职权：

（一）选举和更换董事、监事，决定有关董事、监事的报酬事项；

（二）审议批准董事会的报告；

（三）审议批准监事会的报告；

（四）审议批准公司的利润分配方案和弥补亏损方案；

（五）对公司增加或者减少注册资本作出决议；

（六）对发行公司债券作出决议；

（七）对公司合并、分立、解散、清算或者变更公司形式作出决议；

（八）修改公司章程；

（九）公司章程规定的其他职权。

股东会可以授权董事会对发行公司债券作出决议。

对本条第一款所列事项股东以书面形式一致表示同意的，可以不召开股东会会议，直接作出决定，并由全体股东在决定文件上签名或者盖章。

第六十条 只有一个股东的有限责任公司不设股东会。股东作出前条第一款所列事项的决定时，应当采用书面形式，并由股东签名或者盖章后置备于公司。

第六十一条 首次股东会会议由出资最多的股东召集和主持，依照本法规定行使职权。

第六十二条 股东会会议分为定期会议和临时会议。

定期会议应当按照公司章程的规定按时召开。代表十分之一以上表决权的股东、三分之一以上的董事或者监事会提议召开临时会议的，应当召开临时会议。

第六十三条 股东会会议由董事会召集，董事长主持；董事长不能履行职务或者不履行职务的，由副董事长主持；副董事长不能履行职务或者不履行职务的，由过半数的董事共同推举一名董事主持。

董事会不能履行或者不履行召集股东会会议职责的，由监事会召集和主持；监事会不召集和主持的，代表十分之一以上表决权的股东可以自行召集和主持。

第六十四条 召开股东会会议，应当于会议召开十五日前通知全体股东；但是，公司章程另有规定或者全体股东另有约定的除外。

股东会应当对所议事项的决定作成会议记录，出席会议的股东应当在会议记录上签名或者盖章。

第六十五条 股东会会议由股东按照出资比例行使表决权；但是，公司章程另有规定的除外。

第六十六条 股东会的议事方式和表决程序，除本法有规定的外，由公司章程规定。

股东会作出决议，应当经代表过半数表决权的股东通过。

股东会作出修改公司章程、增加或者减少注册资本的决议，以及公司合并、分立、解散或者变更公司形式的决议，应当经代表三分之二以上表决权的股东通过。

第六十七条 有限责任公司设董事会，本法第七十五条另有规定的除外。

董事会行使下列职权：

（一）召集股东会会议，并向股东会报告工作；

（二）执行股东会的决议；

（三）决定公司的经营计划和投资方案；

（四）制订公司的利润分配方案和弥补亏损方案；

（五）制订公司增加或者减少注册资本以及发行公司债券的方案；

（六）制订公司合并、分立、解散或者变更公司形式的方案；

（七）决定公司内部管理机构的设置；

（八）决定聘任或者解聘公司经理及其报酬事项，并根据经理的提名决定聘任或者解聘公司副经理、财务负责人及其报酬事项；

（九）制定公司的基本管理制度；

（十）公司章程规定或者股东会授予的其他职权。

公司章程对董事会职权的限制不得对抗善意相对人。

第六十八条 有限责任公司董事会成员为三人以上，其成员中可以有公司职工代表。职工人数三百人以上的有限责任公司，除依法设监事会并有公司职工代表外，其董事会成员中应当有公司职工代表。董事会中的职工代表由公司职工通过职工代表大会、职工大会或者其他形式民主选举产生。

董事会设董事长一人，可以设副董事长。董事长、副董事长的产生办法由公司章程规定。

第六十九条 有限责任公司可以按照公司章程的规定在董事会中设置由董事组成的审计委员会，行使本法规定的监事会的职权，不设监事会或者监事。公司董事会成员中的职工代表可以成为审计委员会成员。

第七十条 董事任期由公司章程规定，但每届任期不得超过三年。董事任期届满，连选可以连任。

董事任期届满未及时改选，或者董事在任期内辞任导致董事会成员低于法定人数的，在改选出的董事就任前，原董事仍应当依照法律、行政法规和公司章程的规定，履行董事职务。

董事辞任的，应当以书面形式通知公司，公司收到通知之日辞任生效，但存在前款规定情形的，董事应当继续履行职务。

第七十一条 股东会可以决议解任董事，决议作出之日解任生效。

无正当理由，在任期届满前解任董事的，该董事可以要求公司予以赔偿。

第七十二条 董事会会议由董事长召集和主持；董事长不能履行职务或者不履行职务的，由副董事长召集和主持；副董事长不能履行职务或者不履行职务的，由过半数的董事共同推举一名董事召集和主持。

第七十三条 董事会的议事方式和表决程序，除本法有规定的外，由公司章程规定。

董事会会议应当有过半数的董事出席方可举行。董事会作出决议，应当经全体董事的过半数通过。

董事会决议的表决，应当一人一票。

董事会应当对所议事项的决定作成会议记录，出席会议的董事应当在会议记录上签名。

第七十四条 有限责任公司可以设经理，由董事会决定聘任或者解聘。

经理对董事会负责，根据公司章程的规定或者董事会的授权行使职权。经理列席董事会会议。

第七十五条 规模较小或者股东人数较少的有限责任公司，可以不设董事会，设一名董事，行使本法规定的董事会的职权。该董事可以兼任公司经理。

第七十六条　有限责任公司设监事会，本法第六十九条、第八十三条另有规定的除外。

监事会成员为三人以上。监事会成员应当包括股东代表和适当比例的公司职工代表，其中职工代表的比例不得低于三分之一，具体比例由公司章程规定。监事会中的职工代表由公司职工通过职工代表大会、职工大会或者其他形式民主选举产生。

监事会设主席一人，由全体监事过半数选举产生。监事会主席召集和主持监事会会议；监事会主席不能履行职务或者不履行职务的，由过半数的监事共同推举一名监事召集和主持监事会会议。

董事、高级管理人员不得兼任监事。

第七十七条　监事的任期每届为三年。监事任期届满，连选可以连任。

监事任期届满未及时改选，或者监事在任期内辞任导致监事会成员低于法定人数的，在改选出的监事就任前，原监事仍应当依照法律、行政法规和公司章程的规定，履行监事职务。

第七十八条　监事会行使下列职权：

（一）检查公司财务；

（二）对董事、高级管理人员执行职务的行为进行监督，对违反法律、行政法规、公司章程或者股东会决议的董事、高级管理人员提出解任的建议；

（三）当董事、高级管理人员的行为损害公司的利益时，要求董事、高级管理人员予以纠正；

（四）提议召开临时股东会会议，在董事会不履行本法规定的召集和主持股东会会议职责时召集和主持股东会会议；

（五）向股东会会议提出提案；

（六）依照本法第一百八十九条的规定，对董事、高级管理人员提起诉讼；

（七）公司章程规定的其他职权。

第七十九条　监事可以列席董事会会议，并对董事会决议事项提出质询或者建议。

监事会发现公司经营情况异常，可以进行调查；必要时，可以聘请会计师事务所等协助其工作，费用由公司承担。

第八十条　监事会可以要求董事、高级管理人员提交执行职务的报告。

董事、高级管理人员应当如实向监事会提供有关情况和资料，不得妨碍监事会或者监事行使职权。

第八十一条　监事会每年度至少召开一次会议，监事可以提议召开临时监事会会议。

监事会的议事方式和表决程序，除本法有规定的外，由公司章程规定。

监事会决议应当经全体监事的过半数通过。

监事会决议的表决，应当一人一票。

监事会应当对所议事项的决定作成会议记录，出席会议的监事应当在会议记录上签名。

第八十二条　监事会行使职权所必需的费用，由公司承担。

第八十三条　规模较小或者股东人数较少的有限责任公司，可以不设监事会，设一名监事，行使本法规定的监事会的职权；经全体股东一致同意，也可以不设监事。

第四章 有限责任公司的股权转让

第八十四条 有限责任公司的股东之间可以相互转让其全部或者部分股权。

股东向股东以外的人转让股权的，应当将股权转让的数量、价格、支付方式和期限等事项书面通知其他股东，其他股东在同等条件下有优先购买权。股东自接到书面通知之日起三十日内未答复的，视为放弃优先购买权。两个以上股东行使优先购买权的，协商确定各自的购买比例；协商不成的，按照转让时各自的出资比例行使优先购买权。

公司章程对股权转让另有规定的，从其规定。

第八十五条 人民法院依照法律规定的强制执行程序转让股东的股权时，应当通知公司及全体股东，其他股东在同等条件下有优先购买权。其他股东自人民法院通知之日起满二十日不行使优先购买权的，视为放弃优先购买权。

第八十六条 股东转让股权的，应当书面通知公司，请求变更股东名册；需要办理变更登记的，并请求公司向公司登记机关办理变更登记。公司拒绝或者在合理期限内不予答复的，转让人、受让人可以依法向人民法院提起诉讼。

股权转让的，受让人自记载于股东名册时起可以向公司主张行使股东权利。

第八十七条 依照本法转让股权后，公司应当及时注销原股东的出资证明书，向新股东签发出资证明书，并相应修改公司章程和股东名册中有关股东及其出资额的记载。对公司章程的该项修改不需再由股东会表决。

第八十八条 股东转让已认缴出资但未届出资期限的股权的，由受让人承担缴纳该出资的义务；受让人未按期足额缴纳出资的，转让人对受让人未按期缴纳的出资承担补充责任。

未按照公司章程规定的出资日期缴纳出资或者作为出资的非货币财产的实际价额显著低于所认缴的出资额的股东转让股权的，转让人与受让人在出资不足的范围内承担连带责任；受让人不知道且不应当知道存在上述情形的，由转让人承担责任。

第八十九条 有下列情形之一的，对股东会该项决议投反对票的股东可以请求公司按照合理的价格收购其股权：

（一）公司连续五年不向股东分配利润，而公司该五年连续盈利，并且符合本法规定的分配利润条件；

（二）公司合并、分立、转让主要财产；

（三）公司章程规定的营业期限届满或者章程规定的其他解散事由出现，股东会通过决议修改章程使公司存续。

自股东会决议作出之日起六十日内，股东与公司不能达成股权收购协议的，股东可以自股东会决议作出之日起九十日内向人民法院提起诉讼。

公司的控股股东滥用股东权利，严重损害公司或者其他股东利益的，其他股东有权请求公司按照合理的价格收购其股权。

公司因本条第一款、第三款规定的情形收购的本公司股权，应当在六个月内依法转让或者注销。

第九十条 自然人股东死亡后，其合法继承人可以继承股东资格；但是，公司章程另有规定的除外。

第五章　股份有限公司的设立和组织机构

第一节　设　　立

第九十一条　设立股份有限公司，可以采取发起设立或者募集设立的方式。

发起设立，是指由发起人认购设立公司时应发行的全部股份而设立公司。

募集设立，是指由发起人认购设立公司时应发行股份的一部分，其余股份向特定对象募集或者向社会公开募集而设立公司。

第九十二条　设立股份有限公司，应当有一人以上二百人以下为发起人，其中应当有半数以上的发起人在中华人民共和国境内有住所。

第九十三条　股份有限公司发起人承担公司筹办事务。

发起人应当签订发起人协议，明确各自在公司设立过程中的权利和义务。

第九十四条　设立股份有限公司，应当由发起人共同制订公司章程。

第九十五条　股份有限公司章程应当载明下列事项：

（一）公司名称和住所；

（二）公司经营范围；

（三）公司设立方式；

（四）公司注册资本、已发行的股份数和设立时发行的股份数，面额股的每股金额；

（五）发行类别股的，每一类别股的股份数及其权利和义务；

（六）发起人的姓名或者名称、认购的股份数、出资方式；

（七）董事会的组成、职权和议事规则；

（八）公司法定代表人的产生、变更办法；

（九）监事会的组成、职权和议事规则；

（十）公司利润分配办法；

（十一）公司的解散事由与清算办法；

（十二）公司的通知和公告办法；

（十三）股东会认为需要规定的其他事项。

第九十六条　股份有限公司的注册资本为在公司登记机关登记的已发行股份的股本总额。在发起人认购的股份缴足前，不得向他人募集股份。

法律、行政法规以及国务院决定对股份有限公司注册资本最低限额另有规定的，从其规定。

第九十七条　以发起设立方式设立股份有限公司的，发起人应当认足公司章程规定的公司设立时应发行的股份。

以募集设立方式设立股份有限公司的，发起人认购的股份不得少于公司章程规定的公司设立时应发行股份总数的百分之三十五；但是，法律、行政法规另有规定的，从其规定。

第九十八条　发起人应当在公司成立前按照其认购的股份全额缴纳股款。

发起人的出资，适用本法第四十八条、第四十九条第二款关于有限责任公司股东出资的规定。

第九十九条　发起人不按照其认购的股份缴纳股款，或者作为出资的非货币财产的实际价额显著低于所认购的股份的，其他发起人与该发起人在出资不足的范围内承担连带责任。

第一百条 发起人向社会公开募集股份，应当公告招股说明书，并制作认股书。认股书应当载明本法第一百五十四条第二款、第三款所列事项，由认股人填写认购的股份数、金额、住所，并签名或者盖章。认股人应当按照所认购股份足额缴纳股款。

第一百零一条 向社会公开募集股份的股款缴足后，应当经依法设立的验资机构验资并出具证明。

第一百零二条 股份有限公司应当制作股东名册并置备于公司。股东名册应当记载下列事项：

（一）股东的姓名或者名称及住所；

（二）各股东所认购的股份种类及股份数；

（三）发行纸面形式的股票的，股票的编号；

（四）各股东取得股份的日期。

第一百零三条 募集设立股份有限公司的发起人应当自公司设立时应发行股份的股款缴足之日起三十日内召开公司成立大会。发起人应当在成立大会召开十五日前将会议日期通知各认股人或者予以公告。成立大会应当有持有表决权过半数的认股人出席，方可举行。

以发起设立方式设立股份有限公司成立大会的召开和表决程序由公司章程或者发起人协议规定。

第一百零四条 公司成立大会行使下列职权：

（一）审议发起人关于公司筹办情况的报告；

（二）通过公司章程；

（三）选举董事、监事；

（四）对公司的设立费用进行审核；

（五）对发起人非货币财产出资的作价进行审核；

（六）发生不可抗力或者经营条件发生重大变化直接影响公司设立的，可以作出不设立公司的决议。

成立大会对前款所列事项作出决议，应当经出席会议的认股人所持表决权过半数通过。

第一百零五条 公司设立时应发行的股份未募足，或者发行股份的股款缴足后，发起人在三十日内未召开成立大会的，认股人可以按照所缴股款并加算银行同期存款利息，要求发起人返还。

发起人、认股人缴纳股款或者交付非货币财产出资后，除未按期募足股份、发起人未按期召开成立大会或者成立大会决议不设立公司的情形外，不得抽回其股本。

第一百零六条 董事会应当授权代表，于公司成立大会结束后三十日内向公司登记机关申请设立登记。

第一百零七条 本法第四十四条、第四十九条第三款、第五十一条、第五十二条、第五十三条的规定，适用于股份有限公司。

第一百零八条 有限责任公司变更为股份有限公司时，折合的实收股本总额不得高于公司净资产额。有限责任公司变更为股份有限公司，为增加注册资本公开发行股份时，应当依法办理。

第一百零九条 股份有限公司应当将公司章程、股东名册、股东会会议记录、董事会会议记录、监事会会议记录、财务会计报告、债券持有人名册置备于本公司。

第一百一十条 股东有权查阅、复制公司章程、股东名册、股东会会议记录、董事会会议决议、监事会会议决议、财务会计报告，对公司的经营提出建议或者质询。

连续一百八十日以上单独或者合计持有公司百分之三以上股份的股东要求查阅公司的会计账簿、会计凭证的，适用本法第五十七条第二款、第三款、第四款的规定。公司章程对持股比例有较低规定的，从其规定。

股东要求查阅、复制公司全资子公司相关材料的，适用前两款的规定。

上市公司股东查阅、复制相关材料的，应当遵守《中华人民共和国证券法》等法律、行政法规的规定。

第二节 股东会

第一百一十一条 股份有限公司股东会由全体股东组成。股东会是公司的权力机构，依照本法行使职权。

第一百一十二条 本法第五十九条第一款、第二款关于有限责任公司股东会职权的规定，适用于股份有限公司股东会。

本法第六十条关于只有一个股东的有限责任公司不设股东会的规定，适用于只有一个股东的股份有限公司。

第一百一十三条 股东会应当每年召开一次年会。有下列情形之一的，应当在两个月内召开临时股东会会议：

（一）董事人数不足本法规定人数或者公司章程所定人数的三分之二时；

（二）公司未弥补的亏损达股本总额三分之一时；

（三）单独或者合计持有公司百分之十以上股份的股东请求时；

（四）董事会认为必要时；

（五）监事会提议召开时；

（六）公司章程规定的其他情形。

第一百一十四条 股东会会议由董事会召集，董事长主持；董事长不能履行职务或者不履行职务的，由副董事长主持；副董事长不能履行职务或者不履行职务的，由过半数的董事共同推举一名董事主持。

董事会不能履行或者不履行召集股东会会议职责的，监事会应当及时召集和主持；监事会不召集和主持的，连续九十日以上单独或者合计持有公司百分之十以上股份的股东可以自行召集和主持。

单独或者合计持有公司百分之十以上股份的股东请求召开临时股东会会议的，董事会、监事会应当在收到请求之日起十日内作出是否召开临时股东会会议的决定，并书面答复股东。

第一百一十五条 召开股东会会议，应当将会议召开的时间、地点和审议的事项于会议召开二十日前通知各股东；临时股东会会议应当于会议召开十五日前通知各股东。

单独或者合计持有公司百分之一以上股份的股东，可以在股东会会议召开十日前提出临时提案并书面提交董事会。临时提案应当有明确议题和具体决议事项。董事会应当在收到提案后二日内通知其他股东，并将该临时提案提交股东会审议；但临时提案违反法律、行政法规或者公司章程的规定，或者不属于股东会职权范围的除外。公司不得提高提出临时提案股东的持股比例。

公开发行股份的公司，应当以公告方式作出前两款规定的通知。

股东会不得对通知中未列明的事项作出决议。

第一百一十六条　股东出席股东会会议，所持每一股份有一表决权，类别股股东除外。公司持有的本公司股份没有表决权。

股东作出决议，应当经出席会议的股东所持表决权过半数通过。

股东会作出修改公司章程、增加或者减少注册资本的决议，以及公司合并、分立、解散或者变更公司形式的决议，应当经出席会议的股东所持表决权的三分之二以上通过。

第一百一十七条　股东会选举董事、监事，可以按照公司章程的规定或者股东会的决议，实行累积投票制。

本法所称累积投票制，是指股东会选举董事或者监事时，每一股份拥有与应选董事或者监事人数相同的表决权，股东拥有的表决权可以集中使用。

第一百一十八条　股东委托代理人出席股东会会议的，应当明确代理人代理的事项、权限和期限；代理人应当向公司提交股东授权委托书，并在授权范围内行使表决权。

第一百一十九条　股东会应当对所议事项的决定作成会议记录，主持人、出席会议的董事应当在会议记录上签名。会议记录应当与出席股东的签名册及代理出席的委托书一并保存。

第三节　董事会、经理

第一百二十条　股份有限公司设董事会，本法第一百二十八条另有规定的除外。

本法第六十七条、第六十八条第一款、第七十条、第七十一条的规定，适用于股份有限公司。

第一百二十一条　股份有限公司可以按照公司章程的规定在董事会中设置由董事组成的审计委员会，行使本法规定的监事会的职权，不设监事会或者监事。

审计委员会成员为三名以上，过半数成员不得在公司担任除董事以外的其他职务，且不得与公司存在任何可能影响其独立客观判断的关系。公司董事会成员中的职工代表可以成为审计委员会成员。

审计委员会作出决议，应当经审计委员会成员的过半数通过。

审计委员会决议的表决，应当一人一票。

审计委员会的议事方式和表决程序，除本法有规定的外，由公司章程规定。

公司可以按照公司章程的规定在董事会中设置其他委员会。

第一百二十二条　董事会设董事长一人，可以设副董事长。董事长和副董事长由董事会以全体董事的过半数选举产生。

董事长召集和主持董事会会议，检查董事会决议的实施情况。副董事长协助董事长工作，董事长不能履行职务或者不履行职务的，由副董事长履行职务；副董事长不能履行职务或者不履行职务的，由过半数的董事共同推举一名董事履行职务。

第一百二十三条　董事会每年度至少召开两次会议，每次会议应当于会议召开十日前通知全体董事和监事。

代表十分之一以上表决权的股东、三分之一以上董事或者监事会，可以提议召开临时董事会会议。董事长应当自接到提议后十日内，召集和主持董事会会议。

董事会召开临时会议，可以另定召集董事会的通知方式和通知时限。

第一百二十四条　董事会会议应当有过半数的董事出席方可举行。董事会作出决议，应当经全体董事的过半数通过。

董事会决议的表决，应当一人一票。

董事会应当对所议事项的决定作成会议记录，出席会议的董事应当在会议记录上签名。

第一百二十五条　董事会会议，应当由董事本人出席；董事因故不能出席，可以书面委托其他董事代为出席，委托书应当载明授权范围。

董事应当对董事会的决议承担责任。董事会的决议违反法律、行政法规或者公司章程、股东会决议，给公司造成严重损失的，参与决议的董事对公司负赔偿责任；经证明在表决时曾表明异议并记载于会议记录的，该董事可以免除责任。

第一百二十六条　股份有限公司设经理，由董事会决定聘任或者解聘。

经理对董事会负责，根据公司章程的规定或者董事会的授权行使职权。经理列席董事会会议。

第一百二十七条　公司董事会可以决定由董事会成员兼任经理。

第一百二十八条　规模较小或者股东人数较少的股份有限公司，可以不设董事会，设一名董事，行使本法规定的董事会的职权。该董事可以兼任公司经理。

第一百二十九条　公司应当定期向股东披露董事、监事、高级管理人员从公司获得报酬的情况。

第四节　监事会

第一百三十条　股份有限公司设监事会，本法第一百二十一条第一款、第一百三十三条另有规定的除外。

监事会成员为三人以上。监事会成员应当包括股东代表和适当比例的公司职工代表，其中职工代表的比例不得低于三分之一，具体比例由公司章程规定。监事会中的职工代表由公司职工通过职工代表大会、职工大会或者其他形式民主选举产生。

监事会设主席一人，可以设副主席。监事会主席和副主席由全体监事过半数选举产生。监事会主席召集和主持监事会会议；监事会主席不能履行职务或者不履行职务的，由监事会副主席召集和主持监事会会议；监事会副主席不能履行职务或者不履行职务的，由过半数的监事共同推举一名监事召集和主持监事会会议。

董事、高级管理人员不得兼任监事。

本法第七十七条关于有限责任公司监事任期的规定，适用于股份有限公司监事。

第一百三十一条　本法第七十八条至第八十条的规定，适用于股份有限公司监事会。

监事会行使职权所必需的费用，由公司承担。

第一百三十二条　监事会每六个月至少召开一次会议。监事可以提议召开临时监事会会议。

监事会的议事方式和表决程序，除本法有规定的外，由公司章程规定。

监事会决议应当经全体监事的过半数通过。

监事会决议的表决，应当一人一票。

监事会应当对所议事项的决定作成会议记录，出席会议的监事应当在会议记录上签名。

第一百三十三条　规模较小或者股东人数较少的股份有限公司，可以不设监事会，设一名监事，行使本法规定的监事会的职权。

第五节　上市公司组织机构的特别规定

第一百三十四条　本法所称上市公司，是指其股票在证券交易所上市交易的股份有限公司。

第一百三十五条　上市公司在一年内购买、出售重大资产或者向他人提供担保的金额超过公司资产总额百分之三十的，应当由股东会作出决议，并经出席会议的股东所持表决权的三分之二以上通过。

第一百三十六条　上市公司设独立董事，具体管理办法由国务院证券监督管理机构规定。

上市公司的公司章程除载明本法第九十五条规定的事项外，还应当依照法律、行政法规的规定载明董事会专门委员会的组成、职权以及董事、监事、高级管理人员薪酬考核机制等事项。

第一百三十七条　上市公司在董事会中设置审计委员会的，董事会对下列事项作出决议前应当经审计委员会全体成员过半数通过：

（一）聘用、解聘承办公司审计业务的会计师事务所；

（二）聘任、解聘财务负责人；

（三）披露财务会计报告；

（四）国务院证券监督管理机构规定的其他事项。

第一百三十八条　上市公司设董事会秘书，负责公司股东会和董事会会议的筹备、文件保管以及公司股东资料的管理，办理信息披露事务等事宜。

第一百三十九条　上市公司董事与董事会会议决议事项所涉及的企业或者个人有关联关系的，该董事应当及时向董事会书面报告。有关联关系的董事不得对该项决议行使表决权，也不得代理其他董事行使表决权。该董事会会议由过半数的无关联关系董事出席即可举行，董事会会议所作决议须经无关联关系董事过半数通过。出席董事会会议的无关联关系董事人数不足三人的，应当将该事项提交上市公司股东会审议。

第一百四十条　上市公司应当依法披露股东、实际控制人的信息，相关信息应当真实、准确、完整。

禁止违反法律、行政法规的规定代持上市公司股票。

第一百四十一条　上市公司控股子公司不得取得该上市公司的股份。

上市公司控股子公司因公司合并、质权行使等原因持有上市公司股份的，不得行使所持股份对应的表决权，并应当及时处分相关上市公司股份。

第六章　股份有限公司的股份发行和转让

第一节　股份发行

第一百四十二条　公司的资本划分为股份。公司的全部股份，根据公司章程的规定择一采用面额股或者无面额股。采用面额股的，每一股的金额相等。

公司可以根据公司章程的规定将已发行的面额股全部转换为无面额股或者将无面额股全部转换为面额股。

采用无面额股的，应当将发行股份所得股款的二分之一以上计入注册资本。

第一百四十三条　股份的发行，实行公平、公正的原则，同类别的每一股份应当具有同等权利。

同次发行的同类别股份，每股的发行条件和价格应当相同；认购人所认购的股份，每股应当支付相同价额。

第一百四十四条　公司可以按照公司章程的规定发行下列与普通股权利不同的类别股：

（一）优先或者劣后分配利润或者剩余财产的股份；

（二）每一股的表决权数多于或者少于普通股的股份；

（三）转让须经公司同意等转让受限的股份；

（四）国务院规定的其他类别股。

公开发行股份的公司不得发行前款第二项、第三项规定的类别股；公开发行前已发行的除外。

公司发行本条第一款第二项规定的类别股的，对于监事或者审计委员会成员的选举和更换，类别股与普通股每一股的表决权数相同。

第一百四十五条　发行类别股的公司，应当在公司章程中载明以下事项：

（一）类别股分配利润或者剩余财产的顺序；

（二）类别股的表决权数；

（三）类别股的转让限制；

（四）保护中小股东权益的措施；

（五）股东会认为需要规定的其他事项。

第一百四十六条　发行类别股的公司，有本法第一百一十六条第三款规定的事项等可能影响类别股股东权利的，除应当依照第一百一十六条第三款的规定经股东会决议外，还应当经出席类别股股东会议的股东所持表决权的三分之二以上通过。

公司章程可以对需经类别股股东会议决议的其他事项作出规定。

第一百四十七条　公司的股份采取股票的形式。股票是公司签发的证明股东所持股份的凭证。

公司发行的股票，应当为记名股票。

第一百四十八条　面额股股票的发行价格可以按票面金额，也可以超过票面金额，但不得低于票面金额。

第一百四十九条　股票采用纸面形式或者国务院证券监督管理机构规定的其他形式。

股票采用纸面形式的，应当载明下列主要事项：

（一）公司名称；

（二）公司成立日期或者股票发行的时间；

（三）股票种类、票面金额及代表的股份数，发行无面额股的，股票代表的股份数。

股票采用纸面形式的，还应当载明股票的编号，由法定代表人签名，公司盖章。

发起人股票采用纸面形式的，应当标明发起人股票字样。

第一百五十条　股份有限公司成立后，即向股东正式交付股票。公司成立前不得向股东交付股票。

第一百五十一条　公司发行新股，股东会应当对下列事项作出决议：

（一）新股种类及数额；

（二）新股发行价格；

（三）新股发行的起止日期；

（四）向原有股东发行新股的种类及数额；

（五）发行无面额股的，新股发行所得股款计入注册资本的金额。

公司发行新股，可以根据公司经营情况和财务状况，确定其作价方案。

第一百五十二条 公司章程或者股东会可以授权董事会在三年内决定发行不超过已发行股份百分之五十的股份。但以非货币财产作价出资的应当经股东会决议。

董事会依照前款规定决定发行股份导致公司注册资本、已发行股份数发生变化的，对公司章程该项记载事项的修改不需再由股东会表决。

第一百五十三条 公司章程或者股东会授权董事会决定发行新股的，董事会决议应当经全体董事三分之二以上通过。

第一百五十四条 公司向社会公开募集股份，应当经国务院证券监督管理机构注册，公告招股说明书。

招股说明书应当附有公司章程，并载明下列事项：

（一）发行的股份总数；

（二）面额股的票面金额和发行价格或者无面额股的发行价格；

（三）募集资金的用途；

（四）认股人的权利和义务；

（五）股份种类及其权利和义务；

（六）本次募股的起止日期及逾期未募足时认股人可以撤回所认股份的说明。

公司设立时发行股份的，还应当载明发起人认购的股份数。

第一百五十五条 公司向社会公开募集股份，应当由依法设立的证券公司承销，签订承销协议。

第一百五十六条 公司向社会公开募集股份，应当同银行签订代收股款协议。

代收股款的银行应当按照协议代收和保存股款，向缴纳股款的认股人出具收款单据，并负有向有关部门出具收款证明的义务。

公司发行股份募足股款后，应予公告。

第二节　股份转让

第一百五十七条 股份有限公司的股东持有的股份可以向其他股东转让，也可以向股东以外的人转让；公司章程对股份转让有限制的，其转让按照公司章程的规定进行。

第一百五十八条 股东转让其股份，应当在依法设立的证券交易场所进行或者按照国务院规定的其他方式进行。

第一百五十九条 股票的转让，由股东以背书方式或者法律、行政法规规定的其他方式进行；转让后由公司将受让人的姓名或者名称及住所记载于股东名册。

股东会会议召开前二十日内或者公司决定分配股利的基准日前五日内，不得变更股东名册。法律、行政法规或者国务院证券监督管理机构对上市公司股东名册变更另有规定的，从其规定。

第一百六十条 公司公开发行股份前已发行的股份，自公司股票在证券交易所上市交易之日起一年内不得转让。法律、行政法规或者国务院证券监督管理机构对上市公司的股东、实际控制人转让其所持有的本公司股份另有规定的，从其规定。

公司董事、监事、高级管理人员应当向公司申报所持有的本公司的股份及其变动情况，在就任时确定的任职期间每年转让的股份不得超过其所持有本公司股份总数的百分之二十五；所持本公司股份自公司股票上市交易之日起一年内不得转让。上述人员离职后半年内，不得转让其所持有的本公司股份。公司章程可以对公司董事、监事、高级管理人员转让其所持有的本公司股份作出其他限制性规定。

股份在法律、行政法规规定的限制转让期限内出质的，质权人不得在限制转让期限内行使质权。

第一百六十一条　有下列情形之一的，对股东会该项决议投反对票的股东可以请求公司按照合理的价格收购其股份，公开发行股份的公司除外：

（一）公司连续五年不向股东分配利润，而公司该五年连续盈利，并且符合本法规定的分配利润条件；

（二）公司转让主要财产；

（三）公司章程规定的营业期限届满或者章程规定的其他解散事由出现，股东会通过决议修改章程使公司存续。

自股东会决议作出之日起六十日内，股东与公司不能达成股份收购协议的，股东可以自股东会决议作出之日起九十日内向人民法院提起诉讼。

公司因本条第一款规定的情形收购的本公司股份，应当在六个月内依法转让或者注销。

第一百六十二条　公司不得收购本公司股份。但是，有下列情形之一的除外：

（一）减少公司注册资本；

（二）与持有本公司股份的其他公司合并；

（三）将股份用于员工持股计划或者股权激励；

（四）股东因对股东会作出的公司合并、分立决议持异议，要求公司收购其股份；

（五）将股份用于转换公司发行的可转换为股票的公司债券；

（六）上市公司为维护公司价值及股东权益所必需。

公司因前款第一项、第二项规定的情形收购本公司股份的，应当经股东会决议；公司因前款第三项、第五项、第六项规定的情形收购本公司股份的，可以按照公司章程或者股东会的授权，经三分之二以上董事出席的董事会会议决议。

公司依照本条第一款规定收购本公司股份后，属于第一项情形的，应当自收购之日起十日内注销；属于第二项、第四项情形的，应当在六个月内转让或者注销；属于第三项、第五项、第六项情形的，公司合计持有的本公司股份数不得超过本公司已发行股份总数的百分之十，并应当在三年内转让或者注销。

上市公司收购本公司股份的，应当依照《中华人民共和国证券法》的规定履行信息披露义务。上市公司因本条第一款第三项、第五项、第六项规定的情形收购本公司股份的，应当通过公开的集中交易方式进行。

公司不得接受本公司的股份作为质权的标的。

第一百六十三条　公司不得为他人取得本公司或者其母公司的股份提供赠与、借款、担保以及其他财务资助，公司实施员工持股计划的除外。

为公司利益，经股东会决议，或者董事会按照公司章程或者股东会的授权作出决议，公司可以为他人取得本公司或者其母公司的股份提供财务资助，但财务资助的累计总额不得超过已发行股本总额的百分之十。董事会作出决议应当经全体董事的三分之二以上通过。

违反前两款规定，给公司造成损失的，负有责任的董事、监事、高级管理人员应当承担赔偿责任。

第一百六十四条 股票被盗、遗失或者灭失，股东可以依照《中华人民共和国民事诉讼法》规定的公示催告程序，请求人民法院宣告该股票失效。人民法院宣告该股票失效后，股东可以向公司申请补发股票。

第一百六十五条 上市公司的股票，依照有关法律、行政法规及证券交易所交易规则上市交易。

第一百六十六条 上市公司应当依照法律、行政法规的规定披露相关信息。

第一百六十七条 自然人股东死亡后，其合法继承人可以继承股东资格；但是，股份转让受限的股份有限公司的章程另有规定的除外。

第七章 国家出资公司组织机构的特别规定

第一百六十八条 国家出资公司的组织机构，适用本章规定；本章没有规定的，适用本法其他规定。

本法所称国家出资公司，是指国家出资的国有独资公司、国有资本控股公司，包括国家出资的有限责任公司、股份有限公司。

第一百六十九条 国家出资公司，由国务院或者地方人民政府分别代表国家依法履行出资人职责，享有出资人权益。国务院或者地方人民政府可以授权国有资产监督管理机构或者其他部门、机构代表本级人民政府对国家出资公司履行出资人职责。

代表本级人民政府履行出资人职责的机构、部门，以下统称为履行出资人职责的机构。

第一百七十条 国家出资公司中中国共产党的组织，按照中国共产党章程的规定发挥领导作用，研究讨论公司重大经营管理事项，支持公司的组织机构依法行使职权。

第一百七十一条 国有独资公司章程由履行出资人职责的机构制定。

第一百七十二条 国有独资公司不设股东会，由履行出资人职责的机构行使股东会职权。履行出资人职责的机构可以授权公司董事会行使股东会的部分职权，但公司章程的制定和修改，公司的合并、分立、解散、申请破产，增加或者减少注册资本，分配利润，应当由履行出资人职责的机构决定。

第一百七十三条 国有独资公司的董事会依照本法规定行使职权。

国有独资公司的董事会成员中，应当过半数为外部董事，并应当有公司职工代表。

董事会成员由履行出资人职责的机构委派；但是，董事会成员中的职工代表由公司职工代表大会选举产生。

董事会设董事长一人，可以设副董事长。董事长、副董事长由履行出资人职责的机构从董事会成员中指定。

第一百七十四条 国有独资公司的经理由董事会聘任或者解聘。

经履行出资人职责的机构同意，董事会成员可以兼任经理。

第一百七十五条 国有独资公司的董事、高级管理人员，未经履行出资人职责的机构同意，不得在其他有限责任公司、股份有限公司或者其他经济组织兼职。

第一百七十六条 国有独资公司在董事会中设置由董事组成的审计委员会行使本

法规定的监事会职权的，不设监事会或者监事。

第一百七十七条　国家出资公司应当依法建立健全内部监督管理和风险控制制度，加强内部合规管理。

第八章　公司董事、监事、高级管理人员的资格和义务

第一百七十八条　有下列情形之一的，不得担任公司的董事、监事、高级管理人员：

（一）无民事行为能力或者限制民事行为能力；

（二）因贪污、贿赂、侵占财产、挪用财产或者破坏社会主义市场经济秩序，被判处刑罚，或者因犯罪被剥夺政治权利，执行期满未逾五年，被宣告缓刑的，自缓刑考验期满之日起未逾二年；

（三）担任破产清算的公司、企业的董事或者厂长、经理，对该公司、企业的破产负有个人责任的，自该公司、企业破产清算完结之日起未逾三年；

（四）担任因违法被吊销营业执照、责令关闭的公司、企业的法定代表人，并负有个人责任的，自该公司、企业被吊销营业执照、责令关闭之日起未逾三年；

（五）个人因所负数额较大债务到期未清偿被人民法院列为失信被执行人。

违反前款规定选举、委派董事、监事或者聘任高级管理人员的，该选举、委派或者聘任无效。

董事、监事、高级管理人员在任职期间出现本条第一款所列情形的，公司应当解除其职务。

第一百七十九条　董事、监事、高级管理人员应当遵守法律、行政法规和公司章程。

第一百八十条　董事、监事、高级管理人员对公司负有忠实义务，应当采取措施避免自身利益与公司利益冲突，不得利用职权牟取不正当利益。

董事、监事、高级管理人员对公司负有勤勉义务，执行职务应当为公司的最大利益尽到管理者通常应有的合理注意。

公司的控股股东、实际控制人不担任公司董事但实际执行公司事务的，适用前两款规定。

第一百八十一条　董事、监事、高级管理人员不得有下列行为：

（一）侵占公司财产、挪用公司资金；

（二）将公司资金以其个人名义或者以其他个人名义开立账户存储；

（三）利用职权贿赂或者收受其他非法收入；

（四）接受他人与公司交易的佣金归为己有；

（五）擅自披露公司秘密；

（六）违反对公司忠实义务的其他行为。

第一百八十二条　董事、监事、高级管理人员，直接或者间接与本公司订立合同或者进行交易，应当就与订立合同或者进行交易有关的事项向董事会或者股东会报告，并按照公司章程的规定经董事会或者股东会决议通过。

董事、监事、高级管理人员的近亲属，董事、监事、高级管理人员或者其近亲属直接或者间接控制的企业，以及与董事、监事、高级管理人员有其他关联关系的关联人，与公司订立合同或者进行交易，适用前款规定。

第一百八十三条　董事、监事、高级管理人员，不得利用职务便利为自己或者他

人谋取属于公司的商业机会。但是，有下列情形之一的除外：

（一）向董事会或者股东会报告，并按照公司章程的规定经董事会或者股东会决议通过；

（二）根据法律、行政法规或者公司章程的规定，公司不能利用该商业机会。

第一百八十四条　董事、监事、高级管理人员未向董事会或者股东会报告，并按照公司章程的规定经董事会或者股东会决议通过，不得自营或者为他人经营与其任职公司同类的业务。

第一百八十五条　董事会对本法第一百八十二条至第一百八十四条规定的事项决议时，关联董事不得参与表决，其表决权不计入表决权总数。出席董事会会议的无关联关系董事人数不足三人的，应当将该事项提交股东会审议。

第一百八十六条　董事、监事、高级管理人员违反本法第一百八十一条至第一百八十四条规定所得的收入应当归公司所有。

第一百八十七条　股东会要求董事、监事、高级管理人员列席会议的，董事、监事、高级管理人员应当列席并接受股东的质询。

第一百八十八条　董事、监事、高级管理人员执行职务违反法律、行政法规或者公司章程的规定，给公司造成损失的，应当承担赔偿责任。

第一百八十九条　董事、高级管理人员有前条规定的情形的，有限责任公司的股东、股份有限公司连续一百八十日以上单独或者合计持有公司百分之一以上股份的股东，可以书面请求监事会向人民法院提起诉讼；监事有前条规定的情形的，前述股东可以书面请求董事会向人民法院提起诉讼。

监事会或者董事会收到前款规定的股东书面请求后拒绝提起诉讼，或者自收到请求之日起三十日内未提起诉讼，或者情况紧急、不立即提起诉讼将会使公司利益受到难以弥补的损害的，前款规定的股东有权为公司利益以自己的名义直接向人民法院提起诉讼。

他人侵犯公司合法权益，给公司造成损失的，本条第一款规定的股东可以依照前两款的规定向人民法院提起诉讼。

公司全资子公司的董事、监事、高级管理人员有前条规定情形，或者他人侵犯公司全资子公司合法权益造成损失的，有限责任公司的股东、股份有限公司连续一百八十日以上单独或者合计持有公司百分之一以上股份的股东，可以依照前三款规定书面请求全资子公司的监事会、董事会向人民法院提起诉讼或者以自己的名义直接向人民法院提起诉讼。

第一百九十条　董事、高级管理人员违反法律、行政法规或者公司章程的规定，损害股东利益的，股东可以向人民法院提起诉讼。

第一百九十一条　董事、高级管理人员执行职务，给他人造成损害的，公司应当承担赔偿责任；董事、高级管理人员存在故意或者重大过失的，也应当承担赔偿责任。

第一百九十二条　公司的控股股东、实际控制人指示董事、高级管理人员从事损害公司或者股东利益的行为的，与该董事、高级管理人员承担连带责任。

第一百九十三条　公司可以在董事任职期间为董事因执行公司职务承担的赔偿责任投保责任保险。

公司为董事投保责任保险或者续保后，董事会应当向股东会报告责任保险的投保金额、承保范围及保险费率等内容。

附录二　股权激励计划参考范本

1. 虚拟股股权激励计划范本

北京某科技有限公司虚拟股股权激励计划

第一章　总　　则

第一条　为促进北京某科技有限公司（以下简称公司）快速发展，提升公司的经济效益水平和市场竞争能力，激励公司董事、高级管理人员、核心骨干人员，同时为了规范虚拟股权激励计划机制，保障参与虚拟股权激励计划人员的合法权益，公司特制订针对董事、高级管理人员以及核心骨干员工及其他符合激励条件的人员（以下简称激励对象）的虚拟股股权激励计划，即《北京某科技有限公司虚拟股股权激励计划》（以下简称虚拟股权激励计划）。

第二条　为实施本虚拟股权激励计划，公司将与激励对象签署虚拟股权授予协议（以下简称授予协议），授予激励对象一定额度的虚拟股。激励对象有权依据授予协议获得公司分红，但不享有表决权、提案权等股东权利。

第二章　管理机构

第三条　公司股东会负责审议批准本虚拟股权激励计划，并授权公司董事会负责管理及具体实施上述股权激励计划。

第四条　公司董事会是本虚拟股权激励计划的执行管理机构，主要负责：确定激励对象名单及授予额度、设置行权条件、对激励对象进行定期考核等。

第五条　公司根据董事会的指示和授权建立并保管《虚拟股权激励名册》，并载明下列事项：

（一）激励对象的姓名、年龄、性别、身份证号、住址、电话、所在公司部门及岗位、授予协议签署日期；

（二）激励对象获授虚拟股情况；

（三）激励对象历次行权情况；

（四）激励对象历次行权所获分红收益分配的情况；

（五）激励对象及经办人的签章。

第三章　激励对象的资格及范围

第六条　参与本虚拟股权激励计划的激励对象范围为：

（一）公司的正式员工；

（二）为公司发展作出突出贡献、绩效优异的中高层管理人员；

（三）公司核心骨干人员；

（四）公司股东会或董事会认定的其他激励对象。

第七条　公司董事会对激励对象进行绩效考核。激励对象的绩效考核的方法按照公司相关绩效考核管理办法执行。

第四章　激励计划的具体安排

第八条　虚拟股权激励计划的总额度：公司将公司注册资本内部划分成××××股，其中×%（即××××××股）为本次虚拟股权激励计划的总额度。

第九条　授予程序

（一）在虚拟股权总额度内，公司董事会确定激励对象名单及其授予额度；

（二）公司与激励对象签署授予协议。

第十条　授予日

（一）集中授予：授予日为20××年×月×日；

（二）日常运行授予：根据实际需要进行授予。

第十一条　授予价格

公司向激励对象授予虚拟股股权的价格为0元。

第十二条　绩效考核期分为三期。

第一期考核为20××年×月×日至20××年×月×日；第二期考核为20××年×月×日至20××年×月×日；第三期考核为20××年×月×日至20××年×月×日。

第十三条　行权期分为三期，每期行权日间隔年限为1年，行权期共36个月。

第一期可行权数量为虚拟股权总额度的40%；第二期可行权数量为虚拟股权总额度的30%；第三期可行权数量为虚拟股权总额度的30%。

第十四条　公司董事会在可行权期内确定具体的行权日。

第十五条　行权价格为人民币0元。

第十六条　行权条件

（一）公司每期考核达到以下业绩考核目标：

1. 第一期考核目标：20××年公司净利润增长率不低于20××年公司净利润的××%；

2. 第二期考核目标：20××年公司净利润增长率不低于20××年公司净利润的××%；

3. 第三期考核目标：20××年公司净利润增长率不低于20××年公司净利润的××%；

（二）激励对象个人达到员工绩效考核指标，具体按照公司制定的绩效考核办法进行考核评价，激励对象业绩考核指标如下：

1. 如果激励对象在公司最近一次绩效考核结果为85及以上（优秀），该激励对象按当年度可行权额度的100%行权；

2. 如果激励对象在公司最近一次绩效考核结果65以上但未达到85（合格），该激励对象按当年度可行权额度的65%比例行权；

3. 如果激励对象在公司最近一次绩效考核为 65 以下（不合格），取消该激励对象当年度应行权的资格及数量。

（三）公司未出现导致激励计划失效或终止的情形；

（四）激励对象个人未出现违反法律、法规以及公司管理制度等规定的情形。

第十七条　公司董事会有权设置及修改行权条件。公司董事会在进行设置及修改后通知激励对象。

第五章　虚拟股分红的核算与提取方法

第十八条　在实现公司当年度业绩目标的情况下，当年度虚拟股分红激励总额具体核算方式如下：

公司当年度虚拟股激励分红总额＝年度分红总额×虚拟股权总额度占比（×%）

注：

1. 年度分红总额：公司当年度可以用于股东分红的总额。

2. 虚拟股权总额度占比：公司按照当年度分红总额及虚拟股权授予总额度占公司注册资本的比例。

第十九条　在实现公司当年度业绩目标的情况下，激励对象个人当年度分红额如下：

个人当年度分红额＝公司当年度虚拟股激励分红总额×行权期内激励对象已行权的虚拟股权数量÷虚拟股权总额度

注：

行权期内激励对象已行权的虚拟股权数量，根据《公司虚拟股权员工绩效考核管理办法》规定，结合激励对象个人绩效考核实际情况确定。

第六章　虚拟股权的转让及离职时处理

第二十条　激励对象被授予的虚拟股权不得转让、继承，亦不得以任何方式将公司虚拟股权用于抵押、质押、赠与等。

第二十一条　激励对象在虚拟股权激励计划实施期间离职的，未行权的虚拟股权由公司予以收回。对于已行权的虚拟股权，根据激励对象离职原因，分别作以下处理：

（一）激励对象因自身过错离职或被公司解聘的，应当向公司返还全部虚拟股权分红收益，公司有权向其追索上述收益。

激励对象自身过错包括违反公司规章及管理制度、严重失职、营私舞弊、违反竞业禁止原则加入竞争对手、违反法律的规定而被追究行政或刑事责任等。

（二）激励对象非因自身原因离职的，激励对象有权保留已行权所获得的虚拟股权分红收益。

非自身原因包括由于激励对象死亡、伤残、退休、由于公司战略调整或经济原因而裁员等导致激励对象离职。

第七章　相关税费

第二十二条　根据中国法律之规定，激励对象因参与本计划或行使本计划项下的权利（包括取得的任何形式的收益）所产生的税费，由激励对象自行承担，激励对象应及时向相关税务机关足额缴纳税费。

如公司代扣代缴激励对象因参与本计划或行使本计划项下的权利产生的税费的，公司有权在激励对象的虚拟股权收益或工资、奖金中扣除相应的金额。

第八章 虚拟股权激励计划的调整

第二十三条 *激励计划的调整程序*

（一）公司董事会在每次虚拟股权授予前召开董事会会议，确定当期激励对象名单以及授予的虚拟股权数量等具体事宜。

（二）公司董事会有权对上述决议事项进行调整。

第二十四条 在本虚拟股权激励计划实施过程中，公司有权聘请专业中介机构（包括承销商、律师事务所、会计师事务所）对本计划作出专业意见，董事会有权根据专业意见结合公司实际经营需要对本计划进行调整，激励对象有义务予以配合。

第二十五条 公司有权根据融资安排或相关投资者的要求对本计划进行调整，可能导致激励对象间接拥有的公司虚拟股权权益因此被稀释或摊薄，激励对象有义务予以配合。

第九章 附 则

第二十六条 本虚拟股权激励计划经公司董事会决议通过之日起生效。

第二十七条 公司与激励对象签署授予协议不构成劳动期限和劳动关系的任何承诺，公司与激励对象的劳动关系仍按激励对象与公司已签订的劳动合同及相关协议的约定执行。

第二十八条 本虚拟股权激励计划由公司董事会负责修订和解释。

第二十九条 本虚拟股权激励计划的有效期为十年，公司董事会可以根据激励的需要，延长本虚拟股权激励计划的有效期。

2. 虚拟股股权激励计划协议范本

北京某科技有限公司虚拟股权授予协议

甲方：北京某科技有限公司（以下简称公司或甲方）

住所地：＿＿＿＿＿＿＿＿＿＿＿＿＿＿＿＿＿＿＿＿＿＿＿＿＿＿

法定代表人：＿＿＿＿＿＿＿＿＿＿＿＿＿＿＿＿＿＿＿＿＿＿＿

联系电话：＿＿＿＿＿＿＿＿＿＿＿＿＿＿＿＿＿＿＿＿＿＿＿＿

乙方：×××（以下简称激励对象或乙方）

身份证号：＿＿＿＿＿＿＿＿＿＿＿＿＿＿＿＿＿＿＿＿＿＿＿＿

住址：＿＿＿＿＿＿＿＿＿＿＿＿＿＿＿＿＿＿＿＿＿＿＿＿＿＿

联系电话：＿＿＿＿＿＿＿＿＿＿＿＿＿＿＿＿＿＿＿＿＿＿＿＿

为了激励公司中高层管理人员和核心骨干人员，甲方制定了《北京某科技有限公司虚拟股股权激励计划》（以下简称《激励计划》）。在此基础上，双方本着自愿、公平、平等互利、诚实信用的原则，根据《民法典》《公司法》等相关法律法规以及《公司章程》《激励计划》等规定达成如下协议，供双方遵照执行。

第一条　虚拟股权的授予

（一）虚拟股权授予额度

1. 为实施本次激励计划，公司将公司注册资本内部划分成××××股，其中×%（共××××股）为本次激励计划的总额度。

2. 甲方同意授予乙方共计×××股虚拟股权，即乙方获授虚拟股权占虚拟股权总额度的比例为×%。

3. 授予价格为人民币 0 元。

（二）授予日

1. 根据《激励计划》的规定，乙方被授予虚拟股权的授予日应被确定为：20××年×月×日。

2. 上述虚拟股权授予后，乙方取得的虚拟股权记载在公司内部虚拟股权股东名册，由甲、乙双方签字确认，但对外不产生法律效力。

第二条　行权期、行权日及行权价格

（一）行权期

1. 行权期分为三期，每期行权日间隔年限为 1 年，行权期共 36 个月。每个行权期乙方可行权的虚拟股数量如下：

（1）第一期乙方可行权数量为授予额度的 40%；

（2）第二期乙方可行权数量为授予额度的 30%；

（3）第三期乙方可行权数量为授予额度的 30%。

2. 根据公司发展的具体情况，公司董事会有权调整《激励计划》及本协议的行权期并书面告知乙方。

3. 乙方每一期行权可以选择部分行权，当期没有行权的部分将不被累计至下一期。

（二）行权日

公司董事会在可行权期内确定具体的行权日，确定行权日后书面通知乙方。

（三）行权价格

行权价格为人民币××元。

第三条　行权的条件

乙方行权必须同时满足以下公司业绩目标以及个人业绩考核指标：

1. 公司每期考核达到以下业绩考核目标：

（1）第一期考核目标：20××年公司净利润增长率不低于 20××年公司净利润的××%；

（2）第二期考核目标：20××年公司净利润增长率不低于 20××年公司净利润的××%；

（3）第三期考核目标：20××年公司净利润增长率不低于 20××年公司净利润的××%。

2. 乙方个人达到员工绩效考核指标，具体按照公司制定的绩效考核办法进行考核评价，乙方业绩考核指标如下：

（1）如果乙方在公司最近一次绩效考核结果为 85 及以上（优秀），乙方按当年度可行权额度的 100% 行权；

（2）如果乙方在公司最近一次绩效考核结果 65 以上但未达到 85（合格），乙方按当年度可行权额度的 65% 比例行权；

（3）如果乙方在公司最近一次绩效考核为 65 以下（不合格），取消乙方当年度应行权的资格及数量。

3. 公司未出现导致激励计划失效或终止的情形；

4. 乙方个人未出现违反法律、法规以及公司管理制度等规定的情形。

第四条 虚拟股分红的计算与提取方法

（一）虚拟股激励分红总额计算方式

在实现公司当年度业绩目标的情况下，当年度虚拟股激励分红总额具体计算方式如下：公司当年度虚拟股激励分红总额＝年度分红总额×虚拟股权总额度占比（×%）。

注：

1. 年度分红总额：公司当年度可以用于股东分红的总额。

2. 虚拟股权总额度占比：公司按照当年度分红总额及虚拟股权授予总额度占公司注册资本的比例。

（二）乙方个人当年度激励分红计算方法

在实现公司当年度业绩目标的情况下，激励对象个人当年度激励分红额如下：个人当年度分红额＝公司当年度虚拟股激励分红总额×行权期内激励对象已行权的虚拟股权数量÷虚拟股权总额度。

注：

行权期内激励对象已行权的虚拟股权数量，根据公司虚拟股权员工绩效考核管理办法规定，结合乙方个人绩效考核实际情况确定。

第五条 乙方的配合义务

1. 在本激励计划实施过程中，公司有权聘请专业中介机构（包括承销商、律师事务所、会计师事务所）对本激励计划作出专业意见，董事会有权根据专业意见结合公司实际经营需要对本激励计划进行调整，乙方有义务予以配合。

2. 公司有权根据融资安排或相关投资者的要求对本激励计划进行调整，可能导致乙方间接拥有的公司虚拟股权权益因此被稀释或摊薄，乙方有义务予以配合。

第六条 税费承担

1. 乙方在履行本协议（参与激励计划）的过程中根据中国法律法规的规定产生任何税费的，应当由乙方自行承担。

2. 如公司代扣代缴乙方因参与本激励计划或行使本激励计划项下的权利产生的税费的，公司有权在乙方的虚拟股权收益或工资、奖金中扣除相应金额的费用。

第七条 乙方的限制性规定

乙方被授予的虚拟股权不得转让、继承，亦不得以任何方式将公司虚拟股权用于抵押、质押、赠与等。

第八条 乙方离职的处理规则

（一）乙方在激励计划实施期间离职的，未行权的虚拟股权由公司予以收回。

（二）对于乙方已行权的虚拟股权，根据乙方离职原因，分别作以下处理：

1. 乙方因自身过错离职或被公司解聘的，应当向公司返还全部虚拟股权分红收益，公司有权向其追索。

乙方自身过错包括违反公司规章及管理制度、严重失职、营私舞弊、违反竞业禁止原则加入竞争对手、违反法律的规定而被追究行政或刑事责任等。

2. 乙方非因自身原因离职的，乙方有权保留已行权所获得的虚拟股权分红收益。

非自身原因包括由于激励对象死亡、伤残、退休、由于公司战略调整或经济原因而裁员等导致乙方离职。

第九条 协议的终止

（一）双方同意，以下任一情形发生的，本协议将自动终止，且任何一方均不对其他方承担任何违约责任：

1. 公司董事会根据《激励计划》的规定及公司实际发展的需要，决议对《激励计划》进行调整并终止本协议；

2. 由于法律、法规、规范性文件和政策规定，致使本协议无法履行的；

3. 本协议约定的行权日尚未到来或者期满之前，甲方因破产、解散、注销、吊销营业执照等原因丧失法人资格。

（二）在本协议有效期内，经双方协商一致，可以书面形式提前终止本协议。

第十条 保密条款

乙方对本协议和《激励计划》的具体内容负有保密责任。未经公司事先书面同意，乙方不得将本协议和《激励计划》的内容披露给第三方。

第十一条 争议解决方式

1. 本协议的订立、效力、解释及履行均适用中华人民共和国法律。

2. 本协议在履行过程中如果发生任何纠纷，双方应协商解决；协商不成的，任何一方均可向公司注册地人民法院提起诉讼。

第十二条 附则

1. 除非本协议另有定义，本协议中所使用的术语同《激励计划》项下的术语具有同样的含义。

2. 乙方确认其已阅读《激励计划》并同意受《激励计划》的约束。

3. 本协议不构成劳动期限和劳动关系的任何承诺，公司与乙方的劳动关系仍按原劳动合同及相关协议的约定执行。

4. 本协议自双方签署之日起生效。

5. 本协议未尽事宜，由双方另行签订补充协议；补充协议与本协议具有同等效力。

6. 本协议一式叁份，公司保存贰份，乙方保存壹份，具有同等效力。

甲方（盖章）：北京某科技有限公司

法定代表人（签字）：

签署日期：_____年_____月_____日

乙方（签字）：

签署日期：_____年_____月_____日

3. 股权激励制度管理办法范本

股权激励制度管理办法

第一章　总　则

第一条　某股份有限公司（简称公司）为了规范公司股权激励制度的管理，根据《公司法》和国家有关法律的规定，按照《国务院关于推进资本市场改革开放和稳定发展的若干意见》的精神，制定《某股份有限公司股权激励制度管理办法》（以下简称《管理办法》）。

第二条　本《管理办法》是公司董事会实施股权激励管理的依据，是公司薪酬与考核委员会行使职权的依据，也是监事会实施监督的依据。

第三条　若公司内部其他薪酬管理文件与本《管理办法》有抵触，以本管理办法为准。

第四条　本《管理办法》长期有效，除非股东大会决议终止继续实施本股权激励制度。

第五条　管理办法体现公平、公开、公正的原则和激励、约束相结合的原则。

第二章　股权激励制度的管理机构

第六条　公司股东大会是公司股权激励事项的最高决策机构，负责以下事项：

（一）批准和终止股权激励制度；

（二）中国证监会规定的其他应由股东大会负责的股权激励事项。

第七条　公司董事会负责公司股权激励事项的决策，包括以下事项：

（一）批准《管理办法》；

（二）中国证监会规定的其他应由董事会负责的股权激励事项。

第八条　薪酬与考核委员会受公司董事会领导，负责公司股权激励的管理工作，具体包括以下事项：

（一）拟定、修改《管理办法》，并报董事会批准；

（二）制定《年度股权激励计划》及《股权激励计划实施细则》；

（三）其他与股权激励制度有关的工作。

第九条　薪酬与考核委员会下设股权激励工作小组。该小组负责薪酬与考核委员会股权激励日常事务性工作。工作小组由人力资源部、会计部等部门有关人员组成，其成员由薪酬与考核委员会任免。

第十条　薪酬与考核委员会下属的股权激励工作小组依照《管理办法》、《年度股权激励计划》和《股权激励计划实施细则》工作，具有以下职责：

（一）贯彻执行经董事会批准的《管理办法》；

（二）具体实施《年度股权激励计划》和《股权激励计划实施细则》；

（三）负责股权激励文件等相关资料的管理；

（四）负责公司股权激励制度的信息披露；

（五）薪酬与考核委员会交办的其他工作。

第三章　股权激励制度的运作原则

第十一条　公司的股权激励制度采用"延期支付激励计划"。

第十二条　本"延期支付激励计划"是指公司为激励计划参与者设计一套长期激励计划，在公司的经营业绩达到预先设定的目标时，以税后利润为基数计算一定比例，按财政部有关规定列支，用作激励计划参与者的股权激励基金，但此部分股权激励收入不在当年发放，而是将其中的部分资金用于购买公司股票，另一部分用作惩罚备用金，在一定期限后，以公司股票形式或根据届时股票价值以现金方式支付给激励计划参与者。

第十三条　激励对象：股权激励基金授予公司高中层管理人员（外部董事除外）、控股子公司的经营层和管理、技术、营销骨干。

第十四条　确定一个科学合理的业绩目标和评估体系，如果公司实现了良好的业绩，则激励对象可以获得股权激励基金及风险收入，使其的人力资本市场价值得以实现。

第十五条　股权激励基金的提取：只有在公司实现业绩目标的情况下，才能提取股权激励基金对激励对象实施激励，股权激励基金按财政部有关规定列支。

第十六条　股权激励基金的分配原则：综合考虑激励对象个人所担任岗位的重要性和个人绩效评估结果，公平合理地分配激励基金。

第四章　股权激励制度的受托实施机构及运作规则

第十七条　为有效管理好激励基金，参与激励计划的受益人注册成立专门投资管理公司，负责股权激励计划的资金管理，投资管理公司在财产关系上独立于本公司，并履行股权激励制度受托实施机构的独立法人职责。

第十八条　投资管理公司的运作：

（一）投资管理公司由股权激励制度全体受益人委派代表作为出资人注册设立；

（二）每年度受益人所得的股权激励基金全部委托给投资管理公司管理，划入投资管理公司设立的专用账户；

（三）投资管理公司的管理机构按《公司法》产生，其工作职责由公司章程作出说明；

（四）投资管理公司用激励基金购买公司股票，必须按照国家法律、法规及中国证监会的相关规定规范运作。

第十九条　受益人在投资管理公司的权益的分享办法：

（一）受益人在投资管理公司的权益是指受益人按自己历年所得激励基金的累积值所享有投资管理公司的资产权益系数；

（二）基于激励与约束相对应的原则，全体受益人享有其在投资管理公司的权益时，需满足本管理办法规定的相关条件；

（三）因本管理办法的有关规定，在受益人不能享有其在投资管理公司的权益时，由投资管理公司董事会负责将该受益人所不能享有的权益分配给其他受益人。

第二十条　受益人在投资管理公司权益的转让：受益人在投资管理公司的权益满5年后可以实行内部转让，转让对象为投资管理公司。

第五章　《年度股权激励计划》的管理

第二十一条　薪酬与考核委员会根据《管理办法》，拟订《年度股权激励计划》，报董事会批准。

第二十二条　有下列情况的，由董事会决议终止、取消《年度股权激励计划》：

（一）因经营亏损导致停牌、破产或解散；

（二）出现法律、法规规定的必须终止、取消《年度股权激励计划》的情况。

第二十三条　《年度股权激励计划》的内容包括：

（一）业绩目标的设定；

（二）激励基金的来源；

（三）激励基金的提取比例；

（四）授予对象；

（五）分配原则和单个岗位授予上限；

（六）关于激励基金转化的限制。

第六章　《股权激励计划实施细则》的管理

第二十四条　《股权激励计划实施细则》由薪酬与考核委员会根据《股权激励计划管理办法》和《年度股权激励计划》拟定，报董事会批准。

第二十五条　《股权激励计划实施细则》由薪酬与考核委员会下属的股权激励工作小组负责实施。

第二十六条　《股权激励计划实施细则》的内容：

（一）总则；

（二）股权激励计划参与人选的确定方法；

（三）激励基金提取、分配及处理计算方法；

（四）个人股权激励基金管理的具体规定；

（五）计划参与者的惩罚规则；

（六）业绩目标的调整；

（七）附则。

第七章　信息披露

第二十七条　公司董事会依法履行股权激励事项的信息披露和报告义务。

第二十八条　有下列情形之一，应向中国证监会、深圳证券交易所报告，并根据规定对外予以披露：

（一）股权激励制度经董事会、股东大会批准、修改、终止和取消的公告；

（二）中国证监会和深圳证券交易所的其他公告规定。

第八章　附　则

第二十九条　本管理办法经公司董事会决议通过，自通过之日起生效。

第三十条 本管理办法的解释权属于公司董事会。

公司盖章

年　　月　　日

4. 股权激励计划激励对象承诺书范本

股权激励对象承诺书

承诺人：_____

身份证号：_____

联系电话：_____

联系地址：_____

为了寻求与北京某科技有限公司（以下简称公司）的共同发展，本人自愿参与《北京某科技有限公司股权激励计划》（以下简称本股权激励计划），本人承诺如下：

1. 本人作为公司正式员工，遵守国家法律、法规与公司制度，同时愿意接受本股权激励计划的有关规定，包括并不限于股权激励计划、绩效考核办法及股权激励协议等；

2. 本人承诺遵守竞业禁止原则，本人在公司任职期间不从事与本公司业务范围相同的经营行为，或在离职后 3 年内不从业于与公司有业务竞争的单位；

3. 本人承诺并保证用于参与本股权激励计划的资金系本人合法财产，不存在任何形式的权利瑕疵；

4. 本人承诺在参与本股权激励计划期间内，除因不可抗力以外的任何原因离职，本人参与的激励计划自动终止，同意按照股权激励计划方案相关规定处理；

5. 如有违国家法律、法规或公司管理制度行为被公司开除，本人承诺放弃公司给予的所有分红权激励所产生的一切收益，同意按照股权激励计划方案相关规定处理；

6. 任职期间，本人保证维护公司正当权益，如存在职务侵占、受贿、从事与本公司经营范围相同的经营活动、泄露商业秘密的行为的，本人承诺承担相应的赔偿责任，放弃股权激励相关权利，接受公司对本人违约行为进行相应的处理；

7. 本人承诺所持激励股权不存在转让、担保、质押等行为，如有，本人同意按照股权激励计划方案相关规定处理；

8. 本人承诺不向任何第三方透露公司关于本股权激励计划的任何情况。

承诺人（签字）：

20××年×月×日

5. 股权激励计划股东会会议决议范本

北京某科技有限公司股东会决议

根据《中华人民共和国公司法》和北京某科技有限公司（以下简称公司）章程的

有关规定，公司全体股东于_____年_____月_____日在_____召开公司股东会，会议应到股东××人，实到股东××人，代表公司××%的股权，作出决议如下：

1. 审议通过《××××有限公司2023年虚拟股股权激励计划》（以下简称股权激励计划）；

2. 授权公司董事会负责管理及具体实施上述股权激励计划。

本决议自通过之日起生效。

出席会议的股东签字或盖章：

北京某科技有限公司（盖章）

日期：　　　年　　月　　日

6. 股权激励计划董事会会议决议范本

北京某科技有限公司董事会决议

鉴于：

北京某科技有限公司（以下简称公司）的股东会已一致决议通过《北京某科技有限公司股权激励计划》（以下简称本股权激励计划）；根据前述决议，公司股东会已授权董事会管理及负责实施本股权激励计划。

根据《公司法》和《公司章程》的有关规定，公司的全体董事，于××××年×月×日召开公司董事会并达成如下一致意见：

1. 本公司董事会有权对附件《激励对象名单》所列的激励对象的当年度业绩考核结果进行调整和确认；

2. 经董事会确认的激励对象，有权依据本股权激励计划签署股权激励协议；

3. 特此授权公司董事会下属的股权激励委员会办理与上述文件与手续相关事宜。

公司董事签字：

日期：　　　年　　月　　日

7. 公司股权激励计划绩效考核办法范本

公司股权激励计划绩效考核办法（范本）

为充分保障北京某科技有限公司（以下简称公司）2023年股权激励计划（以下简

称本激励计划）顺利实施，进一步健全公司治理与长效激励机制，充分激励、调动公司董事、高级管理人员与核心骨干员工的积极性与创造性，公司根据《公司法》《公司章程》《北京某科技有限公司20××年股权激励计划》等相关规定，结合公司的实际情况，特制定本考核办法。

一、考核目的

进一步完善公司治理结构以及股权激励机制，确保公司经营发展目标的实现。

二、考核原则

考核评价遵循公平公正的原则，考核管理机构按照本办法和激励对象（考核对象）的业绩进行考核评价。

三、考核范围

本办法适用于股权激励计划所确定的激励对象，包括但不限于公司的董事、高级管理人员、核心骨干（技术）人员，不包括独立董事、监事。

四、考核管理机构

公司董事会负责领导和组织考核相关工作，并负责对股权激励对象进行考核。

五、绩效考评评价指标及标准

（一）公司业绩考核指标

本计划考核年度为20××—20××年三个会计年度，公司分别在每个会计年度中对公司业绩进行考核，公司每年度达到业绩考核目标时，可以在当期解锁对股权激励的限制。

各年度考核目标如下表所示：

解除限制期	公司的业绩考核指标
第一个解除限制期	以20××年公司净利润为参考，20××年公司净利润增长率不低于××%
第二个解除限制期	以20××年公司净利润为参考，20××年公司净利润增长率不低于××%
第三个解除限制期	以20××年公司净利润为参考，20××年公司净利润增长率不低于××%

若未达成公司的业绩考核指标，所有激励对象当年度可解锁的激励股权不得解锁，由公司或公司指定的第三方按照本计划的规定，回购当年度可解锁部分的激励股权。

（二）个人业绩考核要求

公司对激励对象进行个人业绩考核，考核期与公司业绩考核年度对应。根据公司制定的员工考核办法，目前对个人绩效考核结果共有优秀、合格、不合格三个档次，不同考核结果对应不同的考核标准系数。激励对象当年度可实际解锁的激励额度等于激励对象当年度计划解除限制额度乘以考核标准系数。具体如下：

考评结果（S）	评价标准	考核标准系数
S≥85	优秀	1.0
85>S≥65	合格	0.75
S<65	不合格	0

激励对象当年度可实际解锁的激励额度＝激励对象当年度计划解除限制额度×考核标准系数。

六、绩效考核期间

激励对象解锁限制的前一会计年度。

七、解锁

1. 董事会根据绩效考核报告，确定被激励对象的解锁比例及可解锁的激励股权数量。

2. 各年度绩效考核结果作为相应年度激励对象解除限制的依据。

八、绩效考核的程序

董事会授权下属的股权激励委员会负责具体的考核工作，保存考核结果，并在此基础上作出书面的绩效考核报告上报董事会审批。

九、绩效考核结果的通知与反馈

1. 公司应当在考核结束后 5 个工作日内向激励对象通知考核结果。

2. 如激励对象对考核结果有异议，可在接到考核通知的 5 个工作日内向股权激励委员会提出异议，股权激励委员会可根据具体情况对其考核结果予以调整。

十、绩效考核结果的归档

1. 考核结束后，绩效考核记录及考核结果等相关文件作为公司保密资料归档保存。

2. 为保证绩效考评的真实性，绩效考核记录不允许涂改，如需修改或重新记录，须经考核记录员签字并报股权激励委员会存档备查。

十一、附则

本办法由董事会负责制定、解释及修改，自董事会审议通过之日起开始实施。

2023 年×月×日